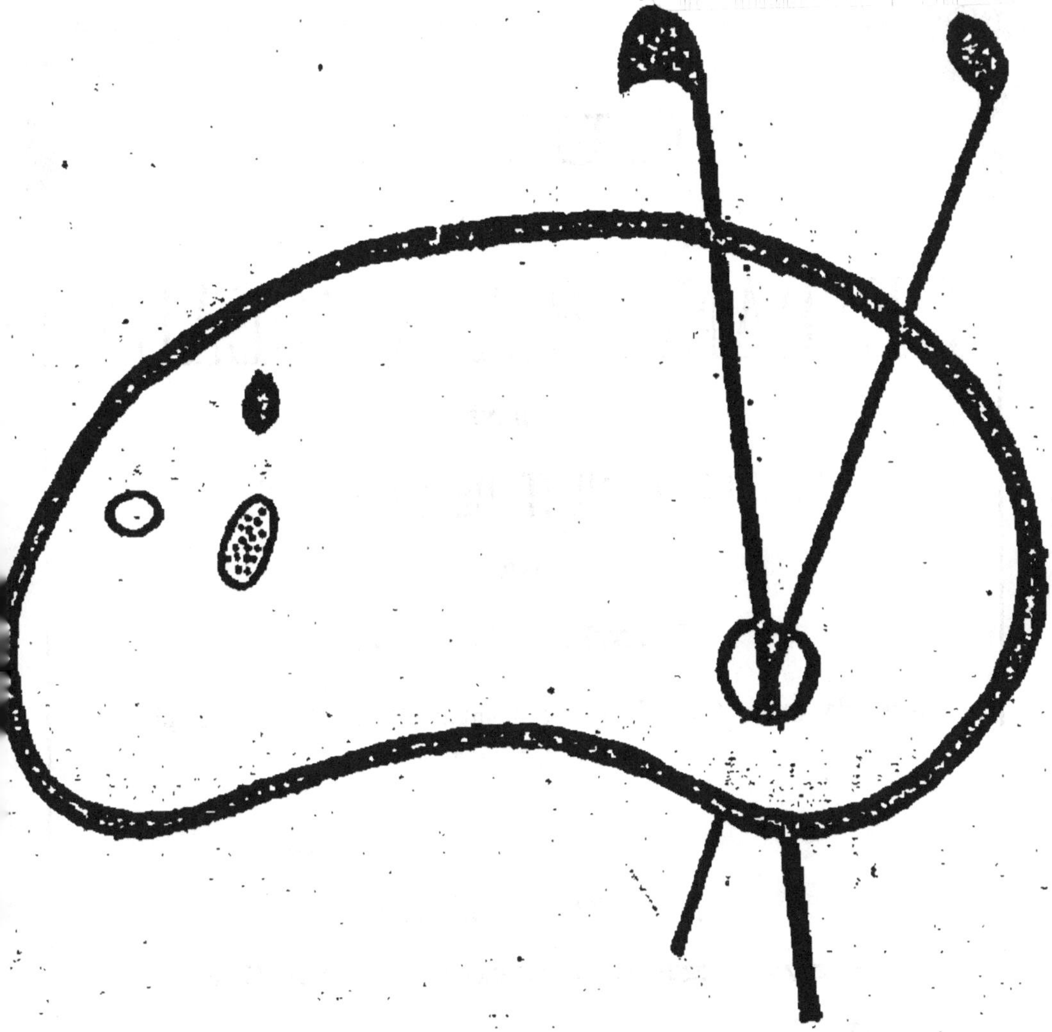

COUVERTURE SUPERIEURE ET INFERIEURE
EN COULEUR

GUIDE

DE

L'ÉTRANGER A BORDEAUX

ET DANS

LE DÉPARTEMENT DE LA GIRONDE

PAR

Charles COCKS

Orné de vues des principaux monuments et d'un beau plan de Bordeaux

NOUVELLE ÉDITION

REVUE ET AUGMENTÉE PAR E. F.

BORDEAUX
FÉRET et Fils, libraires-éditeurs
15, COURS DE L'INTENDANCE

1869

MAISON SPÉCIALE
POUR TOUS LES INSTRUMENTS DE MUSIQUE EN GÉNÉRAL
nstruments à claviers, à manivelle et jouant seuls, Cornets fanfares, etc.
PRIX DE FABRIQUE

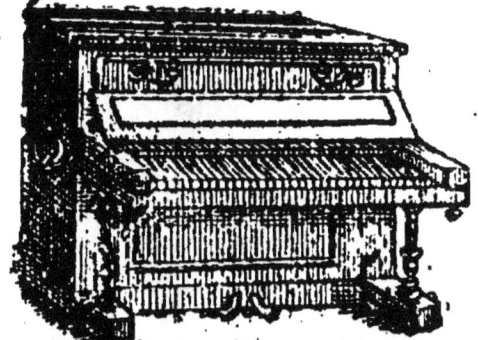

ORGUES
depuis
100 fr.

PIANOS
depuis
525 fr.

DÉTAIL — EXPORTATION

CAUDERÈS
Breveté s. g. d. g. & cinq médailles d'or pour perfectionnement
30, ALLÉES DE TOURNY

CHOCOLAT-LOUIT
Médaille d'argent à l'Exposition universelle de 1867

Vient de paraître à la librairie FÉRET et Fils
BORDEAUX & SES VINS
CLASSÉS PAR ORDRE DE MÉRITE
PAR CH. COCKS
DEUXIÈME ÉDITION ENTIÈREMENT REFONDUE ET AUGMENTÉE
Par Édouard FÉRET
Avec le concours de nombreux propriétaires, négociants et courtiers
1 vol. grand in-18 jésus d'environ 500 p., orné de 73 vues des princ. châteaux
PRIX : 4 Fr. — Franco par la poste 4 fr. 60 c.

CARTE ROUTIÈRE ET VINICOLE DU DÉPARTEMENT DE LA GIRONDE
Une feuille grand aigle

SPÉCIALITÉ DE LA MAISON
LOUIT FRÈRES & C°

PRIZE-MÉDAL

Universelle-Exhibition

LONDON 1862

MÉDAILLE

aux Expositions
universelles

DE PARIS 1865 et 1867

BORDEAUX

TAPIOCA-LOUIT

Garanti premier choix de Brésil, épuré, préparé et pulvérisé en semoule fine, pour potages et entremets.

Qualité supérieure en boîte jaune de 250 gr. et de 500 gr., le 1/2 kilog.	1f 70c
Tapioca au cacao pour déjeuners, le 1/2 kilog.	2 »
Racahout pour les enfants, le 1/2 kilog.	2 »

THÉ DE LA CHINE
directement importé par
LOUIT FRÈRES & C°

QUALITÉ UNIQUEMENT COMPOSÉE
DES MEILLEURS THÉS NOIRS

Ces thés sont extraits des caisses d'origine et divisés par paquets de 120, 150 et 300 gr., renfermés aussitôt dans des boîtes de fer-blanc.

La boîte petite	2f 25c
La boîte moyenne	2 »
La boîte grande	6 »

Dépôt chez les principaux Commerçants.

15 MÉDAILLES

POUR

Supériorité reconnue

—

ÉTABLISSEMENT MODÈLE FONDÉ EN 1825

LOUIT FRÈRES et Cie

Fournisseurs de S. M. l'Empereur

BORDEAUX

CHOCOLAT-LOUIT

Grande Médaille d'argent à l'Exp. univ. de Paris, 1867

Le **Chocolat-Louit** a acquis auprès des consommateurs, en France et à l'étranger, une réputation d'excellence que lui ont, seuls, value la perfection et le mérite réel de sa fabrication.

15 médailles de premier ordre, obtenues dans les Expositions européennes, ont consacré le suffrage du public.

Admirablement placée dans le premier port de France, la maison Louit s'assure continuellement les cacaos et sucres de qualité supérieure. Ainsi favorisée pour ses approvisionnements, elle réunit à ces avantages la supériorité de sa fabrication. Placée aux portes de l'Espagne, terre classique des chocolats, elle a su conserver les bonnes traditions espagnoles et les concilier avec les progrès et les perfectionnements modernes.

Par sa position exceptionnelle, la maison Louit peut seule livrer des chocolats de qualité supérieure, présentant les garanties les plus certaines de pureté et de perfection.

PRIX DU CHOCOLAT LOUIT

Chocolat de Santé	Chocolat Vanille	Chocolat de Poche
LE DEMI-KILOG.	LE DEMI-KILOG.	LE DEMI-KILOG.
Qualité fine............ 2 »	Qualité fine............ 3 »	En boîtes de trente-six petites tablettes.
» fine supér..... 2 50	» fine supér..... 3 50	
» surfine......... 3 »	» surfine......... 4 »	Supér., la boîte..... 2 25
» extra-fine..... 3 50	» extra-fine..... 4 50	Extra-fin, » 2 50
» excellence.... 4 »	» excellence.... 5 »	Extra-sup., » 3 »

Dépôt dans toutes les villes de France et de l'Étranger.

BORDEAUX
9 et 11, Rue Esprit-des-Lois

GRAND
HOTEL DE FRANCE
P. A. HUE

Proprietor and Wine merchant

FIRST CLASS HOUSE

Vve BILLIOT
AU BAZAR BORDELAIS
56, rue Sainte-Catherine, à Bordeaux

PIANOS & HARMONIUMS
Des premiers Facteurs de Paris

INSTRUMENTS D'OCCASION

Réparations. — Locations. — Échanges et Accords

GUIDE

DE

L'ÉTRANGER A BORDEAUX

Bordeaux. — Imprimerie centrale de V⁰ Lanefranque et fils, rue Permentade, 23-25

GUIDE

DE

L'ÉTRANGER A BORDEAUX

ET DANS

LE DÉPARTEMENT DE LA GIRONDE

PAR

Charles COOKS

Orné de vues des principaux monuments et d'un beau plan
de Bordeaux

NOUVELLE ÉDITION

REVUE ET AUGMENTÉE PAR E. F.

BORDEAUX
FÉRET et Fils, libraires-éditeurs
15, COURS DE L'INTENDANCE

1869

PRÉFACE

Faire un livre instructif et intéressant, aussi utile aux voyageurs qui viennent à Bordeaux pour leur plaisir qu'à ceux qui y viennent pour affaires commerciales, tel est le but que s'est proposé l'auteur de cet ouvrage. Pour y parvenir, il a étudié, observé, interrogé, noté; consultant, pour ce qui concerne la partie historique, les meilleurs auteurs qui aient traité de l'histoire de la Guienne, et mettant à profit les observations obligeantes et les notes des personnes qui lui ont paru les plus compétentes et les plus capables de lui donner des renseignements vrais et exacts.

Pour ne pas fatiguer inutilement l'attention du lecteur, en chargeant la marge d'une foule de renvois, nous préférons donner ici les noms des ouvrages qui nous ont servi dans le cours de ce travail : ce sont ceux de Dom Devienne et de Beaurain, de F. Jouannet *(Statistique du Département),* les deux volumes de M. Ducourneau, plusieurs écrits de MM. Rabanis, Suffrain, Bernadau, J. Delpit, Saint-Rieul-Dupouy, F. Dubarreau.

Nous recevrons avec reconnaissance et nous recueillerons, pour compléter et améliorer sans cesse nos nouvelles éditions, toutes les communications que nos concitoyens voudront bien nous faire au sujet de créations nouvelles, aussi bien que sur les omissions ou imperfections involontaires de l'édition présente.

ESQUISSE

DE L'HISTOIRE DE BORDEAUX

Bordeaux, chef-lieu de la Gironde (*), la plus belle ville de France après Paris, et l'une des plus importantes, existait sous le nom de *Burdigala* dès le commencement de l'empire romain. Elle devint, sous Auguste, la métropole de l'Aquitaine, qui s'étendait des rives de la Loire jusqu'aux Pyrénées.

L'histoire de son origine se perd dans des conjectures. Sauf quelques vagues indications géographiques que Pline nous donne dans ses œuvres, les auteurs romains ne nous ont pas

(*) Le département est appelé ainsi, du nom que reçoit la rivière Garonne après sa jonction avec la Dordogne.

laissé de renseignements sur cette partie des Gaules; Jules César même, qui est généralement si minutieux quand il énumère toutes les nations qui se sont soumises à ses armes, ne fait aucune mention des Bituriges-Vivisques dans ses commentaires. Strabon, cependant, qui vivait dans le premier siècle de l'ère chrétienne, cite *Burdigala*, ville principale des Bituriges-Vivisques, comme un *emporium* célèbre. Les recherches des historiens modernes les portent à croire que ses premiers habitants étaient d'origine sibérienne; ils formèrent vraisemblablement l'avant-garde de cette vaste armée de nations qui, sous la dénomination de Gaulois, de Celtes et plus tard de Kimri, abandonna, dans les premiers siècles, les régions glaciales de l'Asie septentrionale, pour s'emparer des plaines et des forêts vierges de l'Europe.

Quoi qu'il en soit, l'histoire proprement dite de cette ville ne commence que vers le milieu du troisième siècle, lorsque Tétricus, gouverneur de la province d'Aquitaine, y prit la pourpre et fut proclamé empereur, en 268. Vers la même époque, saint Martial prêcha, dit-on, le christianisme dans cette partie des Gaules, mais probablement avec peu de succès; car des inscriptions antiques démontrent très clairement que les Bituriges-Vivisques invoquaient encore les dieux païens, même du temps d'Ausone; et les vers de ce dernier ne nous montrent pas s'il adorait le Christ ou Jupiter. Cependant on voit dans les annales du concile d'Arles, qu'un certain Orientalis avait le titre d'évêque de Bordeaux dès l'an 314.

Sous la puissante influence de la domination romaine, la ville sortit de son état de barbarie et s'éleva à un degré de magnificence et de luxe, qui fut plus tard un thème fertile pour le poète Ausone et pour saint Jérôme et Sidoine-Apollinaire. Son collége, célèbre dans tout l'empire, fournissait des professeurs à Rome et à Constantinople. Aussi Valentinien Ier choisit Ausone, enfant de Bordeaux, pour surveiller l'éducation de son fils Gratien, qui, en succédant au trône impérial, nomma son professeur consul romain, en 379.

A cette époque, le territoire de la Guienne moderne était divisé en deux provinces, l'une appelée Novempopulanie, l'autre Aquitaine seconde : *Burdigala* resta la métropole de la dernière. Les monuments imposants construits dans cette ville par les Romains, et dont quelques vestiges existent encore aujourd'hui, nous permettent de nous former une idée de l'importance et de la prospérité de *Burdigala*, à l'époque où l'Aquitaine faisait partie du gigantesque empire romain. Vers l'an 404, le cours de cette prospérité fut tout à coup interrompu par suite d'une invasion de Sarmates, d'Alains, d'Hérules, de Vandales et autres barbares, qui se précipitèrent du Nord, comme un torrent, sur les plaines fertiles de l'Aquitaine, et, pendant deux ans, remplirent le pays de ruines et de désolation. Refoulés vers le Midi par Constantinus, ils forcèrent les ports des Pyrénées et se répandirent en Espagne. Mais l'Aquitaine ne devait pas être sitôt délivrée de ces spoliateurs impitoyables. Honorius, afin d'épargner l'Italie, abandonna cette partie des Gaules à Ataulfe, beau-frère d'Alaric et chef des Visigoths. Ceux-ci s'y établirent, et, étant ariens, persécutèrent les habitants chrétiens (417).

La province resta près d'un siècle au pouvoir de ces barbares, dont les rois firent de Toulouse, ancienne métropole des Toctosages, la capitale de leur royaume; cependant ils tinrent parfois leur cour à Bordeaux. Clovis, roi des Francs, les attaqua en 507; les ayant défaits et ayant tué leur roi Alaric II, dans la fameuse bataille de Vouillé, il s'empara de Bordeaux et en fit la capitale du royaume d'Aquitaine.

Après la mort de Clovis, ce pays fut, pendant plusieurs années, le théâtre d'une suite continuelle de guerres occasionnées par la rivalité des descendants de ce monarque et par les invasions des Vascons ou Gascons, peuple originaire de la Biscaye et des Pyrénées; ceux-ci, à la fin, se soumirent à Dagobert, roi des Francs, et conservèrent le territoire qu'ils avaient conquis. Ce roi rétablit le royaume d'Aquitaine en faveur de son frère Charibert, le supprima à la mort de celui-ci, et en forma un duché relevant de sa couronne (631). Ce duché, composé de l'Aquitaine et de la Novempopulanie, désormais appelée Vasconie, fut gouverné par des ducs plus ou moins soumis à leur souverain jusqu'en 696, époque à laquelle il devint un état indépendant.

En 731, tout ce pays fut envahi de nouveau et dévasté par une armée de quatre cent mille Sarrasins, qui, sous le commandement de Munuza, et plus tard d'Abder-Rahman, pénétrèrent des Pyrénées jusqu'à la Loire. Arrivés là, ils furent complètement défaits, près de Tours, par Eudes, duc d'Aquitaine, et son allié Charles Martel. Bientôt après, celui-ci saccagea la province pour son propre compte, sous prétexte de punir Hunaud, qui, ayant succédé à Eudes, avait essayé de reprendre des villes perdues par son père.

La conduite d'Eudes avait été remarquable : avant la bataille décisive de Tours, vainqueur des Sarrasins devant Toulouse, mais menacé par les Francs, il traita avec les infidèles et donna sa fille Lampagie à l'émir Munuza. « Cette étrange alliance, dont il n'y avait pas d'exemple, » dit un historien, « caractérisa de bonne heure l'indifférence religieuse dont la Gascogne et la Guienne nous donnent tant de preuves; peuple mobile, spirituel, trop habile dans les choses de ce monde, médiocrement occupé de celles de l'autre, le pays de Henri IV, de Montesquieu et de Montaigne n'est pas un pays de dévots. »

Après une longue guerre entre Pépin et Waïfer, guerre à laquelle mit fin l'assassinat de ce dernier par les émissaires de son rival, la province d'Aquitaine tomba au pouvoir de Charlemagne, qui en forma un royaume pour son fils Louis le Débonnaire (778). Selon les chroniqueurs, Charlemagne venait de voir périr la moitié de son armée à Roncevaux, par suite d'une attaque imprévue et irrésistible de

Vascons et de Navarrois, qui avaient surpris et écrasé son arrière-garde, commandée par son neveu Roland, si célèbre dans les romans de la chevalerie.

Louis donna le royaume d'Aquitaine à son second fils, Pépin, qui fonda plusieurs abbayes et mourut en 838. A sa mort, le pays fut encore saccagé et foulé, par suite de la guerre acharnée que se firent les nombreux prétendants qui se disputèrent l'empire carlovingien et le démembrèrent. D'un autre côté, les Normands, qui avaient déjà dévasté le nord de la France, envahirent à leur tour les côtes d'Aquitaine, pillant, brûlant et détruisant tout ce qui se trouvait sur leur chemin. En 844, ces pirates attaquèrent Bordeaux et saccagèrent ses faubourgs; repoussés de ses murs, ils se retirèrent à Bazas, qui fut pris, livré au pillage et incendié.

Les Normands, après avoir exigé un tribut de Charles le Chauve, fils de Louis le Débonnaire, quittèrent enfin le pays, qui fut gouverné par Louis, fils de Charles et dernier roi d'Aquitaine, depuis 866 jusqu'en 877. A cette époque, Louis étant monté sur le trône de France, la province redevint un simple duché, tenu de rendre hommage au roi, mais cette obligation fut méconnue de ses chefs toutes les fois qu'ils le purent impunément. A peine les villes d'Aquitaine, saccagées par les Normands, avaient-elles eu le temps de réparer leurs désastres, qu'elles se trouvèrent obligées de marcher contre Hugues Capet, roi de France, et ensuite contre Geoffroi-Grisegonelle, comte d'Anjou, dont les successeurs continuèrent à guerroyer contre les ducs d'Aquitaine pendant plus d'un siècle.

Durant cette longue période, la guerre, la peste et la famine se succédant alternativement avaient inspiré au peuple une épouvante religieuse; les gens de tous les âges, de toutes les conditions, se renfermaient dans les cloîtres, léguaient leurs biens à l'Église; on n'entendait que ce cri : « La fin du monde approche! »

Quand les guerres nationales et civiles leur manquaient, les ducs d'Aquitaine cherchaient des occasions de montrer leur valeur dans des entreprises périlleuses contre les infidèles, en Espagne et en Palestine. Guillhem IX, comte de Poitiers, qui fut l'avant-dernier duc d'Aquitaine, franchit les Pyrénées plusieurs fois pour soutenir Alfonse, roi d'Aragon, dans ses guerres contre les Sarrasins. Il fut aussi un des premiers à se joindre à la croisade. Selon Louvet, il partit pour la Terre-Sainte à la tête de cent soixante mille guerriers; mais il y perdit ses troupes, et revint sans avoir acquis ni gloire ni renom. Guillhem X, qui fut le dernier duc d'Aquitaine, embrassa la cause d'Anaclet, l'anti-pape, et la défendit avec fureur; mais, ému par les discours de saint Bernard, il s'en repentit et essaya d'obtenir son pardon en faisant un pélerinage. Il perdit la vie dans ce pieux voyage (1137).

Eudes, comte de Poitiers, et fils de Guillhem le Grand, duc d'Aquitaine, avait, en 1039, réuni ce duché à celui de la Vasconie, et Bordeaux était ainsi devenu la capitale d'une très grande principauté. Mais Aliénor, fille et héritière de Guillhem X, s'étant mariée avec Louis le Jeune, fils de Louis VI, cette province fut annexée à la couronne de France. Ce mariage fut malheureux : Aliénor, par la légèreté de sa conduite, avait exaspéré son mari; et, à son retour de la croisade, où il avait obligé sa femme de l'accompagner, une séparation était devenue inévitable. Un concile, assemblé à Beaugency, sanctionna, sous prétexte de parenté, ce divorce impolitique (1152). Aussitôt Aliénor déshérite ses deux filles, fruit de son mariage avec Louis, regagne ses états, échappe à plusieurs prétendants qui voulaient l'épouser de force, arrive à Poitiers et épouse Henri Plantagenet, comte d'Anjou, fils de Mathilde, qui était petite fille de Guillaume le Conquérant. A la mort d'Étienne, roi d'Angleterre, Henri Plantagenet lui succéda au trône, d'après une convention qui avait été arrêtée entre eux; de cette manière, les riches provinces de Gascogne et d'Aquitaine devinrent, sous le nom de *Guienne,* la propriété de la couronne d'Angleterre et restèrent en son pouvoir pendant trois cents ans.

Cette alliance, malheureuse pour Aliénor elle-même, fut désastreuse pour la France, qui vit ainsi sa puissante rivale en possession de quelques-unes de ses plus belles provinces; mais elle ne fut pas désavantageuse pour la Guienne. Bordeaux vit sa prospérité s'accroitre merveilleusement sous l'administration de ses nouveaux possesseurs, et les riches productions de son sol devinrent bientôt pour Londres une source importante de revenus. Le premier acte connu, relatif à l'importation de vin en Angleterre, date de 1154 (a).

(a) Le plus ancien des priviléges dont jouissaient les marchands gascons qui allaient en Angleterre, fut accordé par une charte d'Aliénor, le 1er juillet 1189.

Henri agrandit et embellit la ville, rebâtit sa cathédrale et octroya à la province un grand nombre de priviléges ; mais le pays fut, pendant une période de temps considérable, infesté et dévasté par des corps de troupes mercenaires ou plutôt de brigands, accourant de tous côtés dans l'intention de vendre leurs vies à Henri II et plus tard à son fils Richard Cœur de Lion, qui guerroyaient contre les rois de France.

Richard, qui avait excité toute la province de Guienne à se révolter contre son père, regretta trop tard les désordres qui accompagnèrent cette guerre parricide ; le pays fut infesté de brigands et de voleurs, connus sous les noms de *Brabançons*, *Cottereaux*, *Paillards* ou *Routiers*.

Jean, frère et successeur de Richard, ayant refusé de comparaître devant la cour de France pour répondre à l'accusation d'avoir assassiné Arthur, son neveu, fut condamné à mort, et ses domaines furent confisqués. Philippe-Auguste, pour exécuter cette sentence, leva une armée nombreuse et s'empara de presque toutes les possessions continentales de Jean ; mais il épargna la Guienne, sous la condition expresse que Jean reconnaîtrait la suzeraineté du roi de France (1208).

Dès la première année de ce règne, un prix *maximum* est établi pour tous les vins de France importés en Angleterre, la valeur d'un tonneau de vin de Poitou, par exemple, est fixée à 20 sous sterling; le vin d'Anjou à 24 sous et tous les autres vins de France à 25 sous, à l'exception cependant de quelques vins de qualité tout à fait supérieure pour lesquels la limite est élevée à 2 marcs et au-delà. Le roi avait droit, sur chaque navire chargé de vins, à 2 tonneaux, pris, l'un devant le mât, et l'autre derrière; ce droit de prise, appelé *prisa*, date probablement de la même époque. Nous voyons que le roi Jean, en 1209, avait exempté de tout droit une partie de 100 muids de vin que le roi de France avait envoyé en cadeau aux moines de l'église du Christ, à Cambridge; et qu'en 1213 il dépensa 517 livres sterling pour l'achat de 348 tonneaux de vin, dont 222 tonneaux de vin de Gascogne, sans compter 45 tonneaux de prise compris dans les vingt-trois cargaisons.

La Guienne, après avoir souffert si longtemps des cruelles déprédations des aventuriers, eut encore à supporter, pendant près de quarante ans, une persécution sanguinaire et implacable dirigée contre ses premiers réformateurs, les Albigeois; la province était en même temps opprimée par la conduite tyrannique des ˙ ˙chaux et baillis anglais, qui, pro.tant des ˙ables, exercèrent contre les habitants les ˙s odieuses vexations, insultant et maltraitant quiconque résistait à leur cupidité.

Cette oppression continua pendant le faible règne de Henri III, et fut portée à un tel point, que les paroisses, ruinées et presque dépeuplées, envoyèrent leurs plaintes au roi par l'intermédiaire de l'archevêque et du clergé de Bordeaux (1235). Louis IX, profitant de la triste condition du pays, tenta, contre les provinces anglaises, plusieurs attaques qui furent couronnées de succès; il fut même sur le point de chasser les Plantagenet de leurs dernières possessions continentales; mais la rigueur du climat fit de tels ravages dans les rangs de son armée, qu'il se vit obligé d'accepter la trève offerte par Henri (1243).

Henri III établit un nouveau droit, appelé *gauge*, de 1 sou sterling par futaille, sur tous les vins importés en Angleterre; et nous voyons, par la somme à laquelle ce droit s'éleva, que l'importation fut de près de 9,000 tonneaux de vin dans l'espace de 14 mois. On voit aussi, d'après les comptes de l'échiquier, que ce roi paya 1,846 livres sterling pour l'achat de 900 tonneaux de vin de Gascogne et d'Anjou (*).

Sous le règne de ce monarque, en 1259, une partie de la Guienne fut dévastée par une horde de brigands appelés *Pastoureaux*, qui parcoururent plusieurs provinces, exigeant l'aumône, assassinant ceux qui leur résistaient, même les prêtres, et implacables surtout pour les juifs qui leur tombaient entre les mains.

La mort de Henri III, qui arriva en 1271, fut suivie de quelques années de tranquillité, grâce à la sage administration d'Édouard Ier. Ce prince, comme gouverneur de la Guienne, avait créé plusieurs établissements utiles, défendu les intérêts de la province, fondé et fortifié quelques villes et embelli la cité de Bordeaux.

Ce retour de prospérité ne devait pas durer. Édouard, appelé au trône d'Angleterre, fut obligé d'abandonner un peuple qui l'affectionnait autant qu'il haïssait ses tyranniques prédécesseurs. Aussi, lorsque le roi de France

---

(*) En 1266, le roi accorde divers priviléges aux marchands gascons qui vont en Angleterre pour vendre leurs vins et autres marchandises *(de vinis et aliis rebus suis.... venientes)*.

défendit à la province, en 1282, d'envoyer à Édouard des secours d'hommes pour l'aider dans sa guerre contre l'Écosse, les cités de Bordeaux, Bazas, Bourg et autres, éludèrent la prohibition en lui envoyant des sommes considérables d'argent. Édouard, voulant leur prouver sa reconnaissance, octroya, le 13 août 1302, une charte par laquelle il abrogea le droit de prise en faveur des marchands de Guienne; il essaya aussi, mais en vain, d'obtenir de la corporation de Londres, l'autorisation, pour les marchands bordelais, de se loger dans la ville; demandant pourquoi la ville de Londres exigeait que les Gascons lui payassent un droit de pontage de 2 sous par tonneau de vin. Les bourgeois de Londres lui répondirent que les marchands bordelais, comme tous les autres étrangers, n'avaient jamais eu le droit de se loger dans la ville; qu'on leur permettait seulement de déposer leurs vins dans des celliers pour un temps déterminé par l'usage et qui ne devait pas dépasser quarante jours; que quant au droit de pontage sur tous les vins qui passaient sous le pont de Londres, il était établi en vertu d'une permission accordée par le roi lui-même, afin de subvenir aux frais d'entretien et de réparation.

Pour marquer quel fut sous ce règne l'accroissement du commerce de Bordeaux avec Londres, il suffit de citer des chiffres : en 1299, il arriva à Londres soixante-treize navires marchands portant chacun plus de 19 tonneaux de vin ; et en 1300, soixante-onze. En 1290, le prix du vin fut fixé à 3 deniers le gallon.

En 1293, une dispute qui s'éleva entre quelques marins anglais et normands, et dans laquelle l'un de ceux-ci fut tué, suffit pour rallumer la guerre. Une flotte de deux cents vaisseaux, partie des ports de la Normandie pour acheter des vins dans le Midi, avait saisi, pillé ou détruit tous les vaisseaux anglais qu'elle avait rencontrés sur son passage. Une flotte anglaise, moins nombreuse, mais mieux armée, réussit à surprendre celle des Normands, l'attaqua avec fureur, massacra les équipages et pilla les cargaisons. La guerre devint dès lors déclarée entre ces deux puissances maritimes.

Édouard fut sommé par le roi de France, son seigneur suzerain, de venir devant la cour des pairs de France rendre compte des excès commis par ses marins ; mais, occupé de sa guerre en Écosse, il envoya son frère Edmond, duc de Lancaster, personnage trop confiant, pour entamer des négociations avec Philippe. Celui-ci se fit facilement autoriser par Edmond à prendre formellement possession de la Guienne, sur la promesse qu'il fit de la rendre immédiatement à son royal vassal. Mais aussitôt que Philippe en eut pris possession, il somma de nouveau le monarque anglais, le condamna par défaut et confisqua sa province.

Édouard, ayant été ainsi dupé, eut recours aux armes. En 1295, il envoya en Guienne plusieurs corps de troupes, sous le commandement de son frère Edmond, qui mourut bientôt après son arrivée; le comte de Lincoln lui succéda. Blaye, La Réole, Bourg, Rions et quelques autres places, situées dans le voisinage de Bordeaux, furent bientôt reprises par les Anglais. La guerre durait depuis plus d'un an lorsqu'une double alliance fut proposée et acceptée : Édouard épousa Marguerite, sœur de Philippe le Bel, et l'on maria aussi le jeune fils du roi d'Angleterre avec Isabelle de France. La Guienne, cependant, ne fût rendue à Édouard que le 20 mai 1303.

Un acte de ce roi, signé en 1302, nomme six dégustateurs jurés pour vérifier les vins et opérer la destruction de ceux qui sont mauvais. En 1311, les vins étant devenus beaucoup plus chers que de coutume, le roi ordonne que nul, si ce n'est son boutillier, n'aille au devant des marchands pour leur acheter du vin ; encore ce fonctionnaire ne doit prendre que ce qui est nécessaire à la table royale. Il est stipulé, en même temps, qu'aucun tavernier ne mettra son vin en vente avant qu'il n'ait été dégusté, marqué des deux bouts et la valeur indiquée : le meilleur vin est taxé 5 deniers le gallon (a).

Sous ce règne, l'ambitieux Bertrand de Goth, archevêque de Bordeaux, fut, grâce aux intrigues de Philippe le Bel, élu pape sous le nom de Clément V.

La Réole et quelques autres villes furent reprises par les Français sous le règne d'Édouard II ; Isabelle, sa criminelle épouse, sous prétexte de traiter des conditions de la paix avec le roi de France, trama, de concert avec son amant Mortimer, une ténébreuse intrigue qui amena sept mois plus tard, la fin cruelle du malheureux Édouard (1327.)

(a) Les divers mandements d'Édouard Ier en faveur des marchands gascons datent de 1289, 1301, 1303 ; ceux 'Édouard II, de 1309, 1310, 1311, 1315.

Édouard III, après avoir vengé la mort de son père, fit valoir ses prétentions au trône de France, en 1337. La guerre, commencée en Flandre et continuée en Bretagne, atteignit la Guienne. En 1345, le comte de Derby, cousin d'Édouard, y aborda avec quelques troupes; il prit en peu de temps Langon, Libourne, La Réole et même Angoulême. L'action la plus brillante de la campagne eut lieu devant les murs d'Auberoche, où Derby, avec neuf cents hommes, Anglais et Gascons, défit et détruisit presque une armée française de douze mille hommes, commandés par le comte de Lisle. Le résultat de cette invasion, si glorieuse pour l'Angleterre et si désastreuse pour la France, fut la fameuse bataille de Crécy, en 1346.

Vers cette époque, Édouard érigea la Guienne en principauté et la donna au Prince Noir, qui alla y résider avec sa cour. Ayant reçu de son père l'ordre de faire une incursion dans les états du roi de France, le prince sortit de Bordeaux le 6 octobre 1355, traversa le comté d'Armagnac et pénétra jusqu'aux Pyrénées; il avait divisé son armée en *batailles*, afin qu'elle pût ravager une plus grande étendue de territoire, lui donnant l'ordre de piller, brûler et détruire tout ce qu'elle rencontrerait

Tournant ensuite vers l'est, il dévasta le pays jusqu'à la cité de Toulouse, et continua son œuvre de destruction jusqu'à Carcassonne et Narbonne. Chargée de butin, son armée revint alors vers Bordeaux, refoulant l'ennemi devant elle. Dans l'espace de sept semaines, le prince réduisit en cendres plus de cinq cents cités, villes ou villages.

Les résultats de cette campagne avaient été si avantageux pour le Prince Noir, qu'il se décida à faire l'année suivante une excursion semblable. Il quitta Bordeaux le 6 juillet avec une petite armée de deux mille hommes d'armes et six mille archers et piétons, tant Gascons qu'Anglais, remonta la Garonne jusqu'à Agen, ravagea le Rouergue, l'Auvergne et le Limousin, réduisit en cendres les villes et les villages, et envoya à Bordeaux les captifs dont on pouvait espérer une rançon. Après une marche fatiguante, la petite troupe arriva un soir près de Poitiers et se trouva en présence d'une armée de soixante mille hommes, commandés par le roi de France. Le lendemain fut livrée la fameuse bataille de Poitiers, où toute la chevalerie de France fut défaite par une poignée de Gascons et d'Anglais; le roi de France, dix-sept comtes, soixante-six barons, un archevêque et près de deux mille chevaliers et écuyers furent faits prisonniers, et, pour la plupart, amenés captifs à Bordeaux.

A partir de cette époque, la ville devint le siège d'une cour brillante et chevaleresque, où tout prince qui, comme Pierre le Cruel, venait demander le secours de l'Angleterre contre la France, était sûr d'être bien accueilli.

Après plusieurs campagnes glorieuses, entreprises par le Prince Noir en faveur de Pierre le Cruel, qu'il replaça sur le trône de Castille, le prince anglais revint dégoûté de l'Espagne, sa santé ruinée et ses finances épuisées. Ayant établi une taxe de 10 sous par foyer, dans toute l'étendue de sa pricipauté, cet impôt suscita le mécontentement général.

Quoique d'après le traité conclu entre la France et l'Angleterre, le prince de Galles fût reconnu indépendant de la couronne de France, les barons mécontents déposèrent leurs plaintes devant Charles V, comme s'il eût été encore le seigneur suzerain. Charles somma immédiatement le prince de comparaître devant la cour de pairs. « Nous irons volontiers à nostre ayeul à Paris, » répondit le prince; « mais ce sera le bacinet en la teste et soixante mille hommes en nostre compagnie. »

Cette menace ralluma la guerre. Mais la santé du Prince Noir s'affaiblissant de jour en jour, il se vit obligé d'abandonner le commandement de son armée et de se retirer en Angleterre, où il mourut peu après son arrivée, en 1376. Le vieux roi Édouard, son père, mourut l'année suivante.

Plusieurs lois relatives au commerce des vins de Bordeaux furent établies sous ce règne. En 1342, le vin de Gascogne est taxé à 4 deniers, et le Rhenis (vin du Rhin), à 6 deniers ; il est défendu de mettre dans le même cellier, sous peine de confiscation, des vins d'origines différentes. En 1352, ces évaluations sont portées à 6 et 8 deniers ; deux ans plus tard, le roi défend sous des peines sévères, à tout anglais d'aller en Guienne acheter directement des vins ; mais en 1370, cette prohibition est modifiée à la requette du Prince Noir ; et en 1372, selon Froissard, on voit arriver à Bordeaux une flotte de deux cents bâtiments anglais qui viennent charger des vins.

Le mécontentement des seigneurs et des bourgeois ayant offert à Charles V une occasion favorable d'essayer de regagner ses états perdus, il avait réussi à reprendre toutes les provinces conquises et même une portion de la

Guienne, de sorte qu'à la mort d'Édouard III, il ne resta plus en France d'autres possessions aux Anglais, que Calais, Bayonne et leur ancienne ville de Bordeaux.

Sous le règne d'Édouard III, Bordeaux vit accroître sa prospérité. Les idées libérales faisaient des progrès dans le pays, l'esclavage personnel devenait moins général; le gouvernement écoutait les plaintes, redressait les abus, et les actes de tyrannie que se permettaient encore quelques seigneurs devenaient de plus en plus rares. Édouard mit fin aux spoliations que le sire d'Albret exerçait, malgré les statuts de Henri II, sur les passagers des navires qui naufrageaient sur ses côtes; les impositions arbitraires auxquelles ce seigneur soumettait tous les commerçants qui traversaient l'Adour, furent également supprimées; et il ne fut plus permis au vicomte d'Ortez de détrousser les voyageurs sur la grande route de Bordeaux à Bayonne.

Au quatorzième siècle, le commerce de Bordeaux se bornait à l'exportation de quelques tonneaux de vin échangés en Angleterre contre des laines, des cuirs, des fourrures, du plomb, du fer-blanc et des toiles de Hollande. On ne s'occupa guère d'encourager ce commencement de commerce jusqu'au règne d'Édouard. Ce prince diminua les droits, qui étaient énormes (*) et supprima entièrement la taxe à laquelle avaient été soumis jusqu'alors tous les navires qui relâchaient dans ses ports; il voulut aussi que Bordeaux fût ouvert aux navires marchands pendant les trèves; il établit deux foires libres à Bordeaux et construisit un phare à l'embouchure de la Gironde.

Le fils du Prince Noir, Richard II, surnommé *de Bordeaux*, parce qu'il naquît au château de Lormont, en face de la ville, succéda à Édouard III, en 1377. Quoiqu'il n'eût hérité d'aucune des grandes qualités de son père et de son grand-père, ce prince était tellement idolâtré par les Bordelais, qu'ils refusèrent d'abord de reconnaître le duc de Lancaster, qu'il avait créé duc de Guienne en 1389.

L'événement le plus remarquable de ce règne fut la ligue défensive que les cités de la Guienne formèrent entre elles en 1379. La province se trouvait alors dans un grand embarras. A l'expiration de la trève de Bruges, les

---

(*) Considérés énormes à cette époque; ils étaient de 8 sous 2 deniers tournois par *dolium* ou futaille, ce qui équivaut à environ 10 francs par tonneau. Il y avait, en outre, le *droit de prise*, dont nous avons déjà parlé.

hostilités avaient recommencé ; le duc d'Alençon s'était emparé de Saint-Macaire et menaçait plusieurs autres villes ; on espéra que Richard, imitant la conduite chevaleresque de son père, ferait une diversion dans le Nord pour secourir ses possessions du Midi ; mais cette espérance fut déçue. D'un autre côté, on ne pouvait plus avoir confiance dans les seigneurs, qui, selon qu'ils y trouvaient avantage, servaient tantôt la cause des Français, tantôt celle des Anglais. Aussi Blaye, Bourg, Libourne, Saint-Émilion, Castillon, Saint-Macaire, Cadillac et Rions résolurent de pourvoir eux-mêmes à leur sûreté, en formant une confédération, sous le patronage de Bordeaux, avec promesse d'une assistance mutuelle.

Lorsque le duc de Lancaster, après l'assassinat de Richard II, usurpa le trône d'Angleterre sous le nom d'Henri IV, la France était en proie à des troubles civils ; Henri voulut en profiter ; mais, flottant indécis entre les factions de Bourgogne et d'Orléans, servant tantôt l'une, tantôt l'autre, il les mécontenta toutes les deux ; elles se réunirent contre lui : la Guienne fut attaquée par le comte d'Armagnac, et en 1407 par le duc d'Orléans, qui mit le siège devant Blaye et Bourg ; mais les assiégés opposèrent une résistance telle, que le duc, après avoir perdu une grande partie de son armée, leva le siège et quitta la province.

Henri V, profitant aussi des troubles de la France, envahit la Normandie et gagna la célèbre bataille d'Azincourt. Une seconde invasion le porta de triomphe en triomphe jusqu'à Paris, où il dicta les conditions du traité de Troyes, qui deshéritait le fils de Charles VI et livrait la France au monarque anglais (1420).

Après la mort de Henri V, sous l'administration du duc de Bedford, régent de France, un grand nombre de seigneurs abandonnèrent le parti anglais et passèrent dans celui d'Armagnac. Après une guerre acharnée, la plus grave que le monde féodal eût connu, et qui dura plus de trente ans, Charles VII regagna peu à peu tous ses états. Les Anglais furent obligés de se retirer devant la marche simultanée de quatre armées françaises, et perdirent l'une après l'autre, toutes leurs anciennes conquêtes. La Guienne, cependant, leur restait, même après l'entrée victorieuse du roi de France à Paris; mais celui-ci, voulant conquérir cette province, envoya ses vétérans dans le Midi; sa modération, la discipline qu'il faisait observer à ses troupes, ses promesses de dégrèvements d'impôts, lui concilièrent l'affection des habitants et facilitèrent son entreprise. Les Anglais avaient jeté quelques troupes dans les villes situées sur les bords de la Dordogne; mais les rives de la Garonne et l'intérieur du pays n'avaient pour les défendre, que des troupes communales et les vassaux de quelques seigneurs intéressés (1450).

La ville et le château de Blaye, assiégés d'abord, firent une résistance opiniâtre; Bourg, Castillon et Libourne soutinrent avec courage les attaques de l'ennemi; Fronsac repoussa trois fois les assaillants de ses murs; mais la plupart des autres places se défendirent mollement. Bordeaux, fatigué de la lutte, proposa de capituler, et convint, le 12 juin 1451, de se rendre aux Français si aucun secours n'arrivait avant le 23 du même mois. Ce délai n'était stipulé que pour la forme, car il était impossible qu'une armée anglaise arrivât dans l'espace de onze jours; le traité fut donc exécuté. Après que les hérauts eurent crié trois fois, du haut des tours de la ville : « *Secours de ceux d'Angleterre pour ceux de Bordeaux!* sans que *ceux d'Angleterre* eussent répondu à l'appel, les portes de la ville furent ouvertes et les clés remises au comte de

Dunois, commandant en chef, qui, avec trois princes du sang, les comtes d'Angoulême, de Clermont, de Vendôme et d'autres personnages illustres, fit un entrée solennelle à Bordeaux. Il fut stipulé que cette cité, ainsi que les autres villes de la Guienne, conserverait les priviléges dont elle avait joui sous la domination anglaise.

Mais aussitôt après sa victoire, le roi de France oublia sa modération ; méconnaissant ses promesses, il voulu établir, dans sa nouvelle province, la *taille des gens d'armes*, ainsi que les aides et subsides ; les états les refusèrent ; l'irritation devint extrême dans tout le pays, et un complot, tramé par le sire de Lesparre et Pierre de Montferrand, qui portait le titre de Souldich de l'Estrade, finit par ramener les Anglais.

A la première nouvelle du débarquement, dans le Médoc, de quelques troupes sous le commandement du vieux guerrier Talbot, comte de Shrewsbury, Bordeaux, sans calculer les chances de succès, ouvrit ses portes aux Anglais ; les soldats de la garnison furent faits prisonniers ou chassés de la ville. Les autres places, dans l'espoir de regagner leur ancienne position, suivirent l'exemple de la capitale.

Charles, obligé de conquérir la province une seconde fois, envoya ses genéraux avec ordre de mettre le siège devant Castillon. Talbot y accourut avec ses fils; il surprit ses ennemis, les mit en déroute et les poursuivit jusqu'à leurs retranchements hérissés de canons. Alors éclata *la plus terrible tempête de couleuvrines et ribaudequins qui jamais eût été ouïe*. Cinq ou six cents Anglais tombèrent foudroyés par l'artillerie; cependant ils s'opiniâtrèrent encore à l'assaut pendant une heure. A la fin, le vieux Talbot et ses fils tombèrent sous les coups de l'ennemi; leur mort décida du sort de la bataille et même de la cause de l'Angleterre. Les châteaux de Cadillac et de Blanquefort, que les Anglais défendirent encore pendant quelques semaines avec un grand courage, furent enfin obligés de se rendre.

Bordeaux essaya encore une fois de capituler; mais Charles, indigné, lui imposa des conditions rigoureuses. La ville devait perdre ses priviléges et franchises, payer une amende de cent mille écus d'or; une vingtaine de ses seigneurs, parmi lesquels figurent ceux de Lesparre, de Duras, de Rozan, de l'Estrade, furent exemptés de l'amnistie et bannis à perpétuité. En outre, les aides ou droits sur les ventes furent remplacés en Guienne par un droit de 25 sous tournois sur chaque tonneau de vin exporté, et par un droit de 12 deniers par livre sur les autres marchandises; l'impôt sur les vins fut réuni au domaine. Plus tard, Charles réduisit l'amende à 30,000 écus et rendit quelques priviléges à la ville; mais, pour s'assurer son obéissance future, il construisit les forts de Tropeyte et de Far (appelés depuis *Trompette* et *Hâ*), où il laissa de fortes garnisons.

La réunion de la Guienne à la France date du 19 octobre 1453. A partir de cette époque, l'histoire de la province se confond avec celle de tout le pays; il suffit donc de jeter un coup d'œil sur les événements les plus remarquables inscrits dans les annales de la ville.

Bordeaux et les châteaux du voisinage avaient beaucoup souffert durant ces longues guerres entre l'Angleterre et la France. « Les Anglais » dit M. Michelet, « laissèrent peu sur le continent, si ce n'est des ruines. Ce peuple sérieux et politique, dans cette longue conquête n'a presque rien fondé. » Louis XI, en succédant au trône, essaya par des mesures judicieuses, de rendre à la ville son ancienne prospérité. Il institua un parlement, respecta les priviléges du peuple, et, par sa tolérance, porta les Anglais à continuer leur commerce avec la Guienne (1462).

Jusqu'à 1520, il n'y a à remarquer dans l'histoire de Bordeaux que l'augmentation progressive de la prospérité du pays. Grâce à la protection éclairée de Louis XII, l'agriculture faisait des progrès, et la fertile province de Guienne produisit, en 1516, un tiers de plus qu'auparavant.

Vers cette époque, la réforme religieuse, déjà favorablement accueillie en Allemagne et en Angleterre, fut reçue avec enthousiasme par les populations du midi de la France, et surtout par la Guienne, qui avait devancé Luther et Calvin de trois siècles; le pape n'avait ramené ce pays au catholicisme qu'en organisant des croisades et multipliant les bûchers. Mais le peuple commençait à comprendre que la liberté religieuse était intimement liée à la liberté politique et sociale. Calvin visita la Guienne en 1531, ralluma le zèle des prédicants et développa les germes de la réforme.

L'esprit d'opposition ne tarda pas à éclater. Une insurrection partielle, occasionnée par l'impôt (la gabelle), eut lieu en 1539 et fut bientôt suivie d'une rébellion générale, dont Bordeaux devint le centre. Montmorency, envoyé avec une armée, marcha contre la ville, refusa d'écouter les propositions de ses habitants et canonna ses murailles; dès qu'il fut maître de la place, il fit exécuter un grand nombre d'habitants, priva la ville de ses priviléges, la soumit à des contributions énormes et proscrivit son parlement. Ensuite il traversa toutes les localités insurgées et les traita avec la même cruauté (1548). L'année suivante, cependant, Henri II accueillit les plaintes de ses sujets, réduisit l'impôt et rendit à Bordeaux une partie de ses priviléges.

Malgré les édits et les supplices, le nombre des protestants augmentait tous les jours en Guienne; en 1560, on en comptait plus de sept mille à Bordeaux. Enhardis par leur nombre, ils essayèrent quelquefois de résister aux persécutions des catholiques, et ils adressèrent au roi des pétitions en faveur de la liberté religieuse. Mais l'animosité augmentant de part et d'autre, les deux partis religieux finirent par se faire la guerre.

En 1565, Charles IX se rendit à Bordeaux et tint un lit de justice dans le but de calmer les dissensions religieuses. Mais aussitôt qu'il fut parti, les religionnaires reprirent les armes. Après de longues luttes qui ensanglantèrent toute la France, et surtout la Guienne, on résolut d'étouffer le protestantisme par un massacre général. C'est le 3 octobre 1572 qu'eurent lieu à Bordeaux les horreurs de cette terrible journée, connue sous le nom de la *Saint-Barthélemy*; le meurtre se propagea en Guienne comme une trainée de poudre qu'on enflamme. Toute la province se révolta, et la guerre se prolongea avec acharnement entre les deux partis.

Durant cette longue guerre civile et religieuse, les divers châteaux-forts des environs de Bordeaux furent pris et repris plusieurs fois par les partis ennemis. Mais ces faits isolés offrent trop peu d'intérêt aujourd'hui pour mériter une mention particulière. Nous ajouterons seulement que ces troubles durèrent jusqu'au 14 mai 1576, date de la pacification.

Après avoir été si longtemps la proie de dissensions intestines, Bordeaux allait enfin jouir des fruits d'une tranquillité relative, lorsqu'une nouvelle calamité, la peste, vint fondre sur ses malheureux habitants (1585). Les efforts philanthropiques du cardinal de Sourdis contribuèrent à adoucir un peu les effets de ce terrible fléau; mais à peine la maladie eut-elle cessé en partie ses ravages, que le pays fut dévasté par des paysans insurgés, appelés *croquants*, puis par la fameuse ligue catholique (1594). Ces troubles furent momentanément apaisés par la conduite judicieuse de Henri IV, qui promulgua l'édit de Nantes, en 1598.

La sagesse de l'administration de ce roi se révèle dans les progrès remarquables que fit l'industrie en Guienne, et dans la prospérité commerciale à laquelle atteignit Bordeaux (1604).

Louis XIII, qui succéda à Henri, fit, en 1615, une entrée solennelle à Bordeaux, où il épousa l'infante d'Espagne. Il essaya plusieurs fois de calmer l'esprit de secte qui, dans la province, divisait profondément les deux partis religieux; mais tous ses efforts furent vains: dès qu'il n'était plus là, le pays reprenait les armes. Ces tristes dissensions continuèrent jusqu'à la chute de La Rochelle, en 1629.

La guerre religieuse était à peine terminée, qu'un nouvel impôt, établi sur le vin, fit éclater une révolte générale à Bordeaux et dans tout le Midi. Cette insurrection fut réprimée avec une rigueur si excessive, par le duc d'Épernon, qu'il n'y eut qu'un cri d'indignation, et contre le despotisme sanguinaire du ministre, le cardinal Richelieu, et contre la cruauté de ses agents (1641). « Les sommes monstrueuses de deniers » levées par Richelieu et Mazarin furent si oppressives aux Bordelais, qu'ils se révoltèrent encore plusieurs fois contre leur gouverneur, le duc d'Épernon (1651). Deux ans plus tard, on convint d'une trêve, et une amnistie fut accordée à la ville.

Les grandes guerres que la France eut à supporter de 1665 à 1678 avaient tellement appauvri le trésor, malgré l'administration judicieuse de Colbert, que l'on fut obligé de lever de nouveaux impôts. A l'instant même toute la Guienne se révolte : les paysans massacrent les percepteurs, pillent les châteaux, pendent les seigneurs. Bordeaux, qui avait pris part à cette révolte, est puni par l'exil de son parlement à Condom.

Dans le but de ramener les dissidents à l'église de Rome, Louis XIV révoqua l'édit de Nantes. Les réformés essayèrent de fuir; mais l'émigration fut défendue sous peine des galères. Les calvinistes envoyèrent des pétitions au roi pour qu'il leur fût permis, ou de servir Dieu selon leur conscience, ou de chercher un asile dans les pays étrangers; pour toute réponse, on envoya un régiment de dragons qui commit des actes d'une cruauté atroce. Ce fut en vain que la peine de mort fut prononcée contre ceux qui favorisaient l'émigration; des milliers de familles, tant nobles que roturières, quittèrent la Guienne, l'Agenais et le Périgord, et se refugièrent en pays étrangers (1684).

En 1707, un impôt qu'on établit sur les naissances, les mariages et les morts, suscita beaucoup d'émeutes dans la province; les paysans obligèrent leurs nobles à se mettre à leur tête. Enfin, la persécution des jansénistes par les jésuites occasionna de nouveaux troubles en Guienne, comme ailleurs, et fut un des derniers actes de Louis XIV, qui mourut en 1715.

Les annales de Bordeaux n'offrent que très-peu de faits intéressants sous le règne de Louis XV. Elles nous montrent, cependant, que le projet financier de Law causa la ruine de plusieurs familles bordelaises, en 1720, et que le prix élevé du blé, dont certains spéculateurs avaient fait un monopole honteux, donna lieu à des émeutes sérieuses en 1745. Enfin, l'année 1764 fut témoin de la chute des jésuites, ordre si puissant qu'il paraissait être indestructible.

Les dernières années de ce règne furent signalées par des troubles qui eurent lieu dans diverses provinces et particulièrement dans la

Guienne. Le monopole du blé était encore porté à l'excès et le peuple mourait de faim; mais la conduite généreuse de quelques négociants, qui achetèrent du blé et le revendirent au dessous du prix d'achat, parvint à rétablir l'ordre (1773).

Louis XVI voulant fortifier l'ordre social et donner satisfaction à l'opinion publique, rappela les parlements : celui de Bordeaux fut installé en 1775; mais les maux sociaux étaient trop profonds pour qu'un remède aussi superficiel pût les guérir. Dans la Guienne, tous les esprits étaient préparés pour la révolution qui s'approchait. La résistance des parlements aux mesures du ministère, en 1787 et 1788, fut applaudie avec enthousiasme, et quand le parlement de Bordeaux fut suspendu et exilé à Libourne, pour son opposition aux volontés royales, les citoyens des villes et des campagnes manifestèrent leur douleur par un deuil général.

Les États-Généraux s'assemblèrent en 1789, et le Tiers-État, qui jusqu'alors n'était *rien*, commença à être *tout*. Le courage de l'Assemblée, ses périls, les complots de la cour, amenèrent le 14 juillet la prise de la Bastille. Cette nouvelle fut accueillie avec joie à Bordeaux et dans toute la province. A l'exemple de Paris, le peuple se forma partout en compagnies de garde nationale ; et comme il lui manquait des fusils pour compléter son armement, il se porta en foule à la forteresse du Château-Trompette, qui renfermait un dépôt d'armes et de munitions. Le gouverneur, soit par crainte, soit par patriotisme, fit un bon accueil aux assaillants et livra les clés de l'arsenal au Conseil des quatre-vingt-dix électeurs communaux.

Bordeaux, qui, jusqu'alors, avait agi spontanément, suivit presque toujours, à partir de 1789, l'impulsion de Paris. Jusqu'au mois de mai 1793, il obéit implicitement à tous les ordres émanés de ce centre politique ; mais, à cette époque, le parti des Girondins, composé de Vergniaud, Guadet, Gensonné, Grangeneuve, Ducos, Fonfrède et autres députés de la Gironde, essaya de résister aux Jacobins et aux Montagnards.

Vingt-deux d'abord, et plus tard soixante-treize des Girondins, furent proscrits par les Jacobins. Quelques-uns s'échappèrent, d'autres furent arrêtés et dans la suite décapités. Bordeaux entra dans la fédération formée par certains départements contre la Convention.

Cet essai d'émancipation n'eut pas de succès. La Convention envoya son proconsul, Tallien, avec mission de faire exécuter son décret de *mise hors la loi* contre ceux qui avaient adhéré à la ligue, et de réduire la ville par la force ou par la famine.

Tallien, investi de l'autorité suprême, ne tarda pas à entrer dans Bordeaux à la tête de son armée révolutionnaire. Les habitants furent désarmés; une commission militaire, composée de la partie la plus vile de la populace, et présidée par Lacombe, ancien maître d'école, fut chargée de faire exécuter le décret. La terreur fut à l'ordre du jour. Les prisons se remplirent de riches négociants, rançonnés ou détenus selon le caprice et la cupidité de leurs juges; le maire et plusieurs citoyens périrent sur l'échafaud, érigé en permanence sur la place Dauphine.

Telle était la triste condition de Bordeaux, lorsque le *9 Thermidor* vint renverser le pouvoir de ces fanatiques. Cette révolution, républicaine dans l'origine, prit bientôt une couleur royaliste dans le Midi; pendant plusieurs mois, des bandes armées parcoururent la Guienne, incendiant et assassinant sous prétexte de venger les excès de la Terreur.

La Révolution du 18 Brumaire soumit la France pendant quatorze ans, au despotisme de son grand général. Napoléon, imitant en ceci la politique de plusieurs de ses prédécesseurs, visita Bordeaux, en 1808, dans l'espoir de rallumer l'enthousiasme de la population ; mais ses guerres ruineuses, et surtout le blocus continental, avaient malgré le prestige de la gloire, rendu sa domination insupportable à cette province, qui n'existait que par son commerce. Aussi, lorsque l'avant-garde de l'armée anglaise, sous les ordres du maréchal Beresford, se présenta, le 12 mars 1814, devant les portes de Bordeaux, elle trouva les habitants assez disposés à accepter un changement qui leur promettait la tranquillité.

Les Bourbons étaient à peine remontés sur le trône, que la révolution du 20 mars 1815 ramena Napoléon à Paris. Le duc d'Angoulême, investi du commandement des provinces, au sud de la Loire, établit son quartier-général à Toulouse, laissant la duchesse à Bordeaux, dans l'espoir de conserver cette ville et d'y rallier l'armée espagnole. Cependant le général Clauzel s'avançait à marches forcées vers la capitale de la Guienne. La garde nationale, pour prouver sa fidélité à la duchesse, sortit pour s'opposer aux troupes impériales ; mais toute résistance fût inutile, et la duchesse, après avoir déployé un grand courage dans ces circonstances difficiles, quitta Bordeaux pour Pauillac, où elle s'embarqua sur un navire anglais.

Après la seconde restauration de Louis XVIII, le duc et la duchesse d'Angoulême vinrent rester quelques jours à Bordeaux, où ils furent encore reçus avec acclamations ; mais bientôt le rétablissement des *droits réunis* et d'autres mesures du gouvernement vinrent refroidir cet enthousiasme. Le commerce, qui avait souffert beaucoup sous l'Empire, languissait aussi vers la fin de la Restauration ; aussi la Révolution de 1830 ne trouva pas une grande opposition dans la cité du Douze-Mars. Les Bordelais étaient en général favorablement disposés envers la dynastie que cette révolution plaça sur le trône, et que celle de Février 1848 devait chasser de la France.

Ce fut sous le règne de Louis-Philippe qu'un journaliste, Henri Fonfrède, aidé de Frédéric Bastiat, implanta à Bordeaux la doctrine du libre-échange, devenue aujourd'hui article de foi des négociants de ce port. — La république de 1848 fut d'abord accueillie sans opposition à Bordeaux, malgré bien des défiances personnelles. Les manifestations populaires ne lui manquèrent pas ; de nombreux clubs furent ouverts, avec de plus nombreux orateurs, *républicains de la veille*. L'arbre de la liberté fut planté sur la belle esplanade des Quinconces et béni par M³r le Cardinal Donnet.

Le Président y trouva une réception magnifique, et ce fut au banquet de la Chambre de commerce, dans le palais de la Bourse, que Napoléon prononça le célèbre discours terminé par cette phrase : « L'EMPIRE C'EST LA PAIX ! » le 9 octobre 1852.

Aperçu général de Bordeaux.

Le voyageur qui, arrivant par la route de Paris, commence à descendre, à une lieue de Bordeaux, les vertes collines de Cenon-La-Bastide, est frappé de la grandeur imposante du spectacle qui s'ouvre à ses regards : la vaste plaine des Queyries qui s'étend à ses pieds ; la ville avec ses clochers, ses flèches et ses tours antiques dans le lointain ; la Garonne serpentant devant elle ; le port demi-circulaire, bordé par des quais magnifiques et rempli de navires pavoisés des pavillons de toutes les nations, forment un panorama comparable aux points de vue les plus admirés de l'Europe.

A droite, on aperçoit les hauteurs de Lormont, qui étaient défendues autrefois par un ancien château-fort, célèbre comme lieu de naissance de Richard II, roi d'Angleterre; à gauche, entre le chemin actuel et l'ancienne route de Paris, s'élève une colline, jadis couronnée par l'ancien Bois-du-Roi, appelé aussi le Cypressat.

Arrivé sur le pont en pierre, l'un des plus beaux du monde, le voyageur voit à sa gauche le nouveau pont métallique, passerelle des chemins de fer, chef-d'œuvre de M. Regnault, ingénieur des chemins de fer du Midi; l'ancienne église Saint-Michel et sa tour, surmontée de sa flèche nouvellement reconstruite, en face de lui un arc de triomphe appelé porte Bourgogne.

En suivant le cours de la rivière, après avoir traversé le pont, il aperçoit bientôt, quelques pas après une nouvelle rue encore en construction, large voie qui assainira un vieux quartier, une ancienne porte gothique, autrefois l'entrée du palais féodal de l'Ombrière; un peu plus loin, la Douane ; puis la Bourse, dont l'emplacement, autrefois la limite de la ville féodale, forme aujourd'hui l'angle de la plus belle rue de Bordeaux (cours du Chapeau-Rouge).

En entrant dans cette rue, on voit à droite, la Préfecture, le Grand-Théâtre qui surpasse en beauté ceux de Paris et de Londres, et quelques grands hôtels remarquables aussi par leur architecture.

Les cours du Chapeau-Rouge et de l'Intendance, belle rue qui traverse Bordeaux dans sa plus grande largeur, depuis la Bourse jusqu'au cimetière des protestants, séparent l'ancienne ville, composée de rues étroites et de vieilles maisons irrégulièrement bâties, aujourd'hui en voie de transformation, du nouveau quartier, où les rues, les places et les promenades sont très belles. Nous ferons remarquer particulièrement les allées et le cours de Tourny, le Jardin-Public, le cours du même nom et surtout les Quinconces. Cette belle place est limitée par de magnifiques rangées de maisons et ornée, du côté de la rivière, par deux colonnes rostrales en pierre, surmontées de deux statues, représentant le Commerce et la Navigation, faites par M. Monseaud, de Boreaux.

On remarque aussi sur cette place, deux statues en marbre dues au ciseau d'un sculpteur distingué, M. Maggesi, qui représentent Montaigne et Montesquieu. Au nord des Quinconces se trouve le *quartier des Chartrons,* qui est habité par les négociants en vins. Ce quartier se compose d'un quai en forme de croissant, où les maisons sont construites dans le genre italien, ainsi que de plusieurs rues qui aboutissent à angle droit à la rivière. La plus belle de ces rues est le Pavé des Chartrons, où l'on trouve une église anglicane.

Les principales places, après celle des Quinconces, sont : la place de la Comédie, la place d'Armes, la place Dauphine, la place Richelieu, la place de la Bourse et la place Tourny.

Quand on parcourt la partie septentrionale de Bordeaux, où tout porte un cachet moderne, on peut se croire dans une des belles capitales de l'Europe ; tandis que si l'on va dans la direction du sud de la ville, on trouve encore, au milieu des nombreuses transformations qui s'opèrent, les traces 'une ville du moyen-âge.

Les édifices les plus remarquables, après le Théâtre et le Pont, sont les églises, le Palais-de-Justice, l'Hôpital et les Sourdes-Muettes. Les ruines d'une arène romaine, situées entre la rue du Palais-Gallien et la rue de la Trésorerie, méritent aussi l'attention du voyageur. On trouvera, dans un chapitre consacré à ce sujet, des détails plus étendus sur tous ces monuments et sur le Jardin-Public, nouvellement transformé.

Bordeaux possède aussi plusieurs établissements de bains ; les meilleurs sont, peut-être, ceux situés à droite et à gauche des Quinconces.

Les bains froids, avec école de natation, sont établis en amont du pont de pierre, sur les deux rives de la Garonne.

Nous devons signaler aussi l'Établissement hydrothérapique de Long-Champs, rue David-Johnston, en face le Jardin-des-Plantes.

Les étrangers y trouveront tous les perfectionnements apportés au traitement hydrothérapique, ainsi qu'un vaste et confortable hôtel entouré d'un beau jardin où M. Delmas, directeur de l'établissement, reçoit de nombreux pensionnaires.

Les bains d'eaux minérales de Monrepos.

De vastes lavoirs publics ont été récemment établis dans le quartier Saint-Bruno.

Il y a un bon cabinet de lecture, péristyle du Grand-Théâtre, où l'on reçoit les principaux journaux français et étrangers. On peut trouver toutes les nouveautés littéraires dans les librairies bien tenues du cours de l'Intendance.

Au nombre des excursions les plus agréables et les plus intéressantes à faire dans les environs de Bordeaux, nous citerons les suivantes : par le chemin de fer, à Arcachon, délicieuse station de bains de mer ; par bateaux à vapeur à La Réole, à Royan et Soulac ; l'une en montant la rivière, les autres en la descencendant ; enfin, par voitures, au château de La Brède, qu'habitait Montesquieu, aux ruines du château de Blanquefort, à celles de l'abbaye de La Sauve, celles de Saint-Émilion, etc.

Nous partagerons, un peu plus loin la ville en deux promenades, que nous parcourrons avec le lecteur, pour lui faire connaître Bordeaux en détail.

Enceintes murales de Bordeaux.

Les murs de la première enceinte de Bordeaux, qui ne remontent pas au-delà du troisième siècle, ne renfermaient qu'un espace de trente-quatre hectares. Les angles de cette enceinte, qui avait la forme d'un parallélogramme, répondaient à l'entrée orientale de la rue de l'Ombrière, au fond de l'impasse Douhet, à la Tour-du-Canon (rue de la Vieille-Tour) et aux cloîtres de Saint-André. Le mur de l'est était percé de trois portes; celui du midi de quatre; à ces portes répondaient directement celles du couchant et du nord.

Depuis le commencement du cinquième siècle, date de l'invasion des Vandales, jusqu'au sac de la ville par les Normands, en 857, le nom de Bordeaux ne se présente dans les annales que pour rappeler quelque désastre.

C'est de l'époque d'Aliénor ou Éléonore, et de son époux Henri II, roi d'Angleterre, que date le premier accroissement de l'enceinte murale de Bordeaux; il eut lieu au midi et ajouta près de dix hectares de terrain à la ville. Le mur d'Henri, qui prenait à la Porte Basse et suivait jusque sur le port, était percé de six portes : celles de la Rousselle, Bouquière, Saint-James, du Cahernan, des Ayres et de Toscanam.

Le second accroissement, attribué aux Édouard (I, II, III), entre 1281 et 1335, ajouta à la ville plusieurs couvents et églises qui se trouvaient hors des murs, ainsi que les faubourgs de Tropeyte, de Campaure, de Sainte-Eulalie, de Saint-Julien, de Saint-Michel et de Sainte-Croix. Les quatre angles de la nouvelle enceinte étaient aux endroits où sont actuellement les colonnes rostrales, la place Tourny, la caserne Saint-Raphaël et l'hospice des vieillards. On construisit alors les portes du Mirail, de Saint-Julien, de Sainte-Eulalie, du Far, de Saint-André, Dijeaux, de Saint-Germain, d'Andéyole, du Chapeau-Rouge, du Pont-Saint-Jean, des Salinières, de la Grave et de Sainte-Croix. Les traces de cette enceinte ne sont pas encore effacées. La longue façade qui borde le fleuve, depuis le quai Bourgogne jusqu'en Paludate, laisse encore apparaître quelques-unes des portes et des tours de cette ligne.

Bordeaux s'agrandit donc sous la domination anglaise ; mais la ville, à l'exception des églises, des monastères et de quelques hôtels de seigneurs, était encore, comme au temps des Romains, presque toute construite en bois. Ce n'est que vers le milieu du seizième siècle que les constructions en pierre commencèrent à devenir générales. Cependant il reste encore aujourd'hui, dans les quartiers de Saint-Michel et de l'ancien Palais, plusieurs anciennes maisons en bois, composées d'étages qui font saillie les uns sur les autres et surmontés d'un toit pyramidal. Toutes les maisons de ce genre ont été probablement construites par les Anglais ; dans tous les cas, elles sont semblables, sous tous les rapports, à celles que l'on voit encore dans les plus anciennes rues de Londres.

La ville conserva son aspect gothique jusqu'au règne de Louis XV. En 1743, Aubert de Tourny, nommé intendant de la Guienne, commença à assainir et à embellir Bordeaux ; il fit construire la belle façade qui va de la Bourse jusqu'en Paludate ; il projeta les cours d'Albret, de Tourny, du Jardin-Public, fit bâtir les places des Capucins, d'Aquitaine, Dauphine, Tourny, de la Bourse, Bourgogne, avec leurs six portes, et créa le Jardin-Public. Peu après, grâce à la prospérité croissante de la ville, que l'illustre intendant avait tellement embellie, on acheva de bâtir les Chartrons. En 1773, le centre du port s'embellit des chefs-d'œuvre de l'architecte Louis. A cette époque, les marais de la Chartreuse et la bordure méridionale du glacis du Château-Trompette ayant été mis en vente, on vit se multiplier les constructions qui forment aujourd'hui le faubourg des marais et le quartier du Chapeau-Rouge.

En 1818, la démolition du Château-Trompette ayant laissé vacants de vastes emplacements, on créa la grande promenade des *Quinconces*, dont les abords se sont couverts peu à peu de ces belles maisons et de ces rues grandioses qui constituent aujourd'hui le plus beau quartier de Bordeaux.

Enfin, le 1er janvier 1865, les annexions suivantes sont venues reculer encore les limites de Bordeaux, fixées par un large boulevard : *Le Bouscat*, 12,821 ares ; *Caudéran*, 6,020 ares ; *Talence*, 3,432 ares ; *Bègles*, 5,596 ares ; *Lormont*, 646 ares ; *Cenon-La-Bastide*, 37,800 ares ; *Floirac*, 5,600 ares. Ensemble 719 hectares 15 ares.

Les rues s'élargissent, de nouvelles voies sont ouvertes et de nombreux travaux d'assainissement et d'embellissement s'opèrent avec une activité merveilleuse qui rappelle la puissante administration de M. de Tourny.

Antiquités des temps antérieurs aux Romains.

Le département de la Gironde ne possède que peu de ces énormes pierres monumentales ou *dolmens* gaulois que l'on rencontre souvent dans d'autres parties de la France, particulièrement dans la Bretagne et le Périgord. On n'en connaît que trois : un à Pujols, un autre à Saint-Sulpice-de-Faleyrens (tous deux dans l'arrondissement de Libourne) et un troisième à Saint-Ciers-de-Canesse (arrondissement de Blaye). Ce dernier *dolmen* consiste en une pierre gigantesque, qui repose, à deux mètres cinquante cent. du sol, sur trois blocs énormes. Celui de Pujols, appelé par les paysans *Peyre-Lebade* (pierre levée), est d'une construction semblable, seulement la couverture a été renversée. Le monument de Saint-Sulpice est un roc solitaire, ou *peulvan*, dressé au bord du chemin qui va de cette commune à Libourne. Il a six mètres d'élévation, sans compter la partie enfoncée dans le sol.

Les armes en pierre trouvées dans le département sont des haches et des pointes de flèches ; les landes de Mérignac en ont fourni un assez grand nombre. Les pointes de flèches sont travaillées avec grand soin ; les haches sont taillées en pointe et ont un tranchant acéré. Les pierres dont elles sont faites étant étrangères au département, on suppose que les Bituriges-Vivisques ont dû avoir des relations plus ou moins lointaines avec d'autres peuples.

Les *tumulus*, ou petits monticules, dont plusieurs existent encore dans la province, sont des monuments attribués aux premiers habitants. Les uns se trouvent seuls, d'autres sont en groupes et entourés de fossés. Ils sont connus dans le pays sous le nom de *mottes, pujols* et *pujolets*. « Parmi les *tumulus* dont l'antiquité n'est pas douteuse, plusieurs renferment des sépultures gallo-romaines. Dans le siècle dernier, des fouilles pratiquées au pied d'un *tumulus*, à Saint-Morillon, y firent découvrir quelques sépultures de ce genre et quatre cents médailles d'or à l'effigie de Constance Chlore. »

Les médailles antérieures aux Romains sont très rares. On en a découvert quelques-unes dans le Médoc, près de l'embouchure de la Gironde ; mais elles étaient mêlées à des pièces romaines et à d'autres du moyen-âge et des temps modernes ; ce qui prouve seulement que ce rivage a été funeste aux marins dans tous les temps.

La province était autrefois traversée par plusieurs routes romaines : l'une conduisait de Bordeaux à Agen, une autre de Bordeaux à

Saintes, une troisième allait à Dax et une quatrième à Périgueux. On voit encore de loin en loin quelques faibles vestiges de ces routes et même de quelques autres encore moins connues. A Hure, petit hameau bâti de ruines romaines, sur la route d'Agen, on a trouvé des mosaïques, des médailles et des marbres. On en découvre aussi quelquefois à Bazas, Langon, Castres, La Croix-de-Hins, La Mothe, La Réole, Saint-Macaire, Pauillac, Saint-Julien-de-Reignac, Bourg, Saint-Émilion, Pessac, Eynesse, Ruch et Saint-Aubin.

Bordeaux et Bazas seuls pouvaient mériter le titre de villes romaines. Langon, Castres, Bourg, Pauillac, Blaye étaient probablement des villas ou des stations militaires.

De tous les monuments religieux laissés par les Romains en France, l'édifice appelé *Piliers-de-Tutelle* était un des plus remarquables (a). Les ruines de ces pilliers furent démolies par ordre de Louis XIV, en 1677 ; les matériaux fournis par la démolition servirent à construire le quai situé devant les Quinconces. Des inscriptions découvertes à diverses époques,

---

(a) Ce temple était situé à l'extrémité occidentale de la terrasse actuelle du Grand-Théâtre, vis-à-vis la rue Maufrec.

parmi les ruines de l'ancienne ville, nous portent à croire que d'autres temples y ont été bâtis par les Romains.

Le seul monument romain qui subsiste aujourd'hui, à Bordeaux, est une *arène* en ruines, appelée vulgairement le *Palais-Gallien*. L'arène proprement dite, de forme elliptique est de soixante-dix-sept mètres sur cinquante-cinq mètres, était entourée de six enceintes. En 1772, on pouvait encore en mesurer les dimensions; mais aujourd'hui il ne reste de cet édifice que quelques portiques de la seconde enceinte et un beau débris de la porte occidentale. La maçonnerie est composée de couches alternatives de tuiles et de pierres carrées. La hauteur totale de cet imposant débris est de vingt mètres. Des médailles de Gallien, découvertes récemment parmi ces ruines et dans les environs, semblent justifier la tradition qui attribue la construction de ce monument au règne de cet empereur.

Au sud de la ville, près du Moulin de Vayres (chemin du Sablonat), on a trouvé récemment les traces de deux aqueducs romains. On peut voir aussi plusieurs statues, bas-reliefs, inscriptions et autres curiosités romaines dans le dépôt d'antiques, au Musée de la ville.

Les plus anciens monuments religieux, érigés dans le département depuis l'invasion des barbares, datent du dixième et du onzième siècle. La plupart des oratoires bâtis par les chrétiens furent, ou détruits avant cette époque, ou bien se trouvent aujourd'hui enveloppés dans des constructions plus modernes et présentent un assemblage de différents styles, l'ogive mêlée au plein-cintre.

Les églises qui conservent aujourd'hui une grande partie de leur architecture primitive sont celles de Saint-Vivien, Verteuil, Benon, Cissac et Queyrac, dans le Médoc ; celles de Saint-Seurin et de Sainte-Croix, à Bordeaux ; celles de Landiras, Loupiac-de-Cadillac, Langoiran, Martillac, Tabanac et La Brède (arrondissement de Bordeaux) ; Cars et Bayon (arrondissement de Blaye) ; Saint-Macaire, Saint-Romain et Saint-Martin (arrondissement de La Réole) ; Toulène et Notre-Dame-du-Bourg, à Langon (arrondissement de Bazas).

L'église souterraine de Saint-Émilion est la seule qui puisse être présumée d'une date antérieure ; elle nous rappelle les premiers temps du christianisme, où les fidèles se cachaient au fond des carrières pour y exercer leur culte.

On entre dans cette église par une obscure

allée bordée de tombes; cette allée, ces tombes, l'église elle-même ont été creusées dans le roc. Les dimensions de cet édifice monolithe sont de trente-huit mètres de longueur, vingt mètres de largeur et seize mètres de hauteur. Il se compose d'une nef et de deux bas côtés ; la voûte repose sur huit piliers énormes, où l'on aperçoit encore quelques faibles traces de moulures en échiquier. Les sculptures de l'entrée sont attribuées au douzième siècle, mais celles du fond de l'église sont d'une date plus reculée. Une inscription gravée sur un des piliers et quelques tiers de sous d'or de Pepin, trouvés dans ce lieu, semblent justifier la tradition, qui fait remonter la construction de cette église au huitième siècle. C'est un des plus curieux monuments de France.

Au-dessus de cette église se trouve une tour octogone surmontée d'une flèche. Du haut de la tour, on jouit d'un très beau panorama.

L'église de Saint-Seurin, à Bordeaux, date aussi, en partie, des premiers siècles du christianisme. L'église actuelle a enveloppé deux édifices plus anciens, un simple oratoire et une petite église dédiée à Saint-Estèphe : celle-ci n'existe plus ; l'oratoire modifié forme aujourd'hui la chapelle souterraine de Saint-Fort.

C'est dans cet oratoire que furent inhumés saint Seurin, l'un des premiers évêques, saint Amant, saint Fort, sainte Bénédicte et sainte Véronique.

Cette église, bâtie hors des murs, saccagée, dégradée et restaurée plusieurs fois, offre un spécimen des différents âges de l'architecture romane et de l'architecture gothique. Le portique occidental appartient probablement au dixième siècle; le clocher quadrilatère, au-dessus du vieux portique, et une espèce de beffroi, au côté méridional de l'église, rappellent le onzième siècle. L'intérieur de l'église subit quelques changements en 1700, par suite de la chute de la grande voûte en 1698. En 1829, la façade de la porte occidentale fut entièrement reconstruite. La porte méridionale, ornée de statues, d'arabesques, de colonilles et de bas-reliefs, est un beau monument du treizième siècle.

L'église Sainte-Croix, située vers l'extrémité méridionale de la ville, fut (selon Venuti) fondée au cinquième siècle. Il est certain qu'un abbé Momol fut inhumé dans cette église en 653; elle fut dévastée par les Sarrasins en 729, restaurée par Charlemagne en 778, ruinée par les Normands en 848 et rétablie par Guillaume le Bon, duc d'Aquitaine, en 902. Le portique extérieur, qui est vraisemblablement la partie la plus ancienne de l'édifice actuel, parait appartenir au dixième siècle. Sur les archivoltes de deux grandes niches latérales sont divers bas-reliefs, que certains archéologues considèrent comme des emblèmes mystiques ; d'autres prétendent que ce sont des obscénités païennes. La construction est de différents âges ; les bas côtés datent de l'époque où le plein-cintre tendait un peu à l'ogive ; mais le clocher et certains détails de la grande nef appartiennent à des temps antérieurs au gothique.

La cathédrale de Saint-André, à Bordeaux, fondée au quatrième siècle, ruinée par les Barbares, restaurée par Charlemagne, dévastée par les Normands, fut rétablie au onzième siècle et consacrée par le pape Urbain II, en 1096. Le plan de cet église est la croix latine, sans bas côtés ; mais, à partir de la croisée, la tête de la croix est entourée d'une allée, bordée d'un côté par treize hautes arcades et de l'autre par des chapelles. L'édifice a cent quarante mètres de long ; la longueur de la croisée est de cinquante mètres ; les deux flèches, admirables par leur élégance et leur légèreté, s'élèvent à une hauteur de quatre-vingt-six mètres. La plus grande partie de l'église actuelle date du milieu de la période de la domination anglaise. L'étonnante hardiesse de la grande nef, l'élégance des ornements extérieurs et le style aérien de tout le reste, font classer Saint-André parmi les plus belles cathédrales de France. L'isolement de cette église est au nombre des travaux dont s'occupe la municipalité et sera certainement un des plus importants. Le *clocher*, situé à trente mètres de l'édifice, fut bâti, en 1440, par Pierre Berland, archevêque de Bordeaux. Surmontée d'une élégante flèche, qui fut démolie en 1793, cette tour fut vendue en 1820 à M. Bigourdan, qui l'utilisa pour une fabrique de plomb de chasse. Rachetée par l'État en 1850, elle a été complètement restaurée sous la direction de MM. Danjoy et Labbé, sa flèche rebâtie et surmontée de la statue de la Vierge, *Notre-Dame-d'Aquitaine*.

Le bourdon, placé en 1853, a été fondu dans les ateliers de M. Bollée, au Mans; il pèse onze mille kilogrammes; il sonne pour les fêtes et grandes cérémonies de l'Église; son diapason est en *fa* naturel.

La statue en cuivre repoussé et doré est la reproduction exacte d'une vierge en pierre de un mètre dix centimètres de hauteur, datant du quatorzième siècle, reproduite par un nouveau système de M. Chertier, orfèvre de Paris, dans les proportions d'une statue de six mètres. Le nouveau système de M. Chertier, remarquable et précieux par son économie et son exactitude rigoureuse, a obtenu une juste récompense à l'exposition de 1855.

L'église de Saint-Michel, qui date aussi de la période anglaise (douzième et treizième siècle), est d'une architecture aussi élégante que la cathédrale; elle a sur cette dernière l'avantage d'être plus régulièrement bâtie. Elle a pour plan la croix latine avec latéraux. L'extérieur de l'édifice est do toute beauté : le joli rond-point, les rampes, leurs pyramidelles et leurs ogives, le portique du nord, l'intérieur des trois nefs avec tous les détails, rappellent les constructions du treizième siècle. La grande chapelle de Saint-Joseph est un précieux travail de la Renaissance. Comme la cathédrale, Saint-Michel a son clocher à trente mètres de l'église; il date du quinzième siècle; sa flèche renversée par l'ouragan du 8 septembre 1768, vient d'être reconstruite après un siècle, sous la direction de M. Abadie. Ce beau monument est aujourd'hui un des plus élevés du globe, sa hauteur est de 108 mètres. Le sol sablonneux sur lequel il est construit a la propriété de conserver les cadavres ; parmi ceux qui ont été déposés dans l'intérieur, au pied du clocher, il y en a qui remontent à plusieurs siècles et qui sont dans un état de conservation parfaite. Les étrangers sont admis à visiter ces momies naturelles, dont l'histoire leur est racontée par le gardien de la tour.

Le département possède encore deux fort beaux monuments du même genre : la cathédrale de Bazas, fondée au quatrième siècle, détruite en 853, rebâtie au onzième siècle, agrandie en 1233 ; et la collégiale d'Uzest, fondée au quatorzième siècle par le pape Clément V.

A cette liste nous devons ajouter encore les belles ruines de l'abbaye de La Sauve, à trois kilomètres à l'est de Créon, et celles de l'ancien hôpital de Cayrac, près Gradignan, à dix kilomètres de Bordeaux. L'abbaye, fondée au douzième siècle, appartient aux religieux de la congrégation de saint Maur ; elle était célèbre par la magnificence de ses édifices, de ses jardins, de ses promenades et par la beauté de son église, monument de transition entre l'architecture romane et l'architecture gothique ; le clocher, le chœur et quelques pans de la nef

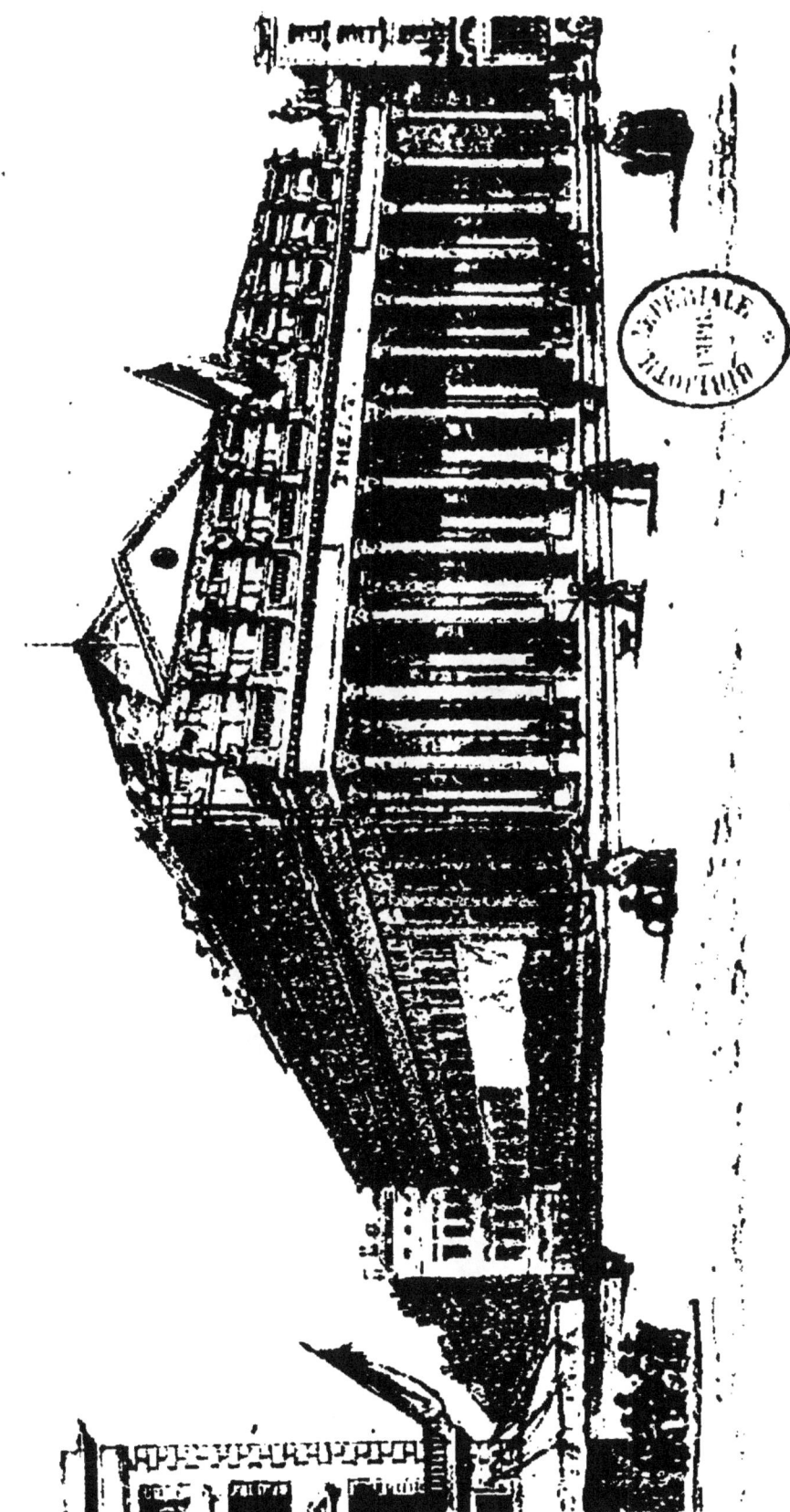

THÉATRE.

sont seuls restés debout; les autres ruines ont servi à paver la route de La Sauve à Langoiran. L'hôpital de Cayrac, monument du treizième siècle, fut converti d'abord en prieuré et passa ensuite entre les mains des chartreux de Bordeaux. A droite de la route, on voit encore une enceinte carrée, flanquée de tours et décorée de trois arcades gothiques; à gauche sont les ruines d'une petite église; tous les détails des arcades, faits avec grand soin, sont encore bien conservés et méritent l'attention du voyageur. Cet hôpital recevait autrefois les nombreux pèlerins qui voyageaient de Bordeaux à Saint-Jacques-de-Compostelle.

Anciens Châteaux.

La plupart des anciens châteaux des environs de Bordeaux furent bâtis au bord des rivières ou au milieu des marais. Les châteaux de Castillon, en Médoc, de Blaye et de Tau, étaient sur la Gironde; ceux de Langoiran, de Rions, de Violes, de Saint-Macaire, de Langon, de Castets et de la Réole dominaient la Garonne; ceux de Bourg, de Cubzac, de Vayres, de Fronsac et de Castillon s'élevaient sur la Dordogne; dans les marais se trouvaient les châteaux de Blanquefort, de Lesparre, de Saint-Médard et de Sainte-Magne; tandis que d'autres, plus anciens encore, s'élevaient sur des tertres naturels ou factices. Plusieurs de ces châteaux, ou du moins leurs ruines, subsistent encore et méritent d'être mentionnées.

Le plus ancien est probablement le *château d'Ornon*, près du village de Gradignan, à dix kilomètres au sud de Bordeaux; il est un exemple très-remarquable de l'emploi des tumulus dans les constructions militaires, aux premiers âges de la féodalité. M. Jouannet croit y voir l'ouvrage de quelque seigneur anglais du douzième siècle. D'après cet auteur, le château existait déjà en 1173, possédé par un Guillaume Furt, seigneur du lieu; la même famille le possédait encore en 1321; il appartenait, en 1403, à Henri Bowet, qui fut ensuite archevêque d'York. Il fut ruiné, en 1405, par le comte d'Armagnac; une partie du mur d'enceinte de la cour basse, d'épais massifs de maçonnerie et une tour quadrilatère sont encore debout. L'épaisseur des murs de la tour est de quatre mètres. La longueur du plan entier, en dehors du fossé, est de quarante mètres, et la plus grande largeur de vingt mètres.

Le *château de Blanquefort*, à huit kilomètres au nord-ouest de Bordeaux, paraît remonter au douzième siècle. Il est situé au milieu d'un marais, non loin du village. Le plan du château est un carré long, flanqué de grosses tours aux angles avec une tour plus petite placée au milieu, du côté méridional. Cette tour était liée aux deux autres par d'étroites courtines en arcades aussi hautes que les tours. L'édifice, isolé au milieu d'une grande cour, était entouré d'un mur d'enceinte épais de quatre mètres et défendu par neuf tours, dont deux sont énormes. On entrait dans la cour par une porte à l'est, laquelle, ainsi que le pont qui y conduisait, était protégée par deux tours. Une grande partie des murs et quelques tours ont été renversées; mais les restes imposants qui subsistent encore font voir quel était le plan général du château, et révèlent la puissance de ses anciens maîtres, qui jouèrent un grand rôle dans la province; leur juridiction s'étendait sur dix paroisses, et leurs prétentions se portaient jusqu'à Bourg. Ils avaient leur petite armée, avec laquelle ils guerroyèrent successivement contre le vicomte de Fronsac et contre le sire de Lesparre ; aussi leur amitié fut recherchée par les rois de France et d'Angleterre. Leur domaine, plusieurs fois contesté, enlevé, rendu et repris, passa dans les mains d'Édouard II, qui le donna à un neveu du fameux Bertrand de Goth, en 1308. Dans une chapelle, située dans l'une des grandes tours du nord, on a pu distinguer, parmi des ornements sculptés, une tête dégradée qui rappelle celles des Édouard, et un léopard sculpté aussi en relief sur le mur. Ce château confisqué par Charles VII, en 1453, rendu à son propriétaire par Louis XI, en 1469, pris par les religionnaires en 1562, repris bientôt après par les milices de Bordeaux, fut enfin complètement ruiné sous le règne de Louis XIII.

Le *château de Budos*, situé près du village de ce nom, est moins ancien que celui de Blanquefort, avec lequel il a une certaine ressemblance, sans cependant l'égaler ni en beauté ni en force ; néanmoins ces larges fossés le mettaient à l'abri d'un coup de main ; les préparatifs faits par les Anglais et les Bordelais, en 1421, pour parvenir à le réduire, montrent que l'on s'attendait à une résistance vigoureuse. Ces troupes marchèrent contre le château, suivies de deux canons et d'une bombarde qui

PALAIS DE JUSTICE

lançait des pierres de trois cent cinquante kilogrammes. Budos capitula : il fut convenu que le seigneur du lieu, qui tenait pour la France, *ne se ferait point Anglais*, mais qu'il resterait neutre.

Le *château de Villandraut* a pour plan un rectangle de soixante-seize mètres sur soixante-douze, entouré d'un fossé, qui a vingt mètres de largeur; les tours angulaires, qui ont douze mètres de diamètre, s'élèvent à plus de quarante mètres. Il fut quelque temps la demeure du pape Clément V, qui a daté de Villandraut plusieurs bulles. De ce beau château il ne reste que des ruines, les débris d'une terrasse portée sur cinq arcades et des escaliers suspendus et sans issue ; il fut assiégé et pris par le maréchal de Martignon, en 1593 ; mais il ne se rendit qu'après deux assauts vigoureusement repoussés et quand le canon eut renversé ses murs.

Plusieurs autres châteaux ou ruines, d'une construction semblable et de la même époque, existent encore ; tels sont : le château de *Fargues*, qui, en 1306, appartenait au cardinal Raymond de Fargues, neveu de Clément V ; le château de *Roquetaillade* ou de *Mazère* (canton de Langon), bâti, au quinzième siècle, par le cardinal Lamothe, est bien conservé ; le *Castélet*, quadrilatère flanqué de tours, maintenant désert, mais presque entier, situé dans une petite île de la jalle de Saint-Médard ; les restes imposants du château de *Benauges* ; les débris des fameux châteaux du *Breuil* et de *Lesparre* ; les ruines pittoresques de ceux de *Langoiran* et de *La Trave* ; et les décombres de l'ancien château normand de *Landiras*.

Églises modernes.

Outre les églises déjà mentionnées, Bordeaux en possède d'autres, ou moins remarquables ou d'une date plus moderne. La petite église de *Saint-Éloi*, à côté des tours de l'ancien Hôtel-de-Ville *(Grosse-Cloche)*, date de 1159. Celle de *Sainte-Eulalie*, reconstruite probablement en 1173, contient, dit-on, les reliques de sept saints du troisième siècle, données par Charlemagne en 811 et déposées dans la chapelle de Saint-Clair ; sa flèche, qui avait été détruite par la foudre, vient d'être réédifiée. L'église *Notre-Dame*, dont la première construction remonte au treizième siècle, fut rebâtie par les jacobins ou frères-prêcheurs en 1701 et restaurée en 1834; elle est ornée à l'intérieur avec une élégance peut-être un peu trop mondaine, et renferme quelques beaux tableaux. En 1866, sous l'administration du vénérable curé l'abbé Dulaurier, saint Grégoire, saint Jérôme, saint Augustin et saint Thomas d'Aquin, sont venus prendre place dans les niches de la façade, dès longtemps préparées. L'église de *Saint-Pierre*, dont l'origine est ancienne, fut reconstruite au quinzième siècle; on y remarque de belles sculptures en bois et quelques bons tableaux. L'église *Saint-Bruno*, fondée au commencement du dix-septième siècle, a des peintures à fresque de Bérinzago. L'église *Saint-Louis*, aux Chartrons, fut construite en 1671; elle n'offre rien de remarquable, si ce n'est deux bons tableaux et un assez joli maître-autel. *Saint-Paul*, rue des Ayres, date de 1676, et fut l'ouvrage des jésuites. Le maître-autel est orné d'une statue en marbre de saint François-Xavier, sculptée par Guillaume Courton. Enfin, *Saint-Martial*, aux Chartrons, *Saint-Augustin*, près la Glacière; *Saint-Nicolas-de-Graves*, rue Lafontaine; *Saint-Rémi*, rue de Lormont, à Bacalan, n'offrent rien de remarquable.

Une nouvelle église, style transition, *Saint-Ferdinand*, construite depuis peu, rue Croix-de-Seguey, sous la direction de M. Abadie, vient dignement orner ce quartier, jusqu'à présent déshérité.

Outre ces églises, la ville possède plusieurs chapelles : la chapelle *Margaux*, située dans la rue de ce nom ; la *Madeleine*, rue Lalande, assez jolie de décors ; la chapelle du *Collège*, rue Montaigne, qui renferme le tombeau de Michel-Montaigne, monument élevé par la piété de sa femme ; la chapelle *Notre-Dame*, rue du Palais-Gallien ; la chapelle des *Incurables*, dans la rue de ce nom ; la chapelle du *Grand-Séminaire*, rue Marbotin ; la chapelle des *Dames de Sainte-Thérèse*, rue David-Johnston ; la chapelle *Saint-Jacques*, rue du Mirail ; la chapelle des *Dominicains*, rue Lhôte, contenant des fresques assez remarquables ; enfin, la chapelle des *Carmes*, d'une construction récente et assez originale, due au talent du frère Philibert, architecte, située derrière le Jardin des Plantes.

L'église anglicane, située Pavé-des-Chartrons, est bâtie dans le genre de ces chapelles modernes que l'on trouve partout en Angleterre et aux États-Unis.

Les protestants français ont deux temples à

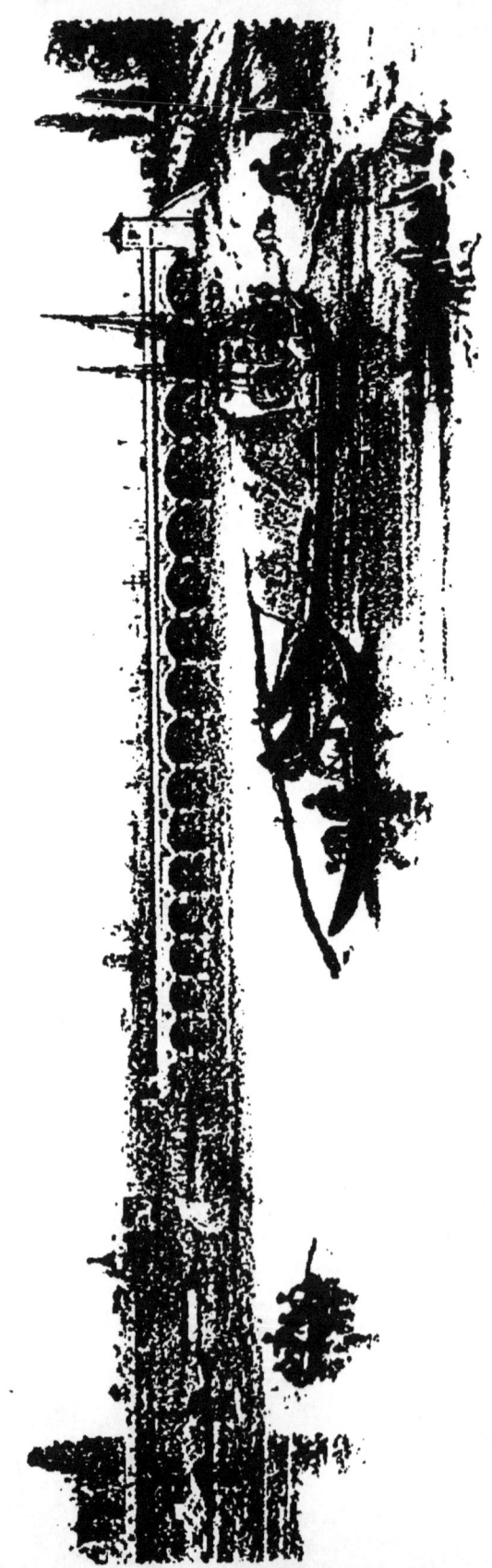
PONT DE BORDEAUX.

Bordeaux : l'un dans la rue du Hâ, d'un style très simple; l'autre, de construction nouvelle, rue Notre-Dame, aux Chartrons, présente une belle façade ornée de quatre colonnes d'ordre ionique; une succursale à La Bastide et une à Arcachon; puis une chapelle évangélique indépendante de l'État, rue Saint-Esprit, 44, dont M. Pozzi est le pasteur, et une chapelle allemande protestante, rue Tourat, 31, M. Hilberg, pasteur.

Enfin, la synagogue des Israélites, rue Causserouge, est, ainsi que le temple de la rue Notre-Dame, l'œuvre de M. de Corcelles, et date de 1810. De tous les édifices religieux modernes de Bordeaux, celui-ci est peut-être le plus remarquable sous le rapport de l'architecture. C'est une nef à bas-côtés surmontés d'une galerie grillée.

Le cimetière des catholiques, appelé la Chartreuse, situé à côté de l'église Saint-Bruno, a été récemment agrandi; il renferme de fort beaux et fort nombreux mausolées.

Les protestants ont trois cimetières, qui se trouvent : l'un, rue Laville, près la route de Toulouse, depuis longtemps hors d'usage; l'autre, à l'extrémité de la rue Judaïque, en face l'usine à gaz; le troisième, 82, cours Balguerie-Stuttenberg.

Le cimetière des Israélites est sur le route d'Espagne, après la porte des Capucins.

Portes de ville.

La plus ancienne porte qui subsiste encore est celle qui se trouve au bout de la rue Saint-James, près l'église Saint-Éloi, et qui est appelée porte de l'Hôtel-de-Ville ; elle fut construite vers l'an 1246, et faisait partie de l'ancien Hôtel-de-Ville de Bordeaux, qui était situé sur l'emplacement actuel du *Grand-Marché*. Des quatre tours qui forment l'écusson de Bordeaux, il n'en existe que deux, les deux autres ayant été démolies il y a un siècle. Le beffroi est, avec la grosse cloche, dans un arceau au-dessus de la porte. Un peu au dessous de cet arceau est l'horloge avec un grand cadran sur chaque face ; celui qui regarde les Fossés est très curieux : il indique les heures, le quantième du mois, les jours de la semaine et les phases de la lune. Ce travail ingénieux est dû aux soins de feu M. Laroque, habile mathématicien de Bordeaux.

Le *Château-Trompette*, construit par le roi Louis XIV, de 1660 à 1676, remplaça l'ancien fort Tropeyte, que Charles VII avait fait bâtir immédiatement après l'expulsion des Anglais, en 1453. Il devint, grâce au génie de Vauban, une citadelle de premier ordre. Démoli sous la Restauration, il a fait place aux promenades des Quinconces et aux rues qui y aboutissent.

La *Porte du Caillou (lou Portaou daou Caillaou)*, plus connue aujourd'hui sous le nom de Porte du Palais, fut construite, en 1494, en mémoire de la bataille gagnée par le roi Charles VIII à Fornoue. Une belle statue de ce roi, en marbre blanc et de grandeur naturelle, placée au haut de la porte, fut abattue par le peuple en 1793. Cette porte, quoique basse et irrégulièrement construite, est un monument intéressant du moyen-âge. Son nom dérive du quai où elle se trouve : on appela ce dernier *quai daou Caillaou*, parce qu'il fut le premier pavé en cailloux de la rivière. Le nom de *Porte du Palais* lui a été également donné à cause de sa situation près de l'entrée de l'ancien *Palais de l'Ombrière*, demeure des ducs d'Aquitaine.

Ce palais était un vaste bâtiment gothique, construit par les ducs d'Aquitaine, au commencement du dixième siècle, pour leur servir de demeure (ᵃ). Dans les vieux titres, il est désigné sous le nom de *Castrum Umbrariæ* (Château de l'Ombrière), parce qu'il y avait devant la façade de belles allées d'arbres qui ombrageaient le chemin du château jusqu'au port. Les anciens ducs, les gouverneurs, les sénéchaux anglais, et même plus tard les gouverneurs français, y ont successivement séjourné jusqu'à l'établissement des parlements en France. A partir du temps où Louis XI y établit celui de Bordeaux, ce monument prit le nom simple de *Palais*.

Là, siégeaient le *Parlement*, la *Table de marbre*, la *Cour sénéchale* et l'*Amirauté de Guienne*. Les prisons dépendantes de ces tribunaux étaient dans le même local. En 1791, le *Palais* perdit son nom et sa destination, et fut vendu comme bien national. La démolition, qui eut lieu en 1800, fit découvrir plusieurs antiquités fort intéressantes. C'est sur l'emplacement même de cet ancien édifice que l'on a percé la rue Neuve du Palais, appelée aujourd'hui rue du *Palais de l'Ombrière*.

(ᵃ) Une grande quantité de pièces mérovingiennes (tiers de sous d'or), trouvées en 1803 dans les fondations du vieux palais, sembleraient indiquer une origine bien plus ancienne.

La *Porte-Basse* vient d'être démolie pour faire place à la nouvelle voie du Peugue.

Il reste encore debout : La *Porte Bourgogne*, sur le quai, à l'entrée du cours Napoléon ; la *Porte des Capucins*, place du même nom ; la *Porte d'Aquitaine*, à l'extrémité de la rue Sainte-Catherine ; la *Porte-Dijeaux*, à l'extrémité de la rue du même nom, près la place Dauphine, et la *Porte de la Monnaie*, quai de la Monnaie.

Pour arriver aux édifices, modernes, nous ferons avec le lecteur deux promenades, pour lesquelles nous diviserons Bordeaux en deux parties, Nord et Sud, partant de la place de la Comédie, et nous nous appliquerons à lui signaler toutes les curiosités bordelaises que nous rencontrerons.

Première Promenade dans Bordeaux

(Partie Nord)

Place de la Comédie, nous sommes devant le Grand-Théâtre. Ce chef-d'œuvre de l'architecte Louis, est considéré comme un des plus beaux du monde, et justifie l'exclamation du célèbre voyageur Arthur Young, en 1787 :

« Jamais je n'ai rien vu qui puisse se comparer au Grand-Théâtre de Bordeaux ! » La construction de cet édifice, qui a coûté 3,000,000 de francs, fut achevée sous la direction de M. Louis, en 1780, après cinq ans de travail. Ce beau monument est trop connu pour avoir besoin d'une description détaillée, qui n'ajouterait rien à l'admiration que son aspect fait éprouver à tout le monde. Les douze colonnes, d'ordre corinthien, qui ornent la façade, sont surmontées chacune d'une statue colossale. Les côtés sont décorés de pilastres qui sont aussi d'ordre corinthien. Le vestibule et le grand escalier sont également très admirés. L'intérieur de la salle est décoré avec beaucoup de goût. Des colonnes d'ordre corinthien mi-cannelées, partent de la première galerie et vont jusqu'à la voûte ; de grâcieux balcons placés entre ces colonnes forment les deuxièmes et troisièmes galeries.

Le foyer et la salle des concerts sont aussi très remarquables, tant par leur belle architecture que par leur riche décoration.

Du Théâtre, nous descendons le cours du Chapeau-Rouge, laissant à gauche l'hôtel de la Préfecture qui n'offre rien de remarquable, et nous arrivons à la Bourse. Quoi qu'il appartienne à la partie sud de la ville, qui fera le sujet de notre deuxième promenade, ce monument est trop remarquable pour que nous passions sans nous y arrêter. Si nous avions besoin d'une autre justification, nous dirions que le monument lui-même vient au devant de nous, sans respect pour l'alignement du côté sud du cours du Chapeau-Rouge, il avance beaucoup trop sur la chaussée qu'il rétrécit au grand préjudice de la perspective d'une de nos plus belles rues, qui traverse en ligne droite la ville entière.

L'hôtel de la Bourse, dont la construction remonte à 1749, sous l'administration du célèbre intendant, M. de Tourny, et sous la direction de l'architecte Gabriel, vient d'être l'objet d'une restauration importante. Nous signalerons particulièrement les deux nouveaux frontons, qui font honneur à deux artistes bordelais MM. de Coëffard et Jouandot, élèves de M. Maggesi. L'Académie des sciences, belles-lettres et arts de Bordeaux, dans sa séance du mois d'août 1864, a décerné, en témoignage de son approbation, à chacun de ces deux artistes, une médaille d'or.

Nous empruntons au *Journal de Bordeaux*, la description de ces deux frontons :

« L'œuvre de M. de Coëffard, qui fait face à la place Richelieu, représente *l'union de l'Océan à la Méditerranée par la canalisation et les chemins de fer.* Une puissante figure d'homme domine le tableau, c'est l'Océan. Son corps, en partie recouvert d'une draperie, semble nous dire que nul encore ne le connaît tout entier. Le trident, sceptre de son empire, repose sur lui. Ses regards sont tournés vers la Méditerranée, et de sa main, il livre carrière aux flots qui vont en baigner les pieds. La Méditerranée est représentée par une femme couchée nue et vue de dos ; sa tête appuyée sur sa main, elle semble contempler l'Océan et attendre avec confiance le moment de leur rencontre. Une autre figure, moins grande, indique le génie des sciences, des lettres et des arts ; elle se dégage des obstacles qui la retenaient et paraît s'élancer de la Méditerranée vers l'Égypte, figurée par une momie couchée. Une locomotive, symbole d'activité et de progrès, prend la même direction.

» L'autre partie de ce tableau, à gauche, nous offre le *Génie du Commerce ;* cette figure, qui s'appuie sur des ballots placés parmi des tonneaux, semble attendre la jonction des deux mers. Les deux navires chargés d'emblèmes, qui surmontent le fronton, annoncent la toute-puissance de la marine commerciale, portant sur tout le globe l'agriculture civilisatrice, les sciences, les arts, les livres, les lois et la religion.

» Cette œuvre du sculpteur bordelais soutient avec bonheur le rapprochement, dans une œuvre à peu près identique, de celle de Francin, qui représente, dans le fronton voisin, *la jonction de la Dordogne à la Garonne.*

» Le fronton qui regarde le cours du Chapeau-Rouge, œuvre de M. Jouandot, représente la *Justice consulaire protégeant les arts, l'industrie, l'agriculture et le commerce.*

» La grande figure de cette composition, c'est celle de la Justice, drapée à l'antique : d'une main, elle tient les tables de la loi, et, de l'autre, elle étend, pour les protéger, sur le Génie de l'industrie et du commerce, le sceptre ou main de justice.

» Le premier de ces génies, placé à droite, appuyé sur une enclume, a à ses pieds tous attributs de l'industrie. Il regarde la justice. Le Génie des arts, placé à la gauche, a pour appui un chapiteau de colonne ionique. A droite, est encore un autre Génie : celui du commerce ou de la navigation, assis dans une barque, se disposant à quitter le port pour des contrées lointaines.

» A gauche, après le Génie des arts, on voit celui de l'Agriculture. Un peu plus loin, cet ensemble est terminé par une corne d'abondance qui répand sur la terre les fruits de nos contrées.

» Des deux trophées qui surmontent le fronton, l'un est formé par les emblêmes de la paix, l'autre est consacré à la guerre.

» C'est avec une véritable satisfaction que nous enregistrons ces œuvres d'artistes bordelais. »

L'intérieur de la Bourse offre au rez-de-chaussée une vaste salle qui sert de lieu de réunion aux Agents de change le matin, et aux commerçants le soir à cinq heures.

Au premier étage se trouvent de belles salles attribuées au Tribunal de Commerce et à la Chambre de Commerce.

En sortant de la Bourse par la porte nord, nous traversons la place Richelieu et nous nous trouvons au centre d'une des plus belles rades de France, tant par le nombre et la beauté des navires qui l'animent que par son heureuse disposition en forme de fer à cheval.

En face de nous, les côteaux de Lormont et

de Cenon, offrent un paysage pittoresque. Sur la cime de ce dernier, on remarque le gracieux clocher de l'église de Cenon.

De la place Richelieu en descendant les quais, nous nous dirigeons du côté des Chartrons où se trouve réuni le grand commerce des vins de Bordeaux.

Après quelques pas, nous rencontrons d'abord la vaste et belle place des Quinconces, une des plus belles de l'Europe, autrefois place *Louis-Philippe.* Elle forme l'intérieur de la promenade des Quinconces dont les arbres ont été plantés en 1818. Elle occupe l'emplacement du vieux Château-Trompette.

On y remarque deux *colonnes rostrales*, ornées de proues et d'ancres, placées au bord de la terrasse qui domine de 1 mètre 50 centimètres le quai Louis XVIII. Elles sont hautes de 20 mètres et surmontées chacune d'une statue sculptée par Manceau; ces statues représentent le commerce et la navigation.

A l'intérieur de la place on voit les statues de Montaigne et de Montesquieu, dues au ciseau de M. Maggesi dont nous avons déjà parlé. Plus haut, au *Centre de l'Hémicycle*, un bassin circulaire orné d'un jet d'eau en forme de gerbe.

C'est sur cette place que se tiennent chaque année, en mars et en octobre, les deux principales foires de Bordeaux.

En suivant les quais, nous trouvons bientôt la place Laîné où est situé l'*Entrepôt réel,* d'une architecture très simple, bâti par Deschamps sur une partie du terrain du Château-Trompette.

A droite de l'Entrepôt, c'est le beau cours du Pavé des Chartrons, habité par de gros négociants, et où se trouve, faisant encoignure avec la rue Vauban, la salle Franklin où le Cercle Philharmonique donne tous les hivers des concerts tellement appréciés que les 1,400 places de la salle sont toujours insuffisantes.

Vers le n° 110, du quai des Chartrons, la nouvelle voie qui s'ouvre sur les terrains de M. Larcher, conduit à la gare préparée pour le chemin de fer du Médoc, encore en voie de construction, cette rue sera traversée par les rails qui doivent relier la gare du Médoc à la gare du Midi.

Continuons à suivre les bords du fleuve et arrivé au quai de Bacalan, nous irons visiter les Paquebots Transatlantiques.

Un peu plus loin, au n° 77, nous arrivons à la vaste et belle manufacture de faïences et porcelaine anglaise dirigée par son propriétaire, M. Vieillard; elle a été établie en 1834 par M. David-Johnston, autrefois maire de Bordeaux, sur l'emplacement du *Moulin des Chartrons*, construit en 1788.

Cette manufacture occupe plus de 1,000 ouvriers.

Nous ne manquerons pas de la visiter.

Si nous continuons, pour aller visiter les chantiers de construction de navires de la *Cie de l'Océan*, qui sont à la limite de la ville, nous rencontrons un peu plus loin, entre les rues de Gironde et des Étrangers, *le Magasin des Vivres de la Marine* et *le Magasin des Tabacs* (la Manufacture des Tabacs est dans un quartier opposé, place Rodesse).

Des *chantiers de l'Océan*, nous sommes obligés de revenir sur nos pas; car toutes les rues nouvelles qui devraient nous conduire au cours Dupré-Saint-Maur sont encore impraticables. Ce viaduc que nous voyons en face, sur l'autre rive de la Garonne, c'est le passage du chemin de fer entre les deux tunnels de Lormont.

Revenu sur le quai des Chartrons, nous tournons dans la rue Denise qui nous conduit à l'église *Saint-Martial*. Cette église ne présente rien de remarquable comme architecture; tournant à gauche, rue Sainte-Philomène, nous sommes bientôt dans la rue Notre-Dame, où nous trouvons à droite l'église *Saint-Louis*, construite en 1671 et dans la quelles on remarque quelques bons tableaux. A gauche, un peu plus loin vers le n° 12, le temple protestant des Chartrons dont nous avons déjà parlé.

La rue Notre-Dame nous conduit sur le cours du Pavé-des-Chartrons, et en le remontant nous passons devant la chapelle anglicane et nous arrivons au Jardin des Plantes.

Ce Jardin, connu d'abord sous le nom de Jardin-Royal, fut créé par M. de Tourny, qui, de 1753 à 1757 dépensa 300,000 francs pour transformer en jardin 88,460 mètres carrés de terrain.

Transformé, à la Révolution, en champ-de-mars, il avait été presque abandonné depuis la création des Quinconces. En 1859, il a été complètement transformé, et on y a transporté le *jardin botanique.*

Ce jardin, sous la direction de M. Durieu de Maisonneuve, possède une grande quantité de plantes rares et précieuses, conservées dans une vaste serre, construite en fer et au centre du Jardin, formant séparation de la partie destinée aux plantes d'étude de celle destinée à la promenade. Cette dernière, tracée en jardin anglais, avec un goût exquis, est ornée d'une rivière animée par des poissons, des cygnes, des canards, avec cascades, ponts rustiques, etc.

Le côté nord est borné d'une suite de maisons d'architecture uniforme d'un bel effet.

Ce travail, commencé en 1855, a été terminé en 1859 ; la dépense totale a été de 822,672 fr. 65 cent., dont 373,260 fr. 06 cent. pour les serres.

Malheureusement, la superficie donnée en principe à ce jardin par M. de Tourny a été diminuée, dans cette transformation, de tout l'espace occupé par la rue Daviau. Deux fois par semaine (a), ce jardin est le rendez-vous d'une foule considérable de promeneurs, attirés par la musique militaire, qui donne des symphonies sous un gracieux pavillon, dans l'île.

Après avoir visité les belles serres de ce Jardin, nous devons aller au Muséum d'Histoire Naturelle, situé ancien hôtel de l'Isle Ferme, ouvert le jeudi et le dimanche au public et dont l'entrée se trouve à l'intérieur du Jardin

---

(a) Le jeudi et le dimanche; en été, à 8 heures du soir ; en hiver, à 2 heures et demie de l'après-midi.

des Plantes. Ce Muséum a été fondé par M. Journu-Aubert qui a fait don de son cabinet à la ville en 1802. Le coquillier réunit presque tous les genres et beaucoup d'espèces très-remarquables.

Toutes ces coquilles sont classées avec soin, il en est de même des mammifères, des oiseaux des reptiles et des minéraux.

Au dessus de la belle rangée de maisons qui borde au nord-ouest le Jardin des Plantes, la vaste toiture en ardoise que nous apercevons c'est le bâtiment des *Archives départementales*, situé rue d'Aviau et récemment construit par M. Labbé,

Du même côté nous apercevons l'extrémité d'un clocher, c'est celui de la chapelle des Carmes, située au coin de la rue Mandron et de la rue Montgolfier; elle est d'une construction récente et assez originale, due au talent du frère Philibert, architecte.

En sortant par la porte ouest du Jardin des Plantes nous suivrons la rue David-Johnston, au bout de laquelle se trouve le collége de *Saint-Joseph de Tivoli*, appartenant aux Jésuites, d'une architecture élégante; quoique déjà bien vaste, il ne présente encore que la moitié des constructions projetées.

Le boulevard de ceinture qui termine ici la ville sera prolongé et entourera bientôt complètement le Bordeaux, *rive gauche*. Du Bouscat au cours de l'Impératrice, il est déjà, en hiver surtout, le rendez-vous de nos élégants équipages.

Des boulevards nous entrons en ville par la rue Croix-de-Seguey, dans laquelle vient d'être construite l'église Saint-Ferdinand. C'est un beau monument, style transition, dû au talent de M. Abadie, on y remarque d'assez jolis vitraux.

Derrière Saint Ferdinand, cette tour ronde surmontée d'un vaste bassin, appartient à l'établissement hydraulique qui distribue les eaux de la ville dont les sources sont au Taillan. L'entrée de cet établissement se trouve rue Paulin.

En continuant par la rue Fondaudège, si nous tournons à droite, rue de la Trésorerie, nous apercevons, dans la petite rue du Colysée, les imposantes ruines du Palais-Gallien, dont nous avons parlé page 57.

En suivant la rue de la Trésorerie, nous arrivons à l'église Saint-Seurin qui date, en partie, des premiers siècles du christianisme. (v. page 59.)

Nous sortons de l'église et nous voici sur une petite promenade, les allées Damour, où la foule est attirée juste une fois chaque année, par un marché considérable de fleurs, les 16 et 17 mai, c'est la foire Saint-Fort.

Des allées Damour nous tournons à gauche, rue Castéjà. Au coin de cette rue et de la rue Saint-Sernin, nous trouvons l'institution impériale des Sourdes-Muettes. Ce monument de construction récente est l'œuvre de M. Labbé. Quelle élégance pour sa destination ? Il reçoit les Sourdes-Muettes de tout l'Empire.

Ce monument noirci par la fumée que nous apercevons au-dessus des murs de la rue Castéjà, c'est l'Hôtel des Monnaies, dont l'entrée se trouve rue du Palais-Gallien, n° 7.

Tournant à droite, rue Saint-Sernin, nous arrivons en traversant la rue Judaïque, rue Castelnaudoros, où se trouve l'entrée du vaste théâtre de M. Louit, ouvert le 1er septembre 1868.

Nous reviendrons plus loin, dans notre Revue industrielle, sur cette création hardie, qui sera, nous n'en doutons pas, une heureuse entreprise.

Reprenant la rue Judaïque, nous arrivons place *Dauphine*, l'une des plus régulières de Bordeaux.

La place *Dauphine*, commencée hors des murs de la ville à une époque reculée, doit son nom à la naissance du Dauphin, depuis Louis XIII, en 1605; elle fut achevée en 1770. Sous le règne de la Terreur, elle fut appelée place Nationale. C'est au centre de cette place que l'échafaud était érigé en permanence; plusieurs habitants de la ville, arrêtés comme *suspects* et condamnés par le tribunal révolutionnaire, y finirent leur existence.

On travaille, au moment où nous écrivons, à la création d'un square sur cette place.

De la place Dauphine, nous apercevons un édifice triangulaire, en recul du cours de l'Intendance, c'est le *Théâtre-Français*, qui, s'il ne présente rien de curieux comme monument, offre généralement au public une réunion de bons artistes jouant le drame, le vaudeville, la comédie et les opéras-bouffes.

A droite du Théâtre-Français apparaît le *Marché des Grands-Hommes* nouvellement reconstruit d'après les plans et sous la direction de M. Charles Burguet, architecte de la ville. Dans cette construction le fer et la fonte jouent le principal rôle, et figurent, le premier pour un poids de 300,000 kilogrammes, le second pour 60,000 kilogrammes.

Le nouveau marché s'élève au centre d'une place circulaire de 80 mètres de diamètre, il est établi lui-même sur plan circulaire et n'occupe pas moins de 3,000 mètres carrés de superficie.

Il se compose d'un double rang de galeries, de 10 mètres de largeur chacune, sur 9 mètres de hauteur sous faîtage. Ces galeries sont traversées, dans le sens du rayon, par quatre grands passages couverts de 6 mètres de largeur sur 10 mètres de hauteur, correspondant aux principales artères de la place et convergeant à un pavillon central, polygonal, de 20 mètres de largeur sur 15 mètres de hauteur jusqu'à la naissance des lanternes.

Outre cette partie de la construction entièrement en fer et fonte et recouverte en zing, il existe un sous-sol, composé d'un double rang de galeries circulaires, correspondant aux galeries supérieures, et dont la hauteur, sous clef, dépasse 3 mètres.

Ce sous-sol contient 212 serrages; et dans le terre-plein du pavillon central il a été disposé une glacière d'une capacité de 130 mètres cubes.

Le rez-de-chaussée se compose des galeries circulaires où s'élèvent les cases des débitants et des passages bitumés qui servent à la circulation.

Les bancs au nombre de 276 sont faits en ciment comprimé et sont recouverts de tables en marbre. On a laissé libre tout l'espace correspondant au pavillon central et aux passages couverts; des bancs volants y sont tous les jours établis, ainsi que sur tout le périmètre extérieur du marché.

Ce chef-d'œuvre de construction fait honneur à son habile architecte M. Charles Burguet.

En quittant le marché par la rue Michel-Montaigne, nous tournons à droite, rue Mably, pour visiter l'église Notre-Dame, dont nous avons déjà parlé, page 70.

Nous passons devant les cloîtres de l'ancien couvent des Dominicains, contigus à l'église; ils sont aujourd'hui affectés aux *Magasins des Vivres* de la guerre.

L'église Notre-Dame rebâtie au commencement du XVIIIe siècle par les Dominicains ou Jacobins, a été longtemps connue sous le nom de Saint-Dominique.

En sortant de l'église Notre-Dame, si nous prenons la rue Jean-Jacques-Bel, nous y trouvons un vaste bâtiment municipal qui réunit la *Bibliothèque de la ville* et le *Dépôt des Anti-*

ques dont nous parlerons plus loin, dans un chapitre spécial.

La haute tour destinée à un observatoire attend toujours et ne voit rien venir, pas le moindre télescope.

Nous terminerons cette longue promenade par les allées de Tourny et la place du même nom.

Les allées de Tourny forment une des promenades les plus fréquentées de la ville ; elle est ornée de deux fontaines et de la statue équestre de Napoléon III, par Jean Debay, inaugurée le 20 avril 1858, jour anniversaire de la naissance de Sa Majesté.

Les fontaines et les bancs ont été établis la même année.

La place de Tourny à laquelle viennent aboutir quatre grands cours et deux belles rues est entourée de maisons basses et uniformes. Au milieu se trouve la statue en pierre de M. de Tourny, intendant de la Guienne, auquel Bordeaux est redevable de la belle distribution de ses cours et de ses promenades. Cette statue est d'un travail médiocre.

L'Hôtel de la marine occupe l'angle formé sur cette place, par la rue Fondaudége et le cours du Jardin-Public.

Deuxième promenade dans Bordeaux

(Partie Sud)

Nous commençons notre deuxième promenade par la rue Sainte-Catherine, une des plus commerçantes et des plus anciennes de Bordeaux; nous y remarquons une foule de riches magasins dans tous les genres.

Au carrefour formé par les rues Saint-Rémi et Porte-Dijeaux, nous avons à gauche, à l'angle de la rue Saint-Rémi, *la Galerie Bordelaise;* à droite rue Porte-Dijeaux, nous apercevons à quelques pas l'Hôtel des Postes. Les bureaux sont ouverts, en été, de sept heures du matin à sept heures du soir; en hiver, de huit heures du matin à sept heures du soir; le dimanche, ils ferment à quatre heures du soir.

Un peu plus bas dans la rue Sainte-Catherine, au coin de la rue du Parlement, s'ouvrent les beaux et vastes magasins de la Maison Universelle; nous tournons dans cette rue qui nous conduit place du Parlement, que nous traversons pour arriver rue et *place de la Bourse*.

La belle architecture de cette place formée de l'Hôtel des Douanes et de l'Hôtel de la

Bourse, d'après les plans de l'architecte Gabriel est digne de remarque ; c'est à M. de Tourny qu'on doit les beaux édifices qui la complètent.

Au moment où nous écrivons, on travaille sur cette place à l'érection d'une fontaine monumentale surmontée d'un groupe représentant les *Trois Grâces*, d'après Visconti.

En face, sur la rive droite de la Garonne, on aperçoit la gare du Chemin de fer d'Orléans.

Après avoir passé l'Hôtel des Douanes, une petite rue, rue de la Cour des Aides, nous conduit à l'église Saint-Pierre, où nous pouvons remarquer quelques bons tableaux et de belles sculptures sur bois.

En sortant de Saint-Pierre, soit par la rue des Argentiers, soit en remontant le quai de Bourgogne, nous arrivons à la place du Palais de l'Ombrière dont nous avons déjà parlé, pages 75 et 76. Nous y remarquons une fontaine ornée d'une belle colonne en marbre.

Passant sous la vieille porte du Caillou, nous nous trouvons encore sur les quais, tout près de la nouvelle voie du Peugue.

Rapprochons-nous de la rivière pour admirer dans son ensemble notre beau pont de pierre.

Le *Pont,* dont la construction avait été ordonnée par un décret de Napoléon, en 1808, ne fut complètement achevé qu'en 1821, par une Compagnie à la tête de laquelle s'était placé M. Balguerie-Stuttenberg. Ce beau monument, qui fait l'admiration de tout le monde, est composé de dix-sept arches, dont les sept du milieu, qui sont les plus larges, ont vingt-six mètres cinquante centimètres de diamètre; la longueur, entre les culées, est de quatre cent quatre-vingt-sept mètres; la largeur, entre les parapets, de quatorze mètres quatre-vingt-cinq centimètres. Il y a, à l'intérieur, des galeries qui communiquent d'une voûte à l'autre. L'entrée de ces galeries, qui sont accessibles aux étrangers, se trouve du côté de La Bastide. Le rachat du péage, concédé pour quatre-vingt-dix-neuf ans, a eu lieu en 1863.

Après avoir traversé la place Bourgogne, entre le pont et l'arc-de-triomphe appelé Porte-Bourgogne, nous arrivons quai des Salinières, occupé tous les matins par le marché aux fruits.

Un peu plus loin, quai de la Grave, se trouve l'embarcadère des bateaux à vapeur du haut de la rivière. Nous y trouvons aussi l'ancienne école de natation.

Un nouvel établissement, beaucoup plus vaste et où les nageurs peuvent trouver beaucoup plus de profondeur, a été construit, en face, du côté de La Bastide, par la même administration. Ces deux établissements donnent aussi des bains chauds, et celui de la rive droite possède un appareil complet d'hydrothérapie.

D'ici nous apercevons derrière les maisons du quai de la Grave, la Tour et l'Église Saint-Michel, trois petites rues nous y conduisent; nous appelons l'attention de notre promeneur sur ces beaux monuments dont nous avons déjà parlé page 63, au chapitre des Églises anciennes.

Nous irons visiter le caveau de la tour et ses momies.

Reprenons encore les quais pour aller examiner de près le beau pont métallique qui relie le chemin de fer du Midi au chemin de fer d'Orléans. Ce chef-d'œuvre de construction en fer fait le plus grand honneur à son habile ingénieur, M. Regnault.

Une passerelle, adaptée sur le côté du pont, permet aux piétons de traverser la Garonne.

Le vaste bâtiment, qui présente sur le quai de Paludate, une étendue de plus de 150 mè-

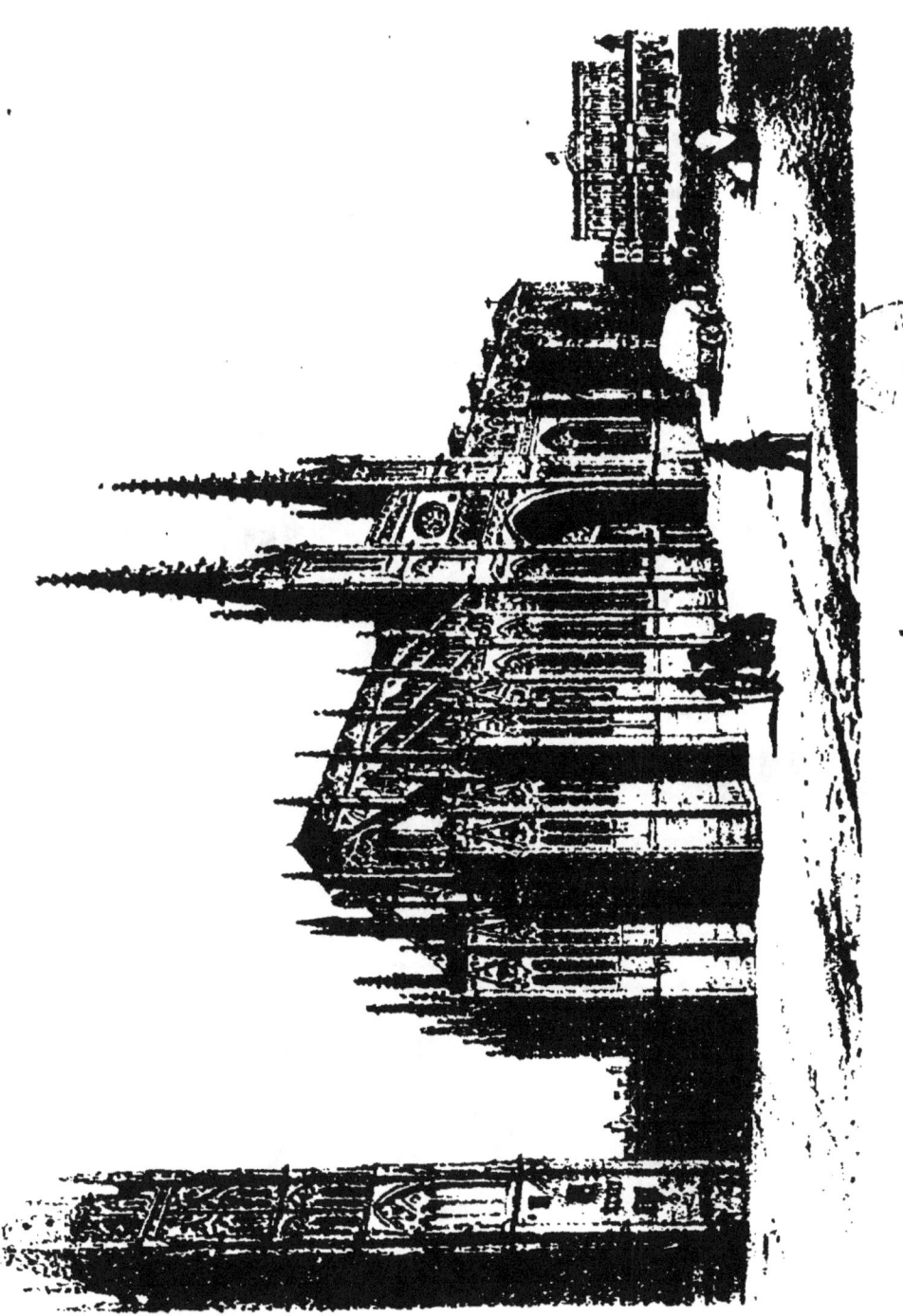

CATHÉDRALE

tres, c'est l'*Hospice des Enfants-Trouvés*, veuf du tour secourable qui a protégé tant de jeunes victimes contre l'abandon ou l'embarras de leurs parents.

Cet hospice, doit sa fondation à Mme Fauzia, veuve de M. de Brezets, qui y consacra la plus grande partie de ses biens, en 1619. Dans l'origine, cet établissement servait d'asile aux pauvres mendiants, qui y trouvaient des ateliers tout montés. En 1772, cette destination fut changée; l'ancien local affecté aux enfants-trouvés, dans la rue Bouhaut, fut supprimé, et le bâtiment actuel fut affecté à leur usage. Il contient aujourd'hui près de quatre cents enfants.

Les chantiers de construction de navires des quais Sainte-Croix et de Paludate, où nous trouvons si peu d'activité, sont abandonnés par suite du projet d'étendre jusqu'ici la gare des Chemins de fer du Midi. Les grands chantiers de construction ont été transportés rue de Lormont, et à La Bastide.

Du quai Sainte-Croix nous entrons dans la rue du Port, qui nous conduit place Sainte-Croix où se trouve l'église la plus ancienne que nous ayons à Bordeaux. Elle daterait du Ve siècle; quelques historiens même, lui donnent une origine plus ancienne, retrouvant en quelques parties de sa construction des vestiges de temple païen (voir page 60.)

Sortis de l'église Sainte-Croix, par la rue Fort-Louis, nous contournons, à gauche, le vaste abattoir de la ville et nous arrivons cours Saint-Jean; sur ce cours nous pouvons visiter le marché aux bestiaux, spacieux et bien agencé, vers le n° 215; l'asile des Aliénées, n° 145, l'asile des hommes Aliénés est situé à Cadillac) et le Petit-Séminaire, n° 141.

En suivant le cours Saint-Jean, nous arrivons à la place des Capucins, ou se tient chaque matin le *marché de première main*; sur la route d'Espagne, aboutissant à cette place, se trouve le cimetière des israëlites. Sortant de la place par la vieille porte de ville, porte des Capucins, la rue des Petites Carmélites, à gauche, nous conduit rue Causserouge, où est située la Synagogue (voir page 73.)

De la rue Causserouge nous arrivons, par la rue du Mirail, sur le cours Napoléon, en face la *Grosse Cloche*, ou beffroi municipal, établi sur la plus ancienne porte de ville existant encore à Bordeaux (voir page 74.)

Laissant à notre droite la porte de l'Hôtel-de-Ville pour suivre le cours Napoléon, nous avons à notre gauche deux casernes, cavalerie et infanterie, établies dans les bâtiments de l'ancien Hôtel-de-Ville de Bordeaux.

A notre droite le *Grand Marché* en reconstruction. Derrière le Grand Marché nous apercevons encore, un reste de l'ancien Palais de Justice destiné à être démoli et où la Société Philomathique continue ses cours d'adultes en attendant son local rue Saint-Sernin; derrière l'ancien Palais-de-Justice, l'église Saint-Paul, rue des Ayres.

Les nouvelles constructions du Grand Marché iront jusque-là.

Une bienveillante communication de l'habile architecte de la ville, M. Charles Burguet, nous permet de donner à l'avance à notre lecteur une idée de ces belles constructions.

Le nouveau *Grand Marché*, établi sur un plan oblong ne mesure pas moins de 135 mètres de longueur sur 51 mètres de largeur et embrasse ainsi une superficie de près de 6,900 mètres carrés.

Une rue de 9 mètres de largeur règne autour de la nouvelle construction qui se compose de trois pavillons réunis par deux passages couverts de 8 mètres de largeur sur 12 mètres de hauteur, établis dans l'axe des rues de Guienne et de Gourgues.

Le Grand Marché est entièrement fermé par un mur de ceinture d'une hauteur moyenne de 2 mètres 30 centimètres, construit en pierre dure, avec briques formant mosaïque, et continué lui-même par des persiennes en verre montant jusque sous le chéneau.

Chaque pavillon sous la forme d'un parallélogramme se compose d'une galerie unique de 11 mètres de largeur sur 9 mètres de hauteur, ceinturant une partie centrale surélevée. Toute la partie en élévation sauf les murs de ceinture et les 14 portes en pierre qui y sont ménagées est en fer et en fonte, et se trouve recouverte en zing.

Dans chaque pavillon quatre escaliers en granit, mènent du rez-de-chaussée au sous-sol, établi dans une disposition identique à celle du Marché des Grands-Hommes et communiquant à une glacière d'une capacité de 110 mètres cubes, placée dans le terre-plein de la partie centrale des pavillons.

Le rez-de-chaussée entièrement bitumé, sauf les rues couvertes, se compose de galeries longitudinales et transversales où sont les débitants, et des passages qui servent à la circulation. Les bancs sont établis dans les mêmes conditions que ceux du Marché des Grands Hommes.

Le pavillon, sur le cours, entièrement affecté à la boucherie compte 76 places; le pavillon central plus particulièrement destiné aux charcutiers et aux marchandes de volailles, 180 places ; le dernier pavillon réservé à la triperie et à la poissonnerie au moins autant, il en résulte pour les trois pavillons un total de 436 places. Des bancs volants sont aménagés chaque jour dans les parties libres, c'est-à-dire dans les passages couverts, les cours centrales et le long des murs de ceinture dans le sens longitudinal du Marché.

N'oublions pas de dire que le nombre des serrages du Marché est de 312 et que le poids du fer employé approche de 900,000 kilogrammes, celui de la fonte de 200,000 kilogrammes.

Du Grand-Marché, en suivant toujours le cours Napoléon, nous apercevons à gauche le *Théâtre-Napoléon* et un peu plus loin, à droite le *Lycée Impérial*, établissement, au point de vue du bâtiment et de l'espace, dans un état d'infériorité déplorable avec les besoins de sa population. Nous faisons des vœux pour que nos autorités, sous la seule influence du grand intérêt de l'avenir de notre jeune génération soient bientôt d'accord pour donner au Lycée de Bordeaux les grandes proportions qui lui appartiennent par sa position dans une grande cité, intelligente, progressive et capitale du sud-ouest de la France. Pourquoi ce besoin, senti de tous, ne vaut-il pas un ordre?

En face du lycée, la rue Cursol, où se trouve une autre caserne, nous conduit sur la place d'Armes nouvellement ornée de jeunes arbres, de bancs et de fontaines à petites gerbes.

Cette belle place est bornée au nord par le Palais-de-Justice et au sud par l'Hôpital, d'une architecture simple et grave; construit sous la direction de M. Burguet, il fut inauguré le 4 novembre 1829; la façade surmontée d'une coupole, est ornée de quatre colonnes doriques.

L'*Hôpital Saint-André*, fondé en 1390, vis-à-vis la cathédrale, par le vénérable Vital-Carles, prêtre et grand chantre de l'église Saint-André, exista jusqu'en 1829. En 1538, Nicolas Boyer, vicomte de Pomiez, consacra à l'agrandissement de cet édifice la majeure partie de sa fortune. Enfin, en 1819, le duc de Richelieu affecta à sa reconstruction, sur un terrain donné par la ville, la récompense nationale de 50,000 fr. de rente que le gouvernement venait de lui décerner. C'est cette construction qui existe aujourd'hui. L'installation intérieure ne laisse rien à désirer.

Derrière l'Hôpital se trouve encore une caserne d'infanterie, la caserne Saint-Raphaël, dont l'annexion à l'Hôpital Saint-André est prévue dans les projets de travaux utiles, dont s'occupe notre Conseil municipal.

En face de la caserne se trouve l'église Sainte-Eulalie dont nous avons déjà parlé.

A côté est un des réservoirs qui distribuent l'eau aux différents quartiers de la ville.

Revenant sur la place d'Armes, nous irons visiter le Palais-de-Justice.

Ce vaste édifice, œuvre de M. Thiac, architecte du département, est situé sur l'ancien emplacement du fort du Hâ. La façade principale, longue de cent quarante-cinq mètres, présente, au centre, un grand corps de bâtiment en retraite entre deux longues ailes saillantes. Le portique, long de quarante-six mètres, est orné de douze colonnes qui ont neuf mètres de hauteur; on y arrive par un perron de dix-sept marches. L'architecture est d'ordre dorique. Les quatre statues colossales qui ornent le haut de l'édifice sont l'œuvre d'un sculpteur de talent, M. Maggesi; elles représentent quatre magistrats célèbres : Lhospital, d'Aguesseau, Montesquieu et Malesherbes. La salle des pas-perdus est vaste et imposante. L'exécution de ce monument fait également honneur aux habiles entrepreneurs, MM. Lassère frères, chargés des travaux.

Derrière le Palais-de-Justice nous trouvons la prison, et après la prison en descendant la rue du Palais-de-Justice, la gendarmerie impériale.

La *Prison* actuelle a remplacé l'ancien *Fort du Hâ*, construit par Charles VII en 1454. Ce fort avait la forme d'un carré long, flanqué de hautes tours, entouré de larges fossés munis de deux ponts-levis. Il ne reste aujourd'hui de cet ancien bâtiment que deux grosses tours, dans l'une desquelles, appelée *la Tour anglaise*, on place les condamnés à mort. Dans la nouvelle prison, qui est construite avec goût et disposée très commodément, on a suivi le système cellulaire. Le nombre des cellules est de cent soixante-dix.

Nous arrivons place Rohan devant la cathédrale dont l'isolement complet ne demande plus qu'un petit sacrifice ; nous la visiterons avec d'autant plus de plaisir que nous considérons cette cathédrale comme une des plus belles de France ; nous renvoyons le lecteur à ce que nous avons écrit au sujet des Églises anciennes, pages 61 et suivantes.

De la cathédrale nous allons à la Mairie, nous n'avons qu'un pas à faire.

L'*Hôtel-de-Ville* actuel était d'abord un palais archiépiscopal, construit, en 1778, par le cardinal-prince de Rohan-Guéméné, archevêque de Bordeaux, qui en fit sa résidence. Cet édifice devint le siége du tribunal criminel en 1791, hôtel de préfecture en 1803, palais impérial en 1808, château royal en 1815, et enfin hôtel-de-ville après les évènements de 1830.

Le rez-de-chaussée de ce bâtiment a servi de local pour la galerie de tableaux et le musée d'armes jusqu'à l'incendie de 1862. Ce terrible incendie a éclaté le 13 juin à dix heures et demie du soir. L'aile gauche, le pavillon central, la salle du Conseil municipal et les archives situées au deuxième étage, ont été la proie des flammes; les beaux salons du rez-de-chaussée ont également été dévastés. Des soins habilement organisés ont permis de sauver la totalité des tableaux qui y étaient renfermés. Dans le premier moment on pensait avoir à regretter la perte de la plus grande partie des archives, qui abondaient en documents précieux; mais, après examen, il a été reconnu que les livres de la Jurade, le plus riche recueil des archives municipales, avaient pu être sauvés en totalité, ainsi que la plupart des lettres autographes de nos anciens rois et des principaux personnages qui ont pris part aux affaires de la province de Guienne. Le livre dit des *Bouillons* et celui des *Coutumes de Bordeaux*, renfermés dans le cabinet de l'archiviste, ont été aussi préservés avec un très grand nombre de documents d'une grande importance. Depuis ce funeste accident, les magnifiques salons de l'Hôtel-de-Ville, la salle du Conseil municipal et les archives de la ville ont été reconstruits avec autant d'élégance que de goût.

Les tableaux et les armes, dont nous aurons occasion de parler plus loin, sont déposés dans un local en planches, jardin de l'Hôtel-de-Ville, en attendant la construction d'un palais convenable.

Nous terminerons ici notre deuxième promenade, revenant à notre point de départ, place de la Comédie, par la rue Vital-Carles où nous rencontrerons l'Hôtel de la Caisse d'Épargne et le Palais-Archiépiscopal.

La lecture de notre livre et le plan de la ville indiqueront au voyageur qui restera quelques jours à Bordeaux, bien d'autres sujets de promenade en ville et aux environs; nous signalerons entr'autres la *Chartreuse* ou cimetière des Catholiques, il est un des plus imposants de province, par le nombre et par la beauté de ses monuments.

Nous voudrions bien aussi conseiller une visite au *Parc et Jardin d'acclimatation*, route de Saint-Médard, à Caudéran, mais il laisse tant à désirer; il y a trois ans nous disions : *tout est encore à faire;* depuis trois ans qu'a-t-on fait?

Parmi les établissements utiles, où nous ne nous sommes pas arrêtés nous citerons, n'ayant plus à y revenir : *L'Hospice des Vieillards*, depuis 1794, établi dans une partie des bâtiments de l'ancienne abbaye de Sainte-Croix, fondée, dit-on, par Clovis II, en 650, et rebâtie par Guilhem VIII, duc d'Aquitaine, en 1043. Ces bâtiments sont très vastes et contiennent deux cent soixante-neuf lits.

L'*Hospice de la Maternité* et celui *des Incurables* n'offrent rien de remarquable.

Ces différents hospices civils, doivent bientôt être réunis, à quelques kilomètres de la ville, par le chemin du Tondu.

L'*Hôpital Militaire*, qui était autrefois sur la route de Caudéran, a été transporté dans des bâtiments vastes et commodes, que M. Durand, architecte, avait construits pour un établissement de bains.

Instruction publique.

Selon des documents authentiques, il y avait à Bordeaux, dès le troisième siècle, des établissements d'instruction publique, où le grec et le latin, la poésie et la rhétorique étaient enseignés par des professeurs éminents. Mais les invasions des Barbares vinrent arrêter les progrès des études; aussi, à l'exception de quelques hommes de lettres, au cinquième siècle, aucun nom célèbre ne vient éclairer les ténèbres qui semblent avoir prévalu, de génération en génération, jusqu'à l'époque de Charlemagne. Les efforts que ce grand roi fit dans l'intérêt des lettres et des sciences méritent autant d'admiration que ses conquêtes.

Louis le Débonnaire et Charles le Chauve continuèrent l'œuvre de leur glorieux prédécesseur; mais les guerres, les invasions des Normands et diverses autres causes retardèrent les progrès des études. Les sciences se réfugièrent dans les cloîtres, où quelques religieux, au milieu des ruines de leurs monastères dévastés, étudiaient et recopiaient les livres saints, ainsi que les anciennes légendes.

Ce fut seulement vers la fin de la domination anglaise (1441) que le pape Eugène IV, à la sollicitation de l'archevêque Pey-Berland, fonda une université à Bordeaux. En 1472, Louis XI la dota de quelques priviléges, et enfin François Ier, à son retour d'Espagne, en 1526, usa de son influence auprès des jurats pour faire fleurir de nouveau, dans la ville, les lettres, les sciences et les arts.

La réputation du Collége de Guienne commença vers cette époque; aussi, en 1534, on trouve, au nombre des savants professeurs, plusieurs hommes célèbres, tels que Jules Scaliger, Georges Buchanan, Élie Vinet; mais, l'établissement d'un collége de jésuites, en 1573, les querelles de religion et d'autres causes, hâtèrent le déclin de cette prospérité.

Les jurats sauvèrent le Collége d'une ruine complète en nommant pour principal, suivant les conseils d'Henri d'Aguesseau, Pierre Bardin, chanoine de Saint-André, homme instruit et bon administrateur. La jurade éleva l'allocation attribuée au Collége à 3,000 fr., afin, disent les documents du temps, que les chaires fussent « pourvues de professeurs savants et non barbares. »

Le collége des jésuites, fondé en 1573, supprimé en 1762 par suite de l'expulsion de cet ordre religieux, fut, sous le nom de Collége de la Madeleine, réuni, en 1772, à celui de Guienne. Cet établissement resta florissant entre les mains des doctrinaires jusqu'à la grande Révolution.

Outre le Collége de Guienne, il en existait d'autres moins importants à Cadillac, Bazas, Langon, La Réole, Sainte-Foy et Libourne.

Quant à l'éducation des filles, plusieurs communautés religieuses étaient à peu près les seules maisons où elles pussent recevoir quelque instruction; on leur montrait à lire, à écrire, à compter, un peu d'histoire, de géographie, divers ouvrages de main. L'enseignement religieux était plus soigné que la culture de l'esprit; mais le prosélytisme enlevait quelquefois au profit du cloître des enfants que leurs familles destinaient au monde; la séduction prenait le nom de vocation.

Les premiers établissements d'instruction gratuite, pour les filles, remontent au commencement du dix-septième siècle, et sont dus à quelques religieuses; mais ce n'est qu'en 1758 que les garçons jouirent du même avantage. A cette époque, les Frères formèrent quatre écoles, que la ville dota de 2,000 fr. Tel fut le commencement des écoles chrétiennes de Bordeaux.

Pendant les troubles de la Révolution, le département resta sans instruction publique. La loi de 1795 créa un nouveau système d'*écoles primaires* et d'*écoles centrales*, dont les cours furent publics et gratuits, et quoique l'École centrale de Bordeaux n'ait duré que six ans, elle forma plusieurs orateurs et écrivains distingués. En 1802, l'instruction publique reçut une nouvelle organisation; on établit des lycées, des écoles secondaires et des écoles primaires, avec un *régime* militaire. En 1808, un décret impérial organisa l'Université, créa les académies et soumit au même règlement tous ces établissements d'instruction.

L'*Académie de Bordeaux*, créée par la loi d'instruction publique, embrasse cinq départements : la Gironde, la Dordogne, les Landes, les Basses-Pyrénées et le Lot-et-Garonne; elle comprend trois facultés, un lycée, trois colléges communaux (1), toutes les institutions et pensions; elle est gouvernée par un recteur et deux inspecteurs.

La *Faculté des Belles-Lettres*, comprenant

---

(1) Dans la Gironde.

l'histoire, la philosophie, la littérature ancienne, la littérature étrangère et la littérature française, est représentée par cinq professeurs; celle des *Sciences* à une chaire de mathématiques, une d'astronomie, deux des sciences naturelles, une de physique et une de chimie. Enfin, il y a six professeurs de *théologie*. Ces facultés occupent, depuis 1839, des salles situées dans une aile de l'Hôtel-de-Ville (rue Monbazon). Les cours sont gratuits; ils commencent vers le 18 novembre, et plusieurs sont bien suivis. On y a joint depuis quelques années des cours de sciences appliquées pour les jeunes gens qui se destinent aux carrières de l'agriculture, de l'industrie et du commerce.

Le *Lycée,* situé cours Napoléon, dans le local des anciens couvents des Feuillants et des Visitandines, est administré par un proviseur assisté d'un censeur et d'un économe. On y enseigne les langues latine et grecque, la rhétorique, les mathématiques, la philosophie, la physique, l'histoire, l'histoire naturelle, le dessin, la musique, la gymnastique, l'anglais, l'allemand et l'espagnol. Il y a en tout trente-deux professeurs. Le *Petit-Collége de Talence,* annexe du Lycée et sous la même administration, est destiné aux plus jeunes enfants, avec une discipline appropriée à leur âge et toutes les conditions d'hygiène que peut procurer la plus heureuse situation, sur une vaste propriété.

Le département possède aussi trois collèges communaux : un à Libourne, un autre à La Réole, et un troisième qui vient d'être institué à Blaye, en 1868; quatre institutions (à Bordeaux, à Bazas, à Toulenne, à Sainte-Foy); trente-six pensionnats de garçons et plus de soixante établissements de filles, en y comprenant les communautés religieuses. Il y a aussi neuf écoles gratuites de garçons, dix-sept petites écoles pour l'éducation des filles pauvres, et environ treize cent quatre-vingts écoles d'instruction primaire pour l'un et l'autre sexes.

Outre les facultés précitées, Bordeaux a plusieurs *cours municipaux*, fondés par l'administration municipale, et comprenant : 1° les mathématiques; 2° la chimie appliquée aux arts; 3° l'agriculture. Ces cours se font trois fois par semaine, dans la salle de l'Académie, rue J.-J. Bel.

Les *Classes d'adultes et d'apprentis*, dirigées par la Société Philomathique, fondées en 1839, donnent l'instruction gratuite à plus de deux mille élèves des deux sexes, chaque année. Ces cours ont lieu le soir, à l'ancien Palais-de-Justice, en attendant un local promis par l'administration municipale, qui patronne ces classes.

On y enseigne : la lecture, l'écriture, la grammaire, l'arithmétique, l'algèbre, la géométrie, la comptabilité, la physique, la chimie industrielle, la géographie commerciale, la mécanique, la langue anglaise, le dessin industriel, la coupe des bois et des pierres, la construction navale, l'hydraulique pratique, etc.

L'*Académie impériale des Sciences, Belles-Lettres et Arts*, rue Jean-Jacques-Bel, instituée en 1712, fut rétablie par une ordonnance royale de 1828. Elle est composée de quarante-quatre membres ordinaires, et d'un nombre indéterminé de membres honoraires et d'associés correspondants. Tous les ans, elle rend compte de ses travaux et distribue les prix qu'elle a mis au concours.

Les cours de l'*École nationale de Navigation* ou d'*Hydrographie* sont gratuits et se font à l'Hôtel de la Marine, place Tourny.

L'*École des Mousses et Novices*, sous le patronage de la Chambre de commerce, du Conseil général et du Conseil municipal, est tenue à bord d'un trois-mâts, en rade de Bordeaux.

Le *Gymnase-Bertini*, subventionné par la ville, place Bardineau.

L'*École préparatoire de Médecine et de Pharmacie*, située rue Lalande, fut créée en 1829 et réorganisée en 1842. On y enseigne les diverses branches de l'art médical

Le *Cours de Botanique* a lieu au Jardin-Public et des Plantes, dont nous avons déjà parlé.

L'*École Normale primaire* et deux écoles d'application, annexées à l'établissement, ont pour but de fonder des instituteurs primaires pour les communes du département. L'école des instituteurs primaires est à La Sauve.

L'*École départementale d'Accouchements*, instituée en 1788, est située rue des Incurables, 11. Les cours sont gratuits.

L'*Institution des Sourdes-Muettes*, rue Saint-Sernin, est due à M. de Cicé, archevêque de Bordeaux. Elle tint sa première séance publique en 1786. L'entrée en est publique le premier jeudi de chaque mois.

L'*École gratuite de Dessin et de Peinture*, rue Monbazon, 8, fondée d'abord en 1774, fut rétablie d'après les plans de M. Lacour, peintre distingué de Bordeaux, en 1803. Elle a fourni de bons artistes, parmi lesquels : Gué, son professeur actuel, Montvoisin, Allaux, Taillasson, V. Paillère, Rosa Bonheur, Colin, Monsau, J. Paillère, etc., etc.

L'*École de Sculpture*, qui date de 1832, est dirigée par M. Maggesi, auquel Bordeaux doit les quatre belles statues qui ornent le Palais-de-Justice et les deux qui ornent la place des Quinconces.

Cet habile professeur a remporté une médaille d'or, à Paris, au concours de 1838. Le sujet qu'il avait exposé était le *Génie de la Sculpture ébauchant une tête de Jupiter*. Cette école occupe un pavillon du Jardin-Public.

Le *Cours de Droit maritime*, fondé par la Chambre de commerce de Bordeaux; ses leçons sont publiques et se donnent dans une des salles de la Bourse.

L'*Ecole de Notariat*, autorisée par le Conseil de l'Instruction publique, a pour but de former les jeunes gens à toutes les connaissances qu'exige le notariat. Les cours, qui sont aux frais des étudiants, sont très suivis; ils ont lieu rue de Cheverus, 8.

L'*École communale supérieure*, fondée en 1833, a pour but de compléter l'instruction industrielle et commerciale des jeunes gens.

On y trouve un cabinet de physique, un laboratoire de chimie et les divers instruments nécessaires.

Enfin, l'*École communale d'équitation et de dressage*, dirigée par M. Cabanau, rue Judaïque, occupe l'ancien établissement de Plaisance. Le département et la ville allouent une subvention à cet établissement, en indemnité des leçons données aux élèves du lycée de Bordeaux. Il faut remarquer l'architecture de la porte d'entrée.

La *Bibliothèque de la Ville*, située rue Jean-Jacques-Bel, dans le même local que le *Dépôt d'Antiques*, fut fondée par J.-J. Bel, dont le portrait se voit dans la salle des lectures. Elle fut ouverte en 1740, et augmentée par les bibliothèques des couvents à l'époque de leur suppression. Sur quarante-cinq mille ouvrages que renferme la Bibliothèque, vingt mille traitent de l'histoire, des belles-lettres, de la jurisprudence; dix mille, des sciences et des arts; les autres sont consacrés à la théologie. Au nombre de ces ouvrages, se trouve un exemplaire des *Essais de Michel Montaigne*, édition de 1588, chez L'Angelier, à Paris, la dernière publiée du vivant de l'auteur, avec des annotations écrites de la main de ce célèbre philosophe. Cet exemplaire avait été donné par Mme Montaigne aux Feuillants. La Bibliothèque possède, en outre, deux cent cinquante manuscrits anciens, retirés de l'oubli, réparés et catalogués par un des derniers bibliothécaires, M. Jouannet, homme érudit et universellement estimé. L'établissement est ouvert au public tous les jours, excepté le samedi et le dimanche : le matin, de dix heures à trois heures, et le soir, de sept heures à dix heures.

Le *Dépôt d'Antiques* renferme plusieurs antiquités locales, sorties de fouilles pratiquées dans la ville. Nous citerons quatre autels romains, dont l'un est l'unique monument qui nous révèle le nom du peuple de l'antique *Burdigala;* quatre statues de marbre; les débris d'un Hercule en bronze; divers bas-reliefs et plusieurs inscriptions historiques. Le Dépôt d'Antiques est ouvert tous les dimanches et jeudis, depuis dix heures jusqu'à trois heures.

Le *Musée des Tableaux* occupe provisoirement, depuis l'incendie de 1862, un local en planches dans le jardin de l'Hôtel-de-Ville. On voit dans cette galerie des tableaux de premier ordre et d'une grande valeur. Nous citons les suivants, d'après l'ordre des numéros, comme les plus dignes de l'attention des visiteurs :

N° 4. *Une Jeune Druidesse,* par Jean Alaux. — N° 6. *Vénus et Adonis,* par Albani. — N° 9. *Ganymède,* par Allegri. — N° 11. *Le Couronnement d'épines,* par Amerighi (Michel-Ange), dit le Caravage. — N° 13. *Nicolas Poussin présenté à Louis XIII,* par Ausiaux. — N° 13 bis. *Un Marchand d'Images,* par Antigna. — N° 23. *Sainte-Famille,* par Bartolomeo. — N° 32. *La Vierge et l'Enfant-Jésus,* par Barettini. — N° 46. *Le Jour des Morts,* par Bouguereau. — N° 54. *Mort d'un Sanglier,* par Brascassat. — N° 61. *Fête flamande,* dite *la Rosière,* par Breughel. — N° 66. *Moïse sauvé des Eaux,* par Aimée Pagès-Brune. — N° 69. *Paysage,* par Louis Cabat. — N° 73. *La Femme adultère,* par Caliari. — N° 77. *Les Blessés de Juillet,* par Caminade. — N° 85. *Saint-François,* par Carracci. — N° 89. *Une reconnaissance de cavalerie,* par Cazanova. — N° 100. *Songe de saint Joseph,* par Campagne (de). — N° 115. *Intérieur d'une Grange,* par Cuyp. — N° 117. *Portrait équestre du duc d'Orléans,* par Alfred de Dreux. — N° 120. *La Grèce expirante sur les ruines de Missolonghi,* par Eugène Delacroix. — N° 121. *Chasse aux Lions,* par E. Delacroix. — N° 140.

Combat de la frégate LE NIÉMEN *contre* L'AMÉTHYSTE *et* L'ARÉTHUSE, par Durand Brager. — N° 158. *Le Christ au Calvaire*, par Frank. — N° 188. *Une Parque*, par Goya. — N° 195. *Embarquement de* Mme *la duchesse d'Angoulême à Pauillac*, par A.-J. Gros. — N° 196. *Dévouement du capitaine Desse*, par Gudin. — N° 204. *Arrivée de Jacob en Mésopotamie*, par Heim. — N° 208. *Incendie du steamer* L'AUSTRIA, par Isabey. — N° 212. *Supplice d'Urbain Grandier*, par Jouy. — N° 221. *Saint-Paulin*, par Lacour. — N° 272. *Baptême de Clorinde*, par Mauzaisse. — N° 294. *Deux Enfants se disputant*, par Monti. — N° 303. *Portrait de Don Luis de Haro*. — N° 304. *Saint Antoine*, par Murillo. — N° 307. *Vénus et Énée*, par Natoire. — N° 311. *Tobie rend la vue à son père*, par Pallière. — N° 319. *Josué ordonne au soleil de s'arrêter*, par Parrocel. — N° 322. *Marine*, par Peters. — N° 348. *Adoration des Bergers*. — N° 350. *Intérieur*. — N° 351. *Descente de Croix*, par Rembrandt. — N° 352. *Ravissement de Madeleine*. — N° 354. *Tête d'homme*. — N° 355. *Madeleine*, par Reni (Guido). — N° 357. *Présentation de Jésus au Temple*, par Restout. — N° 358. *Assemblée de Religieux*. — N° 359. *Réunion de Philosophes*, par Ribera. — N° 367. *Portrait d'André Capello*, par Marie Raboustí. — N° 377. *Paysage*, par Salvator Rosa. — N° 384. *Martyr de saint Georges*. — N° 386. *Bacchus et Ariane*. — N° 388. *Paysage*, par Rubens. — N°ˢ 389 à 392. *Paysages*, de Ruisdael. — N° 426. *L'Évocation*, par Téniers. — N° 433. *Éliézer et Rébecca*, par Tiepolo. — N° 441. *Bœufs au labour*, par Troyon. — N° 455. *La Sainte-Famille*, par Van Dyck.— N° 461. *Madeleine pénitente*, par le même. — N° 473. *La Vierge, l'Enfant-Jésus, saint Jérôme et saint Augustin*, par Vanucci. — N° 474. *Sainte-Famille*, par Vanucci. — N° 488. *La Femme adultère*, par Veccelio. — N° 493. *Philippe II et sa maîtresse*, par le même. — N° 495. *Marine*, par Vernet (Claude). — N° 509. *Une Sylphide*, par Weiss. — N° 518. *Bords d'Amstel*, par Ziem. — N° 571. *La Justice*, par Prudhon, copie. — N° 592. *Une Bacchante*, par Bouguereau. — N° 595. *Une Foire dans la Gironde*, par Jules Constant.

Au nombre des meilleures statues, nous citerons le *Génie de la Sculpture* et *le Giotto*, par M. Maggesi.

Outre le Musée, Bordeaux possède quelques belles collections particulières de tableaux, au nombre desquelles nous croyons devoir citer celle de M. François Guénard, rue Lafaurie de

Monbadon ; celle de M. le D*r* Azam, rue Vital-Carles, moins nombreuse, mais choisie avec goût, et remarquable surtout comme collection de bons maîtres flamands et hollandais; celle de M. A. Charropin, rue de Condé, pour ce qui concerne l'école moderne. M. Charropin possède aussi des échantillons curieux d'art industriel : nous avons remarqué, entre autres, des faïences des fabriques bordelaises du dix-huitième siècle.

Nous citerons encore les collections de MM. Lanusse, Capelle, P. Ferrière, de Bethman, Henri Tardieu, Dunkin, Mareilhac, de Balsaméda, Fourestier, de Brondeau, etc., etc.

M. de Moulins possède un beau tableau, sur panneau, attribué à Léonard de Vinci.

Nous devons mentionner aussi les collections de MM. Alexis de Chasteigner, Souriaux et Alexandre Léon, pour les *antiquités, médailles, faïences anciennes*.

Bordeaux possède aussi quelques bibliothèques particulières remarquables; nous citerons celles de MM. Balaresque et Viguier.

Nous ne devons pas oublier non plus, quand il est question des arts à Bordeaux, deux œuvres importantes, illustrées de nombreuses *eaux-fortes* par des artistes bordelais :

La Guienne militaire, texte, dessins et gravures de M. Léo Drouyn, professeur de dessin ;

Hospitaliers de Saint-Jean de Jérusalem en Guienne, texte, dessins, gravures de M. le baron de Marquessac, amateur.

Il y a à Bordeaux quelques peintres de talent. Parmi ces artistes, nous citerons les deux frères Gibert, MM. Gué, Piganeau, Auguin, Pradelles, Colin, Mousquet, Mᵐᵉ Gadou-Boyer et Mˡˡᵉˢ Mingaud.

En musique, Bordeaux possède aussi beaucoup d'artistes distingués. — Nous citerons : MM. *Andrieu et Schad,* pianistes et compositeurs; pour le violon : MM. *Beaudoin, Curreau, Remi, Laporte, Dumon;* pour le violoncelle : MM. *Hekking* et Dumon.

Nous voudrions bien aussi nommer bon nombre d'amateurs distingués en peinture et en musique; mais nous préférons renvoyer le lecteur à l'*Hiver à Bordeaux*, par Saint-Rieul Dupouy.

Sociétés savantes.

La *Société impériale de Médecine* existe depuis 1798, et, sous le nom de collége, elle remonterait même au quinzième siècle. Elle se compose de quarante membres, et siége dans une salle de l'hôtel de l'Académie, où elle donne des consultations aux pauvres et vaccine gratuitement, tous les samedis. Elle s'occupe surtout du progrès de la médecine, et donne des prix aux meilleurs mémoires du concours qu'elle établit tous les ans.

La *Société de Pharmacie*, formée en 1834, s'assemble deux fois par mois dans le même hôtel. Elle s'occupe de chimie et de tout ce qui a rapport à la pharmacie et à la salubrité publique. Ses membres, dont le nombre est illimité, sont ou résidants ou correspondants.

La *Société médicale d'Émulation*, fondée en 1832, est composée de plusieurs médecins qui se réunissent tous les mardis dans le même local, et donnent des consultations gratuites.

La *Société Linnéenne*, fondée en 1819 et approuvée par ordonnance royale, en 1828, s'occupe de la botanique et des sciences naturelles. Elle se compose de vingt-quatre membres résidants à Bordeaux et d'un grand nombre de membres correspondants. Ses membres se réunissent tous les quinze jours et donnent tous les ans une fête à la campagne, le jeudi après la Saint-Jean, et l'autre à la ville, le 4 novembre. La Société tient aussi une séance publique annuelle et distribue des prix.

La *Société Philomathique*, fondée par M. Rodrigues, en 1808, reçut une nouvelle organisation en 1825; elle a toujours eu pour but de répandre le goût des lettres, des arts utiles, et de concourir au progrès de l'instruction du peuple. Elle fait tous les cinq ans une exposition des produits de l'industrie, où n'étaient admis d'abord que les produits de la Gironde et des départements voisins; puis, en 1859, les produits de la France et de ses colonies; enfin, en 1865, on y ajoute les produits de l'Espagne et du Portugal. En 1839, cette Société a institué, pour la classe ouvrière, une école primaire d'adultes, où plus de deux mille ouvriers reçoivent gratuitement des leçons de lecture, d'écriture, de grammaire, de calcul, de dessin linéaire, etc. En 1864, elle a pu y ajouter des classes d'apprentis pour les jeunes gens de douze à quinze ans, et en 1866, des classes d'instruction primaire pour les femmes adultes. Le nombre des membres de cette Société s'élève aujourd'hui à près de six cents, parmi lesquels on remarque les noms des personnes les plus distinguées de la ville.

La *Société littéraire et artistique*, fondée en

1863, a pour but de propager le goût des lettres et des arts ; elle tient alternativement des séances littéraires et artistiques, le samedi de chaque semaine, et donne mensuellement des concerts publics mêlés de littérature.

La *Société d'Agriculture* a succédé, depuis 1841, au Comice agricole fondé en 1835 ; elle a pour but le progrès des sciences agricoles. Ses membres, dont le nombre est illimité, se réunissent chaque premier mardi du mois dans la grande salle de la Préfecture. Il y a tous les ans une réunion champêtre où, après un concours de charrues, des primes et des récompenses sont distribuées aux cultivateurs et aux anciens serviteurs. Elle publie les annales de ses travaux.

La *Société d'Horticulture* a pour but d'encourager l'horticulture en faisant tous les ans, aux mois de mai et de septembre, des expositions de fleurs, fruits, légumes, oiseaux de basse-cour et de tout ce qui se rapporte à l'horticulture. Elle distribue des médailles aux exposants et aux anciens serviteurs.

La *Société des Amis des Arts* favorise à Bordeaux le goût des arts, de la peinture, de la sculpture, du dessin, de la gravure, par des expositions publiques et annuelles du mois d'avril. La Société, à la suite de chaque exposition, achète un nombre de tableaux qui sont tirés au sort entre ses membres.

La *Société des Sciences physiques et naturelles*, fondée en 1850, a pour objet de ses études les sciences physiques et naturelles en général, et en particulier l'histoire naturelle du sud-ouest de la France.

La *Société des Bibliophiles de Guienne*, fondée en 1866, a pour but la publication de vieux manuscrits ou d'ouvrages anciens et épuisés intéressant spécialement le sud-ouest de la France.

Enfin, au nombre des institutions utiles, nous devons encore citer :

L'*Institut agricole de Saint-Louis*, à la chapelle du Béquet, route de Toulouse. Cet établissement, qui a été fondé par l'abbé Buchou, élève de jeunes enfants orphelins dans la pratique des travaux des champs.

La *Société de Charité maternelle*, sous le patronage de l'Impératrice, est représentée à Bordeaux par les dames les plus honorables de la ville. Elle donne tous les ans un bal magnifique au profit de leur œuvre.

La *Société hippique de la Gironde*, dont l'Hippodrome, établi sur le domaine de Séguineau de Lognac, est affecté aux luttes des chevaux de nos contrées. Indépendamment des prix de courses, la Société donne des primes de dressage aux chevaux nés dans le département.

La *Société de Sainte-Cécile* a pour but de secourir les artistes musiciens malheureux ou de contribuer aux progrès de l'art musical, par la fondation d'une messe solennelle, de concerts splendides et de concours périodiques. En 1852, elle a institué une école gratuite de chant, comprenant trois classes d'hommes, deux de femmes et cinq d'enfants.

Cercles, lieux de réunion, etc.

Les cercles les plus fréquentés et les mieux composés de la ville sont :

La *Société Philomathique,* rue du Château-Trompette, 8 ;

La *Société littéraire et artistique,* allées d'Orléans, 42 ;

Le *Cercle Philharmonique,* cours du XXX Juillet, 3, le plus nombreux de tous, donne tous les hivers plusieurs concerts, où sont appelés les artistes les plus célèbres ;

Le *Cercle de l'Union*, cours de l'Intendance, 2;

Le *Cercle des Régates*, cours de l'Intendance, 6;

Le *Cercle de la Comédie,* au Grand-Théâtre;

Le *Cercle du Commerce,* cours du Chapeau-Rouge, 54;

Le *Club Bordelais*, au Grand Théâtre;

Le *New-Club*, place de la Comédie;

Le *Cercle du Sud,* rue de l'Observance, 9;

Le *Cercle Germania,* rue Gobineau, 3, est composé d'Allemands;

Le *Club Lyrique,* cours de l'Intendance, 1.

Les étrangers, sur la présentation d'un ou de deux membres, sont admis dans ces cercles.

On y trouve les principaux journaux de Paris et ceux de la ville.

Lieux d'amusements.

Le Grand-Théâtre, où sont représentés opéras, opéras-comiques et ballets, reçoit une forte subvention de la ville, et est dirigé par un administrateur choisi par le Maire.

Le cahier des charges de 1868 autorise l'administrateur, pendant les mois de juin, juillet et août, à abandonner l'opéra pour des genres plus avantageux à sa caisse, il peut même fermer pendant un mois.

PRIX DES PLACES :

Loges à salon, galeries ou balcons et baignoires.	5f	»
Fauteuils d'orchestre.	5	»
Premières, stalles des balcons et des galeries.	4	»
Loges à salon des secondes (en location).	3	»
Parterre.	2	50
Secondes loges.	2	»
Paradis.	1	»

Pour la location des places, s'adresser à la caisse, sous le péristyle du Théâtre, côté sud.

Théâtre Louit, ouvert le 1er septembre 1868, sous la direction de M: ROBERT KEMP.

PRIX DES PLACES :

Fauteuils d'orchestre.	} 3f	»
— du premier balcon.		
Loges baignoires (la place).	3	»
Loges grillées (les quatre places).	12	»
Premières loges découvertes du premier balcon (la place).	5	»

Fauteuils de parquet................ } 2 »
— de seconde galerie.......... }
Troisième galerie.................... 1 »
Paradis.............................. » 50

Le prix en location est le même qu'au bureau.

Nous donnerons plus loin, dans notre revue industrielle, des détails intéressants sur ce nouveau théâtre.

Théâtre-Français, directeur M. Lambert, comédies, vaudevilles, opérettes et drames.

PRIX DES PLACES :

Loges et fauteuils d'orchestre............ 3f » en location. 4f »
Stalles de parquet et première galerie.... 2 » — 2 50
Deuxième galerie..... 1 25 — 1 75
Troisième galerie..... » 75 d'avance 1 »
Paradis.............. » 50 — » 60

Théâtre-Napoléon, même direction que le Théâtre-Français.

Gymnase-Dramatique, place des Quinconces, 5, pour comédies et vaudevilles, directeur : M. Mennesson.

PRIX DES PLACES :

Rez-de-chaussée...... 3f » en location. 3f 50
Première galerie...... 2 » — 2 50
Deuxième galerie..... 1 »

Le Cirque, provisoirement rue Saint-Sernin, sert aux représentations des troupes équestres qui viennent à Bordeaux, et aussi d'arène athlétique.

L'Alcazar, place Napoléon, à La Bastide; café-concert, soirées artistiques et scènes chorégraphiques, de sept heures à onze heures tous les soirs. — Premières, 1 fr.; secondes, 50 centimes.

Parc Bordelais et Jardin d'Acclimatation, route de Saint-Médard, à Caudéran. — Prix d'entrée : 25 centimes.

Principaux Hôtels, Restaurants et Cafés

Hôtel de France, propriétaire : Hue, rue Esprit-des-Lois, 11.

Hôtel des Princes et de la Paix (Grémailly), cours du Chapeau-Rouge, 40.

Hôtel des Quatre Sœurs, (Vᵉ Viviez), cours du XXX Juillet, 6.

Hôtel de Nantes (Mˡˡᵉ Degage), quai Louis XVIII.

Hôtel de Paris (Clavé), allées d'Orléans, 22.

Hôtel Richelieu (Crouzat), cours de l'Intendance, 4.

Hôtel des Ambassadeurs (Lescaillet), cours de l'Intendance, 14.

Hôtel Marin (Chicoineau), rue Esprit-des-Lois, 23.

Hôtel du Commerce (Andrieu), place du Chapelet.

Hôtel des Voyageurs (Nicolet), rue Pont-de-la-Mousque, 10, 12, 14.

Hôtel des Américains (Bac et Claverie), rue de Condé, 4.

Hôtel des Sept Frères et du Midi (Monterichard), rue Porte-Dijeaux, 13.

Hôtel Espagnol (Pedro de Ysla), cours de Tourny, 50.

De nombreux hôtels de second ordre se trouvent rue Mautrec et rue du Pont-de-la-Mousque.

Restaurant Anglais (Graciette), rue Esprit-des-Lois, 19.

Restaurant Andrieu, rue Mautrec, 21.

Restaurant Bontou, rue Porte-Dijeaux, 64.

Restaurant Lanta, rue Montesquieu, 6.

Café de Bordeaux, place de la Comédie, 2.

Café de la Comédie, péristyle du Grand-Théâtre (nord).

Café Cardinal, cours du XXX Juillet, 2.

Café Bibent, allées de Tourny, 1.

Café Franché, Estaminet de Strasbourg, allées de Tourny, 15 et 17.

Les allées de Tourny, *côté est*, sont presque entièrement occupées par des cafés, la plupart assez bien tenus.

La *Renaissance*, rue de la Commune, pour bals, concerts, noces et repas de corps.

Le *Bois-de-Boulogne*, chemin de Pessac, pour bals publics.

La *Belle-Allée*, avenue de Paris, café-concert.

Les restaurants champêtres les mieux tenus sont ceux des *Frères-Arnaud*, à Caudéran; d'*Ollivier*, à Caudéran; de *Monrepos*, à La Bastide; des *Deux-Ormeaux*, à Caudéran.

Les *Courses de chevaux* ont lieu tous les ans, du 25 avril au 25 mai, à l'Hippodrome situé commune du Bouscat.

Les principaux journaux de la ville sont : la *Gironde*, le *Courrier de la Gironde*, la *Guienne*, le *Journal de Bordeaux*, le *Journal du Peuple*, paraissant tous les jours; le *Lloyd bordelais*, le *Progrès*, le *Journal d'Éducation*, la *Comédie Bordelaise*, le *Bordelais*, hebdomadaires ou mensuels.

Loges maçonniques de Bordeaux.

L'*Étoile du Progrès*, rue du Jardin-des-Plantes, 15 (lundi).

La *Française d'Aquitaine*, rue Judaïque, 95 (vendredi).

Les *Amis réunis*, même local (jeudi).

La *Française élue Écossaise et l'Amitié réunies*, même local (mercredi.)

Les *Chevaliers de Saint-André d'Écosse*, même local (samedi).

Les *Chevaliers de la Fraternité*, même local (lundi).

La *Sincérité*, rue Nauville, 4 (samedi).

La *Candeur*, rue Mouneyra (jeudi).

Anglaise n° 204, rue Ségalier (mardi).

Il existe, en outre, à Bordeaux, trois Souv.·. Chap.·. du 18ᵉ degré et un Conseil philosophique du 30ᵉ.

Établissements industriels.

Les *Chantiers de construction*, à Bordeaux, ont considérablement augmenté d'importance ces dernières années. Nous citerons en première ligne les *Chantiers et Ateliers de l'Océan,* ceux de MM. Chaigneau, Moulinié, Raymond, Bichon, Charron, etc.

Ces divers établissements occupent plus de trois mille ouvriers.

Le *Moulin des Chartrons,* construit en 1788, est occupé aujourd'hui par une manufacture importante de *porcelaine anglaise,* dirigée par M. Vieillard; elle a été établie en 1834 par M. D. Johnston, autrefois maire de Bordeaux.

Ce vaste établissement occupe environ mille ouvriers.

Les *Ateliers de fonderie* de MM. Holagray et Alary; ceux de MM. Cousin et Dietz; ceux de M. Bouilly, pour la fabrication des instruments aratoires; la *fonderie* pour lits en fer et meubles de jardin de M. Paul.

Les *Raffineries* de Bordeaux jouissent aussi d'une grande réputation.

Les *Distilleries* les plus renommées sont celles de MM. Forestier, Motelay, Droz, Lafaurie, Monteverde, Secrestat.

Parmi les *fabriques,* nous devons citer encore la *filature de laine,* manufacture de *tapis et couvertures,* de M. Jacquemet-Laroque, rue Lecoq.

Les *Verreries* de MM. E. Verdelet, quai de Paludate, et de M. Mitchell, quai de Bacalan.

Les *Conserves alimentaires* et la *Fabrication du Chocolat* sont des industries essentiellement bordelaises, et nous signalerons la maison Louit et C¹ᵉ, qui leur a fait faire des progrès considérables, attestés par de nombreuses récompenses honorifiques. Nous reviendrons sur cette importante maison dans notre revue industrielle.

Les *Moulins à vapeur* de MM. Cabannes et Roland doivent être recommandés à la curiosité des voyageurs qui suivent les progrès de l'industrie.

L'*Abattoir général*, bâti en 1831 par M. Durand, habile architecte, dont le dessin avait été couronné dans un concours public, occupe l'emplacement de l'ancien fort Louis, élevé par ordre de Louis XIV. Les vastes salles de l'édifice, bien distribuées, sont arrosées par des eaux abondantes.

Un vaste *Marché aux bestiaux*, bien agencé, dû au talent de M. Burguet, vient d'être construit cours Saint-Jean.

La *Manufacture des Tabacs*, place Rodesse, occupe plus de douze cents ouvrières. (On ne peut visiter cet établissement que muni d'une autorisation.

Chemins de fer, Bateaux à vapeur, Voitures.

La Compagnie dite du *Chemin de fer de Paris à Orléans* est celle qui sert la ligne de Paris à Bordeaux et celles de Bordeaux à Périgueux, Brives, Limoges, correspondant avec Lyon et la ligne du Midi.

La gare est à La Bastide; le bureau central, allées d'Orléans, 2.

La Compagnie des *Chemins de fer du Midi* exploite les lignes de Bayonne et correspond avec les chemins de fer de l'Espagne; celles de Toulouse, Cette, Perpignan, correspondant avec Marseille; celles de Tarbes, Bagnères-de-Bigorre; celles d'Arcachon et de tout le Midi.

La gare est cours Saint-Jean; le bureau central, cours du XXX Juillet, 10.

Le *Chemin de fer du Verdon* est en cours d'exécution.

Le bureau des ingénieurs est cours du XXX Juillet, n° 20.

De nombreux *Bateaux à vapeur*, de la Compagnie *Dumeau et Cie*, exploitent le bas de la rivière et partent du quai Vertical, près les colonnes rostrales, tous les matins, pour Pauillac et Mortagne. Ils font escale à tous les endroits importants des deux rives, tels que Bourg, Laroque, Blaye, et correspondent avec les voitures qui font le service de la Saintonge et de la Bretagne.

En été, pendant la saison des bains, un service régulier est établi entre Bordeaux et Royan; chaque matin, partent un bateau d'aller et un de retour.

Les bateaux à vapeur du haut de la rivière, dirigés aussi par MM. Dumeau et Heyrin, partent tous les jours pour Langon et La Réole, faisant escale à tous les points intermédiaires. Le service régulier sur Agen est supprimé depuis quelques temps par la Compagnie.

Une nouvelle Compagnie de petits bateaux à vapeur, *les Hirondelles*, vient de monter un service omnibus pour :

La Bastide, toutes les cinq minutes.

Lormont, toutes les heures.

La Tresne, toutes les deux heures.

Le dimanche, les départs sont plus rapprochés.

Une seconde Compagnie *les Gondoles*, a déjà créé une concurrence sur Lormont; on parle d'une troisième.

Les environs de Bordeaux sont servis par les voitures de la *Compagnie générale des Omnibus*, qui a le privilége de ce service par terre.

Le point de départ, au bureau central, cours du XXX Juillet, 1.

PRIX DES PLACES ET HEURES DE DÉPART.

Les Eyquems, de 7 h. 1/2 du matin à 6 1/2 du soir, toutes les heures... 40 c.
Mérignac, de 7 h. du matin à 7 h. du soir, toutes les heures... 40
Saint-Médard, 8 h. et 10 h. du matin, 2 h. et 5 h. du soir... 75
Le Haillan, service de Saint-Médard..................... 45
Caudéran, de 7 h. du matin à 7 h. du soir, toutes les heures... 30
Blanquefort, 7 1/2 et 10 h. 1/4 du matin. 2 h. 1/2, 5 h. 1/4 et 7 h. du soir................................... 60
Le Vigean, 7 h. du matin à 7 h. du soir, toutes les demi-heures en été ; en hiver, toutes les heures jusqu'à six heures du soir.......................... 45
Le Bouscat, service du Vigean............................ 30
La Tresne, 7 h. 9 1/2, 11 h. du matin, 1 h. 3 et 5 h. du soir... 60
La Souys, service de La Tresne............................ 45
Monrepos, service de La Tresne............................ 35
Pessac, de 7 h. du matin à 7 h. du soir, toutes les demi-heures en été ; en hiver, toutes les heures jusqu'à six heures du soir.......................... 40
Bègles, de 7 h. du matin à 7 h. du soir, toutes les heures... 45
Eysines, 7 h. 1/2 matin, 2 h. 1/2 et 5 h. 1/2 soir.
Bruges, 8 h. 1/2 du matin, 6 h. 1/2 du soir.
Le Tondu, en été seulement, 7 h. 1/2, 9 h. 1/2, 11 h. 1/2 du matin ; 1 h. 1/2, 3 h. 1/2, 5 h. 1/2 du soir.

Pour les communes suivantes, le point de départ est la place extérieure d'Aquitaine :

Talence, de 7 heures du matin à 7 h. du soir, toutes les heures.. 30 c.
Léognan, 7 h. et 10 h. du m., 3 h. et 6 h. du soir... 80
Gradignan, 6 h. 7 1/2, 8 h. 1/4, 9 h. 1/2, 10 h. 1/2 du matin, midi 1/2, 2 h. 1/4, 4 h. 1/2, 5 h. 1/2, 6 h. 1/2, 7 h. 1/2 du soir................................. 45
Pont-de-la-Maye, 7 h. du matin à 7 h. du soir, toutes les heures.. 30

On trouve aussi des voitures :

Départ de la rue Gobineau, 2 :

Pour Pauillac et Lesparre, 8 heures du matin et 5 heures du soir

Pour Saint-Laurent, 4 h. du soir.

Des Allées de Tourny, 4 :

Pour Castelnau : 5 h. du soir.

Du cours du XXX Juillet, 2 :

Pour Cussac : 4 h. du soir.
Pour Macau : 4 h. du soir.

De la rue de la Douane, 1 :

Pour Cognac et pour Rochefort : 8 h. du m.

De la rue Saige, 13 :

Pour toute la Saintonge : 8 h. du matin.

De la place d'Aquitaine, 14 :

Pour Belin et les Landes : 4 h. du soir

De la place Napoléon (La Bastide) :

Pour Monrepos : Toutes les heures moins un quart.
Pour Saint-André-de-Cubzac : à 2 h. du soir.
Pour Créon : à 7 h. du matin et à 3 h. du soir.
Pour la Sauve : à 9 h. du m. et à 3 h. du soir.
Pour Beychac : 8 h. du m. et à 4 h. du soir.
Pour Sauveterre : 7 h. 3/4 du matin.
Pour Tizac : 2 h. 1/2 du soir.
Pour Langoiran : lundi, mercredi, samedi, à 4 h. du soir.
Pour Bouliac et la Souys, toutes les heures : de 7 h. 20 à 11 h. 20 m. du matin, et de 2 h. 20 à 6 h. 20 m. du soir.

Bordeaux possède plusieurs services réguliers de paquebots à vapeur pour le transport des voyageurs et des marchandises. Au premier rang nous devons citer les

**Paquebots-Postes des Messageries impériales,
faisant le service entre
la France, le Portugal, le Brésil et La Plata.**

BUREAUX :
A Bordeaux, 19, quai de Bacalan.

Nous n'avons pas besoin de faire l'éloge de la *Compagnie des Messageries Impériales* et de ses riches bâtiments; tous les voyageurs disent et répètent le confortable et le luxe qu'on y trouve, aussi bien dans les cabines et les salons que dans la salle à manger où les mets les plus fins font croire que du milieu de l'Océan on entre dans les salons du baron Brisse ou de Véfour.

Ces majestueuses hirondelles de l'Atlantique ont la force de 500 chevaux et parcourent en 25 jours environ 9,460 kilomètres.

Le passager y est entouré de toutes les distractions : salon de conversation, salon de musique, excellente bibliothèque où toutes les langues sont représentées, où, anglais, espagnols, portugais ou allemands sont sûrs de trouver un compatriote et un ami dans le livre qui parlera leur langue et qui les entretiendra des souvenirs de leur patrie.

Ajoutons qu'à la vitesse du service la *Compagnie des Messageries Impériales* joint l'exactitude. Ci-après la liste des stations de ces paquebots avec l'indication des heures d'arrivée et de départ dans chacune d'elles.

ITINÉRAIRE DE LA LIGNE DE BORDEAUX AU BRÉSIL

STATIONS	DATES	
	DES ARRIVÉES	DES DÉPARTS
Bordeaux............	»	25 — 11 h. m.
Lisbonne............	28 — 5 h. s.	29 — midi.
Dakar...............	6 — 7 m.	7 — —
Pernambuco.........	14 — minuit.	15 — —
Bahia...............	17 — 4 h. m.	17 — —
Rio-de-Janeiro.....	20 — 6 s.	24 — 8 h. m.
Bahia...............	27 — 2 s.	28 — 2 s.
Pernambuco.........	30 — 6 m.	30 — 2 s.
Dakar...............	8 — 2 m.	9 — 6 m.
Lisbonne............	16 — 1 m.	16 — midi.
Bordeaux............	19 — 6 s.	»

ITINÉRAIRE DE LA LIGNE ANNEXE DE LA PLATA

STATIONS	DATES	
	DES ARRIVÉES	DES DÉPARTS
Rio-de-Janeiro.....	»	22 — 4 h. s.
Montevideo.........	27 — 4 h. s.	28 — 4 s.
Buenos-Ayres......	29 — 6 m.	12 — 4 s
Montevideo.........	13 — 6 m.	15 — 8 m.
Rio-de-Janeiro.....	20 — 8 m.	»

Ceux de Bordeaux à *Saint-Pétersbourg*, avec escale à *Copenhague;* de Bordeaux à *Hambourg;* de Bordeaux à *Rotterdam;* de Bordeaux à *Dublin* et *Glascow;* de Bordeaux à *Liverpool;* de Bordeaux à *Londres;* de Bordeaux au *Havre;* de Bordeaux à *Nantes*, à *Brest*, à *La Rochelle*.

Les navires à voiles ont encore, malgré leurs concurrents à vapeur, des services réguliers pour tous les points du globe. Les départs sont fréquents pour la Plata (Montévidéo et Buenos-Ayres), pour la Vera-Cruz, la Martinique et la Guadeloupe, la Havane, Santiago-de-Cuba, la Guayra et Porto-Cabello, l'île de la Réunion et Maurice; pour Pondichéry, Madras et Calcutta, Batavia, Manille et la Chine; pour Valparaiso; pour Melbourne et Sydney (Australie); pour le Sénégal; pour la Nouvelle-Orléans, New-York, Philadelphie; pour la Hollande, l'Angleterre, l'Espagne, la Suède et le Danemark, la Russie et les ports de la Baltique, Marseille, Trieste et l'Algérie.

Le nombre des voitures de toutes sortes s'est considérablement accru à Bordeaux depuis quelques années.

Les voitures de maître sont au nombre de 563; celles servant à l'industrie, au nombre de 875. Il y a 190 fiacres, 48 citadines et les petits coupés de remise.

Les *fiacres* de Bordeaux sont bien supérieurs à ceux de Paris et Londres.

Ils stationnent place de la Bourse, cours du Chapeau-Rouge, place Dauphine, cours du Jardin-Public, Pavé des Chartrons, quai des Chartrons, n°s 100 à 106, place Rohan, cours Napoléon, le long du lycée, place d'Armes.

TARIF DES FIACRES ET CALÈCHES :

De 6 h. du matin à minuit, pour chaque course, 1 fr. 75.

A l'heure : la première. 2 fr.; pour chacune des heures suivantes, 1 fr. 75.

De minuit à 6 h. du matin, pour chaque course, 2 fr. 75.

A l'heure : la première, 3 fr.; pour chacune des heures suivantes, 2 fr. 50.

Les *citadines* ou *coupés* stationnent place Bourgogne, place d'Aquitaine, allées de Tourny, cours du Jardin-Public, quai des Chartrons, entre les n°s 70 et 80, cours d'Albret, contre le Palais de Justice.

TARIF POUR CITADINES OU COUPÉS :

De 6 h. du matin à minuit, pour chaque course, 1 fr. 50.

A l'heure : la première, 1 fr. 75; les suivantes, 1 fr. 50.

De minuit à 6 h. du matin, pour chaque course, 2 fr.

A l'heure : la première, 2 fr. 50; les suivantes, 2 fr. 25.

TARIF POUR LES GARES :

Par arrêté de M. le préfet de la Gironde du 29 juin 1864, le prix de la course pour conduire les voyageurs aux gares de Chemins de fer est de :

Pour fiacres et calèches, 2 fr.
Pour citadines et coupés, 1 fr. 75.

Les *courses hors barrière* se comptent à l'heure.

TARIF POUR FIACRES HORS BARRIÈRE :

De 6 h. du matin à minuit, 3 fr. la première heure et 2 fr. 50 les autres.

De minuit à 6 h. du matin, 4 fr. la première heure et 3 fr. les autres.

TARIF POUR CITADINES HORS BARRIÈRE :

De 6 h. du matin à minuit, 2 fr. 50 la première heure et 2 fr. les autres.

De minuit à 6 h. du matin, 3 fr. 50 la première heure et 2 fr. 50 les autres.

Les cochers devront faire huit kilomètres à l'heure, au moins.

Le retour à vide sera payé moitié prix de la course d'aller.

Voici quelques adresses où se trouvent les *petits coupés de remise* : Cours du XXX Juillet, 21; rue Castillon, 5; rue de Condé, 7 et 9; rue Esprit-des-Lois, 31; rue Ferrère, 56; rue Fondaudége, 5; rue Foy, 8; rue Franklin, 6; rue Leyteire, 51; rue d'Orléans, 4; rue du Réservoir, 18; rue Rolland, 6; rue des Treilles, 3; place Saint-Remi, 3; rue Judaïque, 43-45; rue Capdeville, 15.

Tarif : 2 fr. l'heure ou la course, le jour, et 3 fr. l'heure ou la course, la nuit.

Les *omnibus de la ville* sont exploités par une compagnie privilégiée, qui possède également les omnibus de la banlieue dont nous avons déjà parlé, même bureau central, cours du XXX Juillet, 1.

Ces voitures traversent la ville en tous sens, mais sans correspondance d'une ligne à l'autre, amélioration vivement désirée et attendue. Voici les lignes parcourues :

Place Richelieu au *Magasin des Vivres* (Bacalan);

Place Richelieu au *Pont de Brienne.*

(Ces deux lignes comprennent tout le quai rive gauche.)

Place Picard à la *Place Napoléon* (La Bastide);

Cours du XXX Juillet à la *Barrière Saint-Genès* ;

La *Croix-Blanche* aux *Enfants-Trouvés* (quai de la Grave) ;

Cours du XXX Juillet à la *Pyramide, route de Toulouse* ;

Jardin des Plantes à la *Gare du Midi* ;

Place d'Aquitaine à la *Barrière du Médoc*.

Tarifs : Intérieur, 20 centimes; banquettes, 15 centimes.

Les omnibus spéciaux pour le service des chemins de fer ont un autre tarif :

Pour le parcours : 30 centimes par personne, 20 centimes par colis.

A domicile : 50 centimes par personne, 20 centimes par colis.

Petites voitures spéciales au service des chemins de fer, six places. Avec 120 kil. bagages, 3 fr.; jusqu'à 200 kil., un ou deux domiciles, 4 fr.; pour quatre voyageurs sans bagages, 2 fr.; chaque voyageur en sus, 50 c.; avec deux domiciles, 3 fr.; chaque domicile en plus, 1 fr.

Caractère, Mœurs et Costume du Peuple.

Dans un pays occupé à diverses époques par des races différentes, où les Gaulois, les Romains, les Goths, les Francs, les Sarrasins, les Normands, les Gascons et les Anglais se sont succédés, la physionomie des habitants doit être naturellement très variée. D'après l'opinion de M. Jouannet, s'il fallait chercher dans l'antiquité un type de ressemblance avec la population actuelle du département, les Aquitains, d'origine espagnole ou cantabre, nous le fourniraient plutôt qu'aucun des peuples précités. Il est certain que le caractère et les mœurs attribués aux Aquitains par leurs anciens historiens, Ammien, Marcellin et Salvien, peuvent encore se retrouver dans la population actuelle, modifiés toutefois par le changement de lois, de religion, de gouvernement, et par le progrès général de la civilisation.

Les habitants sont vifs, gais, pétulants, joviaux, spirituels, railleurs, prompts à s'irriter, prompts aussi à s'apaiser. Si on leur a reproché de l'inconstance, de l'imprévoyance, de la vanité, de l'exagération, personne cependant ne leur contestera la générosité, l'intelligence, le courage, la sobriété et l'indépendance. Leur amour des plaisirs et de la toilette est excessif et général.

Ce caractère se modifie dans certains cantons du département, et ne s'applique nullement aux habitants des landes. Plus on avance dans cette région inculte, que les chemins de fer transforment à vue d'œil aujourd'hui, plus la différence devient tranchée : les habitants sont plus taciturnes, plus tristes, plus apathiques; les plus reculés semblent avoir perdu tous les traits du caractère national, sauf l'hospitalité.

Depuis quelques années, la mise populaire a subi de grands changements. Le haut bonnet bordelais, à fond large, plat et plissé en éventail, qui était autrefois presque universellement porté en ville par les femmes du peuple, ne se rencontre guère aujourd'hui que dans la paroisse Saint-Michel, porté par quelques vieilles femmes. Il a été remplacé peu à peu par le mouchoir coquettement porté; mais remplacé lui-même, ces dernières années, par le bonnet, qui est devenu la coiffure presque générale. Les grisettes, qui sont les filles des artisans aisés, se distinguent par leur joli bonnet de dentelle et de gracieuses confections; quelques-unes, plus vaniteuses ou plus coquettes, commencent à adopter le chapeau, qui, jusqu'à ces derniers temps, était exclusivement porté par les femmes appartenant à la bourgeoisie ou à la noblesse. L'habillement, qui distinguait autrefois les rangs, ne sert aujourd'hui qu'à les confondre. En ville, le négociant, le marchand et l'artisan portent, hors les jours de travail, à peu près le même costume, celui qui est établi par la mode, le gilet rond et la casquette étant réservés pour l'atelier.

Le luxe pénètre partout, particulièrement dans les environs des villes. Le Landais cependant, de même qu'il diffère par le caractère, diffère encore aussi par le costume. Coiffé d'un mouchoir et d'un béret ou d'un chapeau à larges bords, il porte des culottes courtes, un gilet et une veste à manches de *capas* ou de *droguet*, étoffes de laine fabriquées dans le pays. « S'il n'est pas nu-jambes, il se chausse de gros bas de laine, et porte l'été d'épais souliers ferrés, l'hiver de gros sabots. » Sa femme porte des habillements de toile ou des mêmes étoffes de laine, selon la saison, et se coiffe d'un petit bonnet blanc enveloppé d'un mouchoir bleu.

Les bergers des landes portent, par dessus leurs vêtements grossiers, une pelisse faite de peau de mouton, sans collet et sans manches, assez large, mais ne descendant qu'au genou. En hiver, et pendant le mauvais temps, ils s'affublent d'un manteau de *droguet* blanc, muni d'un grand collet et d'un capuchon; enfin ils se couvrent les jambes d'une espèce d'étui en peau de mouton. Pour compléter l'équipement d'un *aouilly* ou berger des landes, il faut ajouter à ces vêtements, des échasses, un bâton de deux mètres, un bissac pendu sur le dos, une gourde, un long pistolet dans un sac de peau de mouton et un grand bonnet de laine. Les échasses, de un mètre soixante centimètres de long, liées à la botte et au pied, ne dépassent pas le genou. Pour se reposer, le berger passe son long bâton derrière lui, de manière à former un angle avec la terre, et s'asseoit dessus. « Vu de loin, dans cette attitude, et le capuchon sur la tête, vous le prendriez pour un clocher à l'horizon; sa parfaite immobilité ajoute à l'illusion. La rapidité de sa marche, l'adresse avec laquelle il se sert de ses échasses et de son bâton, surprennent toujours les étrangers. » Pour compléter ce chapitre, nous engageons nos lecteurs à lire les deux charmants volumes de M. Saint-Rieul Dupouy, l'*Été et l'Hiver à Bordeaux*, dont le style plein de charme et l'étude profonde du caractère bordelais, auront le plus grand attrait pour tous ceux qui voudront connaître le tableau moral de Bordeaux.

Usages du Peuple.

Les campagnards, surtout les Landais et les Médocains, sont très superstitieux; ils croient aux revenants, au *mal donné* ou *jeté*, aux sortiléges. Les sorciers et les devins qui sont encore en crédit chez eux, sont appelés et consultés dans les cas d'accidents ou de maladies.

La petite paroisse de Verdelais est depuis longtemps célèbre par les pélerinages qui s'y font à toutes les fêtes de la *Vierge,* principalement à celles du 15 août et du 8 septembre. On cite une foule de miracles opérés par la madone du lieu. Cette dévotion a pris de grandes proportions depuis que Mgr le cardinal Donnet a mis la chapelle de Verdelais sous la direction de PP. Maristes. Par les soins de ces religieux, un calvaire a été érigé sur une hauteur qui domine toute la contrée, d'un effet saisissant. On y arrive par un Chemin de Croix dont toutes les stations sont marquées par des chapelles dont les sculptures reproduisent les scènes de la Passion. La chapelle d'Arcachon, dédiée aussi à la Vierge, est l'objet d'un culte tout particulier de la part des pauvres pêcheurs de La Teste. C'est là qu'ils se rendent nu-pieds et en chemise pour accomplir les vœux qu'ils ont faits au moment du danger. Un autre culte populaire, celui de saint Valéry, que les habitants de Saint-Émilion croyaient fils de la Vierge, avait lieu dans la chapelle qui lui est consacrée. « Les pèlerins y couraient en foule implorer la guérison de leurs maladies ; ils prenaient celui de leurs vêtements qui touchait au membre affligé, ils en frottaient le saint, s'en frottaient ensuite la partie malade, en suppliant la Vierge de s'intéresser à leur guérison auprès de son fils. Ces frottements étaient d'un grand revenu pour le couvent. »

Parmi les usages du peuple, il y en a qui sont communs à toute la France, tels que les feux de la Saint-Jean, les charivaris, les mâts couronnés de fleurs, plantés le 1er mai sous la fenêtre d'une maîtresse ou à la porte d'un maire chéri de sa commune, etc., etc. D'autres sont particuliers à la province : ce sont les feux de la Saint-Jean qui se répètent à la Saint-Pierre ; les croix fleuries clouées au dessus des portes, et qui, pour avoir été bénies le jour de la Saint-Jean, sont censées être le meilleur préservatif, soit contre les esprits malins, soit contre la foudre.

Le jour d'un mariage, on conserve encore à Bordeaux l'antique usage de joncher le sol de myrte, de laurier ou de feuilles de roses, depuis la porte de la mariée jusqu'à l'autel. Dans la classe des artisans, la couronne des mariées, composée de bouquets de roses et d'œillets, est souvent de dimensions gigantesques, pour donner une idée de la dépense de la noce ainsi que du nombre des invités.

Une fête locale assez singulière mérite une place dans cette énumération des usages du peuple, c'est la procession annuelle qui se fait à Caudéran l'après-midi du Mercredi des Cendres, et qui a pour but de terminer le carnaval. « Depuis deux heures jusqu'à la nuit, les deux côtés de la route sont couverts de piétons et de masques grotesques; au milieu circulent les voitures. Les guinguettes et les maisons de campagne sont remplies; pendant quatre heures, c'est un délire de gaîté, une espèce de saturnale; un plat de limaçons est le mets obligé de la fête. » Le lundi de Pâques une foule plus décente se rend à Caudéran pour manger l'agneau pascal.

Le Médoc et les landes ont aussi beaucoup d'usages particuliers. Ainsi, le jour d'un mariage, la future choisit un de ses parents et le nomme son *porte-enseigne;* celui-ci, muni d'un bâton, qui est garni de rubans et du mouchoir de la fiancée, précède le cortége et écarte tous les obstacles qui se trouvent sur la route; il est accompagné d'un autre personnage armé d'un balai de houx. Le lendemain, après le repas d'usage, il allume le balai et chasse brusquement tous les convives, en leur chantant le refrain : « Allez-vous-en, gens de la noce, » etc.

Langage. — Le Gascon.

Les habitants des villes du département parlent généralement le français, mais presque tous avec plus ou moins d'accent provincial; la classe ouvrière et les paysans parlent le gascon, idiome dérivé de la langue romane et l'un des nombreux dialectes de la langue d'oc.

Les vers suivants, traduits par M. Bergeret, d'une fable de La Fontaine, pourront donner une idée de ce patois :

LOU LOUP ET L'AGNEL.

La rasou del pu fort es toujourt la milhouro :
    Z'où prouboray tout aquesto houro.
Un joyno agnel, per se coupa la set,
    D'un moubomen mol è doucet

Baignabo sa lenguo éfantino
Din lou courren d'un rius à l'aygueto argentino,
Quant protcho d'el fut amenat
Un loup que la gulo poussabo.
Lou carnassié qualquo boussi sercabo;
Car n'abébo pas déyjunat.

Traduction littérale par le même.

La raison du plus fort est toujours la meilleure :
Je le prouverai tout à l'heure.
Un jeune agneau, pour se couper la soif,
D'un mouvement mou et doux
Baignait sa langue enfantine
Dans le courant d'un ruisseau à l'eau argentée,
Quand près de lui fut amené
Un loup que la gourmandise poussait.
L'animal carnassier quelque morceau cherchait;
Car il n'avait pas déjeuné.

Personnages célèbres du département.

Julius Ausonius, père du poète de ce nom, naquit à Bazas vers l'an 302. Il devint médecin de l'empereur Valentinien et publia quelques ouvrages qui se sont perdus.

Decius Magnus Ausonius, fils du précédent, naquit à Bordeaux. Poëte et professeur distingué, il fut chargé par Valentinien de l'éducation de son fils Gratien, qui, devenu empereur, l'éleva au consulat. Il composa plusieurs épigrammes, idylles, éloges et épîtres. On suppose qu'il mourut sous le règne de Maxime, âgé de plus de soixante-dix ans.

On cite aussi, au nombre des célébrités de la période romaine, les rhéteurs Minervius, son fils Aletius, Delphidius, Sedatus, Dynamius, Luciolus et Exupère. Le premier professa la rhétorique à Bordeaux, à Rome et à Constantinople; les autres l'enseignèrent principalement à Bordeaux ou à Toulouse.

Saint Paulin, élève d'Ausone, naquit, dit-on, à Bordeaux, à l'endroit qui porte encore le nom de place Puy-Paulin. Il épousa une riche et vertueuse Espagnole, nommée Thérasie. Après la mort de leur enfant unique, les deux époux, dégoûtés du siècle, vendirent leurs biens, en distribuèrent le produit aux pauvres, passèrent en Italie et s'établirent à Nole, où Paulin, déjà élevé au sacerdoce, fut élu évêque, en 409. Thérasie mourut en 413 et Paulin en 431.

Enfin, Marcellus, surnommé l'Empirique, archidiacre à la cour de Théodose le Grand, était aussi originaire de Bordeaux.

Aliénor ou Éléonore de Guienne, petite-fille de Guillaume VIII, comte de Poitiers, qui était le plus ancien des troubadours, naquit au château de Belin (*) au commencement du douzième siècle. Par son mariage avec Louis VII, elle fut reine de France en 1137 ; et par suite de celui qu'elle contracta avec Henri d'Anjou, elle devint reine d'Angleterre en 1154. On suppose aujourd'hui que la conduite de cette princesse n'a été ni aussi criminelle ni aussi louable que l'ont prétendu les divers historiens qui ont écrit sur son compte.

Elle mourut à l'abbaye de Fontevrault en 1203, âgée de plus de quatre-vingts ans.

Geoffroy Rudel, troubadour et seigneur de Blaye, qui vivait vers la fin du douzième siècle, est célèbre surtout par sa mort déplorable. Il se croisa et passa la mer pour le seul plaisir de voir une belle princesse de Tripoli, dont on lui avait vanté les charmes. Étant tombé malade pendant le voyage, il fut débarqué mourant à Tripoli, et il n'eut que le temps de voir la princesse quelques minutes avant d'expirer.

Aimeri de Bellinoy, neveu d'un troubadour

(*) Belin, chef-lieu de canton, est situé à quarante kilomètres sud-sud-ouest de Bordeaux, sur l'ancienne route de Bayonne. Un grand tumulus, entouré de fossés, et au sommet duquel on voit encore quelques restes de tours énormes, est tout ce qui reste du château féodal où, d'après la tradition, Éléonore, et plus tard le Prince Noir, reçurent le jour.

et troubadour lui-même, naquit à Lesparre. Il reste plusieurs pièces de Bellinoy, que M. Raynouard a insérées dans son *Choix des Poésies originales des Troubadours*. Ce poète mourut en Catalogne.

Bertrand de Goth ou Gouth, originaire de Villandraut, fut nommé évêque de Comminges en 1295, archevêque de Bordeaux en 1299, et pape, sous le nom de Clément V, en 1305. En 1309, Clément transféra le saint-siége à Avignon. On lui doit la jolie petite église d'Uzeste, où il fut inhumé, le château de Villandraut, ainsi que plusieurs autres châteaux, bâtis dans la province par les cardinaux de sa cour. » L'histoire lui reproche une cupidité sans bornes, d'indignes amours avec la princesse de Périgord, des intrigues, des goûts, des mœurs, dont aurait rougi un simple laïque. » On lui reproche aussi la proscription des Templiers et l'assassinat juridique de leur grand-maître. Clément V mourut à Rauquelaure, dans l'évêché de Nîmes, en 1314.

Jean de la Roquetaillade, célèbre alchimiste, qui vivait en 1260, a laissé quelques traités curieux et rares sur les *Secrets de la Nature*, etc.

Au seizième siècle, le département produisit plusieurs hommes de mérite, que nous ne pouvons que citer en passant : Zachaire, alchimiste; de Lancre et Dignosius, auteurs de *Traités sur les démons, les Sorciers et la Transmutation des métaux;* François-de-Foix de Candale, évêque d'Aires; Guillaume de Bordes, astronome, natif de Bordeaux; Reulain, grammairien; Gabriel de Lurbe, chroniqueur de Bordeaux, sa patrie; Lancelot de Carle, évêque de Riez; Pierre de Brach, auteur et imprimeur; de Chantelouve, poète tragique; Jean du Vignau, traducteur de la *Jérusalem délivrée;* de Pontac, évêque de Bazas, et l'un des prélats les plus distingués de l'église gallicane; Girard du Haillan, enfant de Bordeaux, auteur de l'*Histoire de France* (de Pharamond à Charles VII); enfin, Fronton du Duc, auteur ecclésiastique.

Michel de Montaigne, l'auteur immortel des *Essais*, naquit, en 1533, dans le château de ses pères, en Périgord. Il fut élevé à Bordeaux, où il passa presque toute sa vie, longtemps comme conseiller au Parlement et quatre ans comme maire de la ville; aussi Bordeaux l'a toujours compté au nombre de ses plus illustres citoyens (*) La première édition des *Essais*

(*) Pour visiter la tombe de Michel de Montaigne, qui se trouve dans l'église des Feuillants, on s'adresse au portier du Lycée de Bordeaux.

parut à Bordeaux en 1580; elle ne contenait que deux livres. Plusieurs autres éditions, plus complètes, parurent plus tard du vivant de l'auteur. Dans cet ouvrage admirable, à la fois » ingénieux et naïf, érudit et naturel, agréable et profond, l'auteur nous fait l'histoire du cœur humain, en nous développant jusqu'aux plus secrets replis du sien. » Il existe un ouvrage posthume de Montaigne, imprimé en 1774, sous le titre de *Journal du voyage de Michel Montaigne en Italie dans les années 1580 et 1581* (ª). Au dix-septième siècle, nous voyons figurer à Bordeaux plusieurs érudits, chirurgiens et médecins distingués, au nombre desquels nous citerons : Jean d'Espagnet, physicien, philosophe et magistrat intègre; Jacques Primerose, auteur de plusieurs ouvrages sur la médecine; Jean Mingelousaulx, l'un des meilleurs chirurgiens de l'époque; Joseph de Voisin, auteur ecclésiastique; Louis Lecomte, auteur d'un livre sur les mœurs et la religion des Chinois chez lesquels il avait été envoyé

(ª) L'ancienne demeure de cet homme célèbre a disparu depuis quelques années; elle ne se distinguait des autres maisons que par ses combles recouverts en ardoises, et se trouvait à l'angle septentrional formé par la rue du Palais-de-Justice et la rue Cabirol.

comme missionnaire, en 1685 ; Jacques de Fonteneil, chroniqueur ; Jacques Biroat, prédicateur du roi ; Isaac de la Peyrère, auteur du *Rappel des Juifs* et du *Traité des Préadamites*, ouvrage condamné au feu et qui fit emprisonner l'écrivain ; Trichet-Dufresne, érudit et bibliothécaire de la reine Christine de Suède.

Charles Secondat de Montesquieu, baron de La Brède, naquit au château de La Brède, près de Bordeaux, en 1689. Les *Lettres Persanes*, qui parurent en 1721 ; le *Temple de Gnide*, en 1725 ; les *Considérations sur les Causes de la grandeur et de la décadence des Romains*, ouvrage composé à La Brède en 1734 ; enfin l'*Esprit des Lois*, ouvrage auquel il avait consacré presque toute sa vie, et qui parut en 1748, ont rendu Montesquieu immortel et lui ont valu le titre de législateur des nations. En 1750, pour répondre aux critiques, il publia la *Défense de l'Esprit des Lois*, et mourut à Paris cinq ans après, universellement regretté.

Son fils, Jean-Baptiste Secondat de Montesquieu, né en 1716, fut conseiller au parlement de Bordeaux et publia quelques ouvrages sur les sciences naturelles ; il mourut en 1796.

Risteau et Barbot furent des littérateurs savants, de la même époque que Montesquieu.

J.-J. Bel, conseiller au parlement de Bordeaux, bon critique et auteur d'un ouvrage spirituel dirigé contre quelques sommités littéraires de l'époque, légua sa bibliothèque et son hôtel à l'Académie de Bordeaux ; il mourut à Paris en 1738.

Les autres célébrités littéraires de Bordeaux au dix-huitième siècle sont : P.-J. Dudon, auteur du *Compte-Rendu* des constitutions des jésuites ; Charles Dupaty, auteur des *Lettres sur l'Italie* et de plusieurs autres ouvrages ; Arnaud Berquin, célèbre par ses charmants écrits et surtout par l'*Ami des Enfants*, ouvrage couronné par l'Académie française en 1784.

Les théologiens de la même époque sont : Jean Baurein, l'auteur bien connu des *Variétés bordelaises;* P. Jaubert, traducteur d'Ausone ; J.-F. Lafitau, missionnaire et auteur de deux livres sur l'Amérique ; Noël Larrière, né à Bazas en 1738, l'un des meilleurs écrivains ecclésiastiques du dix-huitième siècle ; J.-B. Sensaric, bénédictin, professeur de belles-lettres et prédicateur du roi.

Les membres les plus célèbres de la Faculté de médecine dans le même siècle sont : J.-B. Sylva, médecin très distingué, loué plusieurs fois dans les ouvrages de Voltaire ; Dessault,

Grégoire, Martin, Dupuy, Roux, professeurs de chimie à Paris, Aymen et Vilaris, chimistes et pharmaciens distingués. Enfin, nous ajoutons à cette liste deux noms d'artistes : P. Gaviniez, violon célèbre et habile compositeur, et F. Dupont, qui se distingua aussi comme compositeur.

Durant la période orageuse de la première Révolution, plusieurs des députés de la Gironde se sont distingués comme grands orateurs ou comme habiles écrivains politiques; tels sont : Vergniaud (a), chef des Girondins, Gensonné, Guadet, Boyer-Fonfrède, Ducos, Grangeneuve, qui périrent tous victimes de l'assassinat juridique du 31 octobre 1793. Alexandre Deleyre, né à Porlets en 1726, fut l'auteur de plusieurs ouvrages philosophiques ; nommé député à la Convention nationale, il devint plus tard membre du conseil des Cinq-Cents. Complétons cette liste de noms glorieux par la mention de Romain Desèze, le courageux défenseur de Louis XVI, dont il plaida la cause au péril de sa vie. Il fut créé pair de France en 1815. Son frère Victor, et son neveu Aurélien Desèze, se

---

(a) Né à Limoges ; mais sa vie politique appartient au département.

sont aussi distingués : le premier comme médecin et comme savant, le dernier comme avocat et représentant du peuple.

Balguerie-Stuttenberg, né à Bordeaux en 1779, consacra ses talents à l'extension de la propriété commerciale et à l'embellissement de sa ville natale. C'est à ses efforts que Bordeaux doit son beau pont, la fondation de sa banque, ses bateaux à vapeur, son entrepôt, ses bains des Quinconces et sa fonderie; il contribua puissamment aussi à l'achèvement de plusieurs ponts et d'autres établissements utiles dans différentes parties du département. Il mourut en 1825, à Bagnères, universellement regretté.

Joseph-Henri-Joachim Lainé, né à Bordeaux en 1767, fut nommé député en 1805. Il se distingua comme orateur dans l'Assemblée législative, où il eut le courage de s'opposer aux mesures arbitraires de Napoléon; il fut nommé ministre en 1816. On le compte au nombre des ministres qui n'ont ni accru leur fortune ni changé de mœurs; ce fut un homme de conviction et non d'intrigue. Il mourut en 1835, universellement estimé.

J.-B. Taillasson, né à Blaye en 1746, se distingua comme littérateur et surtout comme peintre; il a laissé plusieurs bons tableaux, dont un se trouve au Musée de Bordeaux, n° 302.

Pierre Lacour, peintre, né à Bordeaux, en 1746, a laissé également plusieurs bons tableaux : Son chef-d'œuvre, tableau qui représente *saint Paulin accueillant des persécutés*, est conservé au Musée de la ville, n° 398. Ce peintre estimé est mort à Bordeaux en 1814.

Combes, ingénieur-architecte, né à Podensac, obtint à Paris le grand prix d'architecture, en 1781. Au nombre de ces constructions, à Bordeaux, on cite les maisons *Meyer* et *Acquart*.

Vincent-Léon Pallière, né à Bordeaux en 1787, mort en 1820, remporta à Paris le grand prix de peinture, à l'âge de vingt-cinq ans. Ce peintre a laissé une foule de tableaux estimés, dont deux : *Tobie rendant la vue à son Père*, et *un Berger au repos*, se trouvent au Musée de Bordeaux, n°s 31 et 288.

Pierre Galin, musicien-compositeur et professeur de mathématiques, né à Bordeaux en 1786, publia plusieurs ouvrages sur la musique. Il mourut en 1821.

Pierre Rode, musicien célèbre, né à Bordeaux en 1778, devint premier violon, d'abord du consul Bonaparte, et plus tard de l'empereur Alexandre de Russie. Il mourut en 1829.

David Gradis, né à Bordeaux en 1742, mort en 1811, fut l'auteur de plusieurs ouvrages philosophiques.

Edmond Géraud, né à Bordeaux en 1775, mort en 1831, est l'auteur de quelques articles littéraires et de deux ou trois pièces de poésie. Un éloge d'Edmond Géraud, par Charles Laterrade, a été couronné par l'Académie dans sa séance solennelle de 1864.

Jean-Baptiste Algay de Martignac, fils d'un célèbre avocat de Bordeaux, naquit dans cette ville en 1776; nommé député en 1821, il devint ministre de l'intérieur en 1827. Après avoir déployé un grand talent comme ministre, il signala la générosité de son âme dans son éloquente défense du prince de Polignac. Il mourut à Paris en 1832.

Évariste Dumoulin, né en 1776, mort en 1833, fut longtemps l'un des principaux rédacteurs de la *Minerve française* et du *Constitutionnel*.

Charles-Mercier Dupaty, fils de l'auteur des *Lettres sur l'Italie*, naquit à Bordeaux en 1771. En 1799, il remporta le grand prix de sculpture. On cite comme chef-d'œuvre, parmi ses nombreux ouvrages : *Ajax poursuivi par Neptune*. Nommé membre de l'Institut en 1816 et chevalier de la Légion-d'Honneur en 1819, Dupaty mourut à l'âge de cinquate-quatre ans. Ses deux frères se sont distingués : l'un (Louis-Marie) comme président de la Cour impériale, l'autre (Emmanuel) comme officier du génie et auteur dramatique.

Auguste Rateau, né en 1757, mort en 1833, est un des avocats et des jurisconsultes qui ont illustré le barreau de Bordeaux. Il obtint, par la voie du concours, la chaire de professeur de droit romain dans cette ville, et fut plus tard mis, par Napoléon, à la tête du parquet de la Cour d'appel du département.

Au nombre des guerriers distingués de Bordeaux et du département, nous citerons les suivants : N. Barberon, né en 1758, fut décoré par Napoléon, qui le nomma major du 30me de ligne.

César et Constantin Faucher, jumeaux, nés à La Réole en 1759, eurent, dit M. Jouannet, » mêmes traits, même caractère, même courage, mêmes opinions et même fin. Élevés ensemble, entrés ensemble au service, ils gagnèrent les épaulettes de général de brigade sur les mêmes champs de bataille. En 1815, accusés de révolte armée contre un ordre de choses dont la légalité pouvait encore leur paraître douteuse, ils furent condamnés et fusillés ensemble à Bordeaux.

Luc Duranteau, général de brigade, né à Bordeaux en 1747, signala son courage en Italie et plus tard en Egypte, où, avec deux cents hommes, il soutint pendant deux jours une attaque de dix mille insurgés du Caire.

Le comte de Nansouty, lieutenant-général, grand-cordon de la Légion-d'Honneur, naquit à Bordeaux en 1768. Il assista aux batailles d'Austerlitz, d'Eylau, de Friedland, d'Essling, de Wagram, d'Ostrowno, de la Moskowa, etc. Napoléon le regardait comme un de ses meilleurs généraux de cavalerie. Nansouty est mort de ses blessures à Paris en 1815.

N. Favereau, lieutenant-général, né à Blaye en 1755, mort en 1832, se distingua en Belgique en 1794. Plus tard Napoléon lui confia l'administration générale des hôpitaux en Italie.

Parmi les militaires de rang inférieur, nous citerons Claude Lauland, né à Caudrot, caporal au 110me de ligne, qui trouva une mort glorieuse en franchissant le premier les retranchements ennemis, l'an VII de la République ; Rémond Saboulaud, de Saint-André, grenadier au 65me de ligne, qui périt dans une affaire semblable, en Égypte, vers la même époque; enfin, N. Pasquier, de Gensac, caporal dans le 5ᵐᵉ léger, et Baptiste Gounin, grenadier dans le 31ᵐᵉ léger, qui donnèrent des preuves du plus grand courage sur divers champs de bataille, et périrent avec gloire.

François Vatar Jouannet, chevalier de la Légion-d'Honneur, naquit à Rennes en 1765. Reçu membre de l'Académie de Bordeaux en 1818, il resta plus d'un quart de siècle bibliothécaire de la ville. » L'activité de son esprit était telle, dit M. Gautier, que tour à tour poète, historien et géologue, il étudiait encore la numismatique, l'archéologie et l'histoire naturelle. Les travaux qui remplissaient ses moments de loisir auraient suffi pour fonder la réputation de plusieurs savants. » Il composa un grand nombre de notices historiques, et il consacra plus de vingt années de sa vie à la composition de sa *Statistique de la Gironde*, œuvre importante qui témoigne de la vaste érudition de son auteur. Il est mort en avril 1845.

Henri Fonfrède, né en 1788, fils du *Girondin* Boyer-Fonfrède, célèbre publiciste, défendit constamment les idées libérales, mourut en 1841. Ses concitoyens lui ont élevé un monument au cimetière de la Chartreuse.

Le baron Portal, ministre de la marine de 1815 à 1821, mort en 1845.

A. Ravez, mort à Bordeaux le 3 septembre 1849, grand officier de la Légion-d'Honneur, l'un des premiers jurisconsultes de France, président de la Chambre des députés de 1819 à 1828, un des plus violents adversaires de la liberté de la presse, premier président à la Cour royale de Bordeaux. En 1815, Ravez, pour donner aux Bourbons une preuve de ses sentiments royalistes, eut le triste courage de refuser l'appui de son talent aux frères Faucher.

Théodore Ducos, né en 1801, neveu du *Girondin* F. Ducos, créateur de l'importante maison de commerce Ducos et Gouteyron, député en 1834, représentant du peuple en 1848 et 1849, devint ministre de la marine en 1851 et occupa ce poste jusqu'à sa mort, en 1855.

Dufour-Dubergier, riche négociant, ancien maire de Bordeaux, président de la Chambre de commerce, a légué à la ville une galerie de tableaux qui a considérablement enrichi notre musée.

Gout-Desmartres, auteur d'un joli recueil de poésies, les *Gerbes*, d'un caractère doux et d'un esprit conciliant, avait été appelé successivement à la présidence de l'Académie, de la Société Philomathique et de presque toutes nos sociétés savantes. Partout et toujours il avait su se concilier l'estime et les sympathies générales. Sa mort a surpris ses nombreux amis, en décembre 1862, alors que le *Missionnaire*, couronné aux Jeux Floraux, venait de valoir au poète le titre de *Mainteneur* dans l'académie de Clémence Isaure.

Brascassat, peintre de paysage historique et d'animaux, membre de l'Institut, est né à Bordeaux le 30 août 1805 et vient de mourir en 1867, il fut élève de Richard et de Hersent. Ses œuvres ont une grande réputation et lui ont valu le surnom de « poète des animaux. » Après avoir remporté plusieurs médailles il a été décoré de la Légion-d'Honneur le 9 août 1837.

Avant de quitter Bordeaux pour faire quelques excursions dans le département, il nous faut encore donner quelques renseignements utiles;

La lumière du gaz est distribuée dans Bordeaux par une compagnie anglaise, dite *Compagnie impériale et continentale*, cours de l'Impératrice. Le gaz est payé 32 centimes le mètre cube.

Il y a à Bordeaux deux salles destinées aux ventes publiques, par commissaires-priseurs, l'une rue Roland, 12, l'autre, rue Guiraude, 6; quatre commissaires-priseurs sont associés pour la rue Roland et deux pour la rue Guiraude.

Les ventes de vins sont faites par les courtiers.

L'*Administration des Postes*, à Bordeaux, située rue Porte-Dijeaux, 10, a ouvert récemment deux bureaux-succursales, rue Borie, 29, aux Chartrons, et rue de l'Observance, 5. Cinquante boîtes supplémentaires sont répandues dans tous les quartiers de la ville.

Les bureaux sont ouverts, *en été*, de sept heures du matin à sept heures du soir; *en hiver*, de huit heures du matin à sept heures du soir. Les dimanches et jours fériés, ils sont fermés à quatre heures du soir.

Les gares des chemins de fer sont pourvues d'une boîte aux lettres, dont la levée a lieu lors du départ des bureaux ambulants.

La *Poste aux chevaux* se trouve rue Franklin, 6.

La *Direction du télégraphe*, à Bordeaux, est située cours de l'Intendance, 52. Les bureaux sont ouverts tous les jours, y compris les dimanches et fêtes; ils restent ouverts et transmettent des dépêches pendant la nuit.

La *Succursale de la Banque de France*, rue Esprit-des-Lois, 13, tient ses bureaux ouverts de neuf heures du matin à quatre heures du soir, excepté celui du dépôt des Titres, qui se ferme à une heure. Les 15 et fin du mois la Caisse des paiements est ouverte dès huit heures du matin.

Les bureaux de la *Recette générale*, cours de l'Intendance, 13, sont ouverts de neuf heures du matin à quatre heures du soir.

La *Caisse d'Épargne et de Prévoyance* est située rue des Trois-Conils, au coin de la rue Vital-Carles. Les versements ont lieu le samedi, de midi à deux heures, et le dimanche, de dix heures à une heure. Les demandes de remboursement et dépôts de livret, tous les jours, de dix heures à trois heures, le dimanche excepté. Les remboursements, le lundi, de dix heures à deux heures.

L'*Administration du Mont-de-Piété* est rue du Mirail, 29, plusieurs commissionnaires se trouvent dans les différents quartiers de la ville. Les emprunteurs, que des motifs empêcheraient de se présenter dans les bureaux et d'employer l'entremise des commissionnaires, pourront s'adresser au Directeur, qui se chargera de faire consommer les opérations qu'ils auraient intérêt à tenir secrètes.

Le *marché de première main* a lieu tous les matins, place extérieure des Capucins.

Le *Grand-Marché*, cours Napoléon, le *marché des Grands-Hommes*, *le marché des Chartrons*, celui de la *place de Lerme*, et le *marché de Belleville*, à l'extrémité de la rue Mériadeck, pour comestibles de toute espèce, se tiennent tous les jours jusqu'à une heure du soir.

Les *marchés aux pierres* se tiennent cales Fenwick et de la Monnaie ; — tous les jours.

Le *marché aux vins*, quai de la Monnaie ; — tous les jours.

Le *marché aux fruits de toute espèce, châtaignes et fruits secs,* place de Bourgogne ; — tous les jours.

Le *marché au foin et paille*, porte du Caillou, quai de Bourgogne ; — tous les jours.

Le *marché aux tuiles, carreaux, ardoises, briques*, quai de la Grave ; — tous les jours.

Le *marché aux œuvres pour la vigne, vimes, bois à brûler, cercles de barrique, vannerie* ; — quai de la Grave, les lundi et mardi.

Halle aux bestiaux, cours Saint-Jean ; — bétail de toute espèce ; — les lundi, mercredi, jeudi et samedi. Les troisièmes lundis de chaque mois sont spécialement destinés à la vente des bœufs ou vaches de travail, laitières et veaux nourrissons, chevaux, juments, mules et bêtes asines.

Marché aux agneaux, place du Vieux-Marché.

Marché aux résine, brai, goudron, térébenthine, cire jaune et blanche, charbon, bois à brûler, les mercredi et vendredi jusqu'à midi.

Voyage à Libourne et à Saint-Émilion.

Libourne forme une jolie sous-préfecture, dans une belle position, à l'embouchure de l'Isle dans la Dordogne; son port peut recevoir des navires de trois cents tonneaux; le pont de pierre qui joint la route de Bordeaux sur la Dordogne a deux cents mètres de longueur sur douze de largeur; il a été bâti par M. Deschamps : le 24 août 1820 fut posée la première pierre, et le 24 août 1824, le pont était ouvert au public.

Au dessus du pont de pierre se trouve le pont du chemin de fer. Sur l'Isle est un pont suspendu.

Cette belle position à l'embouchure de deux rivières navigables rendait Libourne un point important; aussi a-t-elle été exposée, durant les guerres, aux attaques des partis contraires. Trois grands capitaines l'ont assiégée et prise : Duguesclin en 1377, Dunois en 1451, Talbot en 1452; enfin elle fut prise aussi en 1653 par le duc de Vendôme, lorsque le prince de Condé luttait contre Mazarin et sa cour.

On se rend de Bordeaux à Libourne par le chemin de fer d'Orléans; la gare de départ, sur la rive droite de la Garonne, à La Bastide, bâtie par M. Pepin-Lehalleur, est remarquable par son élégante construction.

La première station est au village de *Lormont*, où l'on arrive après avoir traversé deux tunnels, le premier de deux cents quatre-vingts mètres, le second, de quatre cents mètres. A la troisième station, *Saint-Loubès*, on aperçoit sur la gauche du chemin de fer le *Pont de Cubzac*, qui traverse la Dordogne.

Ce pont, construit avec une subvention de l'État de 1,500,000 francs, sous la direction de M. Fortuné de Vergès, a été inauguré le 1er mai 1840; il avait coûté en sus de la subvention, 1,400,000 francs à la compagnie, et

900,000 francs à l'État pour les abords; sa longueur totale, y compris les culées, est de mille cinq cent quarante-cinq mètres; la distance entre les obélisques qui supportent les chaînes est de cinq cent quarante-cinq mètres, longueur divisée en cinq travées égales de cent neuf mètres. Le tablier a sept mètres cinquante centimètres de largeur; il est élevé de vingt-huit mètres au dessus de l'étiage. Deux immenses viaducs viennent se raccorder avec les culées du pont; celui de gauche se compose de vingt-huit arcades en maçonnerie, celui de droite, de vingt-neuf. Le tablier est suspendu à douze câbles en fil de fer maintenus par des haubans inclinés qui se rattachent à un câble horizontal.

Les stations suivantes, *Saint-Sulpice*, *Vayres* et *Arvayres*, n'offrent rien de remarquable, si ce n'est le joli château de Vayres, qui, selon la chronique, a appartenu au sire Alain d'Albret, bisaïeul d'Henri IV, en 1521.

A Libourne, le voyageur ne restera pas longtemps; il aura bientôt visité les *Casernes de Cavalerie*, bâties en 1725, et passé en revue la *Tour de l'Horloge*, du quatorzième siècle; l'*Hôtel-de-Ville*, du seizième siècle; l'*Église Saint-Jean*, qui hérita, en 1609, de l'épine de la couronne du Sauveur, donnée à saint Thomas par Charlemagne; l'*Hôpital*, le *Théâtre* et la *Place des Arceaux;* mais quelle jolie excursion il pourra faire à Saint-Émilion, vieille ville du huitième siècle, une des plus intéressantes de France par ses antiques monuments délabrés et ses ruines précieuses aux archéologues et aux touristes. Il faudrait un volume tout entier pour décrire les curieuses ruines de Saint-Émilion, et nous recommandons à nos lecteurs le *Guide du voyageur à Saint-Émilion*, par M. Léo Drouyn. Un de nos amis, peintre et habile dessinateur, nous montrait il y a quelques jours une trentaine de croquis, commencement d'un *Album de Saint-Émilion*. Nous faisons des vœux pour qu'ils ne restent pas dans les cartons de l'auteur; mais qu'ils soient bientôt publiés, à la grande satisfaction des nombreux visiteurs de la vieille ville.

Vers le temps où les Sarrasins parcouraient le Midi de la Gaule, arriva dans nos contrées un saint homme, nommé Émilian; il abandonnait Vannes, sa ville natale, pour fuir les honneurs dont il était accablé, à la suite d'un miracle qu'il avait fait. Il s'arrêta en Saintonge, dans un monastère de l'ordre de saint Benoît; là, un autre miracle signala sa vertu; bientôt il quitta cet asile et vint se réfugier dans une grotte, au fond de la forêt des *Combes,* emplacement où s'élève aujourd'hui la ville de Saint-Émilion. Ici de nouveaux prodiges vinrent signaler les mérites d'Émilian : les eaux d'une source remontèrent leur cours, pour venir le désaltérer; une noble dame recouvra la vue par l'intercession du saint, autour duquel vinrent se grouper un grand nombre d'hommes qui abandonnaient le monde pour vivre sous la conduite de saint Émilian, qui avait adopté la règle de saint Benoît. Ce saint homme mourut en l'année 767.

Telle est l'origine du monastère et de la ville de Saint-Émilion. Où le saint s'était creusé une grotte, ses compagnons et successeurs voulurent se creuser une *église.* Cette église souterraine, œuvre de plusieurs générations, est longue de trente huit mètres, large de vingt mètres et haute de seize mètres. Ce travail, entrepris au huitième siècle, dura jusqu'au douzième siècle.

C'est à la fin du douzième siècle, en 1199, que la ville de Saint-Émilion fut érigée en commune. Tous les priviléges et les droits qu'elle réclamait lui furent concédés par Jean-sans-Terre; aussi, quelques années plus tard, nous la trouvons entourée de fossés et de murailles dont on remarque encore les ruines. Nous devons signaler aussi la *Porte bourgeoise,* l'*Église collégiale,* le *Château du Roi,* qui remonte au douzième siècle ; la *Chapelle de la Madeleine,* les *Catacombes,* l'*Ermitage,* etc., etc.

Les troubles religieux de la fin du seizième siècle eurent pour Saint-Émilion les résultats les plus funestes. Ses plus beaux monuments et les fortifications furent dévastés. En 1568, les soldats de Montluc mirent la ville à feu et à sang, après l'avoir pillée. L'année suivante, d'autres soldats catholiques vinrent, à deux reprises, la saccager, en prétendant la défendre contre les protestants. En 1580, elle fut reprise, envahie et pillée par les protestants.

Depuis lors, malgré tous les priviléges qui lui furent accordés par Louis XIII et ses successeurs, elle ne se releva pas, et Libourne, mieux située, a, depuis cette époque, pris et conservé le dessus. Saint-Émilion est aujourd'hui une petite ville de trois mille habitants, entourée de vignobles dont l'ancienne renommée grandit et s'étend tous les jours. Voir à ce sujet notre ouvrage intitulé : *Bordeaux et ses vins.* On se rend de Libourne à Saint-Émilion par des voitures publiques partant plusieurs fois par jour de la gare et par des voitures à volonté qu'on rencontre à chaque pas dans Libourne. Saint-Émilion est à 10 kilomètres de Libourne.

Voyage à Royan.

Le bateau à vapeur part tous les jours à huit heures du matin.

En quittant le quai Louis XVIII, le voyageur voit à sa gauche le *quai des Chartrons,* qui tire son nom d'un couvent de chartreux autrefois établi en ce lieu. A droite, s'étend, depuis La Bastide jusqu'à Lormont, la vaste plaine des *Queyries,* plantée en vignes [a] qui produisent le premier vin des palus. Lormont doit son nom *(laureus mons)* aux lauriers qui couvraient autrefois ce coteau. Depuis des siècles le laurier a fait place à la vigne. Comme nous l'avons déjà mentionné, la côte de Lormont fut autrefois couronnée par un château-fort appartenant à l'archevêque de Bordeaux. Cette construction a entièrement disparu et a fait place à

---

[a] Ce nom de *Queyries* fut, dit-on, donné à ce lieu par les Anglais, à l'époque de leur domination, à cause des carrières *(quarries)* ouvertes sous les coteaux voisins.

des constructions modernes. On voit encore les ruines du *Château du Diable*, au sujet duquel on raconte dans le pays plusieurs histoires diaboliques.

On aperçoit aujourd'hui le joli château Beaufils, les travaux d'art du chemin de fer de Paris à Bordeaux, la station de Lormont, le clocher roman de Bassens, récemment construit, la station de la Grave-d'Ambarès.

A gauche, s'étend la commune de Bruges, dont les marais furent d'abord desséchés, en 1599, par des Flamands qui, appelés à cette fin dans le Bordelais par Henri IV, finirent par s'établir dans ce lieu qu'ils appelèrent Bruges, d'après le nom de leur ville natale.

Après Bruges, viennent la commune de Blanquefort, autrefois une seigneurie très étendue, et celle de Parempuyre, connues toutes les deux par leurs vins. Ce pays est encore marécageux, et l'élève des sangsues y forme une industrie considérable.

A droite, se trouvent les communes de Bassens, Carbon-Blanc, Ambarès et Montferrand, qui font beaucoup de bons vins rouges, appelés vins de cargaison. Montferrand était autrefois la première baronnie de la Guienne. On y remarque encore la demeure presque princière où M. de Peyronnet, l'un des ministres de Charles X, a terminé sa carrière en 1864; plus loin, du même côté, se trouve la commune d'Ambarès.

Cette portion du département, appelée *Entre-deux-Mers,* parce qu'elle est comprise entre la Garonne et la Dordogne, se termine à l'extrémité de la dernière commune en un promontoire (le Bec-d'Ambès), où ces deux rivières se réunissent pour former la Gironde, fleuve qui a donné son nom au département.

A gauche, on aperçoit les communes importantes de Ludon, Macau et Labarde, célèbres par l'excellence de leurs vignobles.

Après avoir doublé le Bec-d'Ambès, on voit, à droite, l'ancienne ville de Bourg, fondée, dit-on, par Léonce Paulin, un des aïeux de saint Paulin, de Bordeaux. La cour de France y résida en 1650, à l'occasion de troubles dans ce pays. Le territoire de Bourg fournit au commerce une grande quantité de bon vin rouge; il en fournissait même à l'Angleterre longtemps avant que le Médoc, aujourd'hui le pays de *claret* par excellence, fût planté de vignes.

On trouve plusieurs carrières le long de la rive droite, surtout à Roque-de-Tau.

A la fin du mois d'août et au commencement de septembre, la rivière, en cet endroit, devient souvent dangereuse pour les petits bateaux, par suite d'un phénomène appelé en patois le *mascaret*; dans les jours les plus calmes de ces mois, une vague, qui peut avoir de un à deux mètres de hauteur, s'élève tout à coup sur l'eau et parcourt une distance considérable de la Dordogne et même de la Garonne s'étendant majestueusement dans toute la largeur de ces rivières, et chavirant quelquefois les petits bateaux qui se trouvent sur son passage. Ce phénomène, qui se retrouve dans plusieurs autres fleuves, est attribué au flux de la marée, tout à coup resserrée en ces parages.

Après le Bec-d'Ambès, viennent trois grandes îles formées au milieu de la rivière, l'*Ile Cazeaux*, l'*Ile du Nord* et l'*Ile Verte*.

En passant ces îles, nous côtoyons en même temps les communes célèbres de Cantenac et de Margaux, à gauche, avec leurs nombreux châteaux : le Pouget, le Prieuré, le château de Pontac, le château de Palmer, flanqué de quatre tourelles, et appartenant à M. Pereire; le château d'Issan, flanqué de huit pavillons; le bourg de Margaux et son château mi-partie grec, le château de La Bégorse, et ensuite les communes de Soussans et de Lamarque, le château de Belair, le château de Latour-de-Mons, etc.

A droite, sont les communes de Bayon, de Gauriac, de Villeneuve, de Plassac et de Sainte-Luce; les habitants de Gauriac sont presque tous carriers.

Après ces communes, vient la ville de Blaye, chef-lieu d'arrondissement de ce nom, située à trente-trois kilomètres de Bordeaux. Cette ville connue comme station militaire dès le temps des Romains, est désignée par Ausone sous le nom de *Blavia militaris*. Au moyen-âge, il y avait là une forteresse défendue d'un côté par le fleuve; les autres côtés étaient garantis par une enceinte crénelée qui se rattachait à un château flanqué d'énormes tours. Cette enceinte et trois cents maisons disparurent à l'époque où Vauban, par l'ordre de Louis XIV, construisit la citadelle que nous y voyons aujourd'hui.

Selon les chroniqueurs, saint Martin fut inhumé à Blaye en 389, le roi Charibert en 570 et le célèbre Rolland en 800. Leurs tombeaux n'existent plus : l'église Saint-Romain qui les enfermait, fut démolie en 1652. C'est dans la citadelle de Blaye que Mme la duchesse de Berry, arrêtée à Nantes en 1832, par ordre du gouvernement, a été détenue pendant six mois avant d'être transportée en Sicile.

Outre la citadelle, il y a le fort de Saint-Simon, bâti en 1689, sur un îlot de la Gironde, qui est en face, et qu'on appelle le *Pâté de Blaye;* il y a aussi le fort du Médoc, situé sur la rive gauche.

Après Blaye, on aperçoit dans le lointain, à gauche, la commune de Saint-Julien-de-Reignac, ornée de quelques belles maisons de campagne. L'une de ces maisons, le château de *Beychevelle*, aurait suivant la tradition, remplacé un ancien manoir féodal, dont le seigneur exigeait que toutes les embarcations qui passaient devant ce domaine le saluassent en *baissant leurs voiles;* de cet usage vient, dit-on, le nom de Beychevelle (Baisse-Voile) donné à ce château.

Le château de Lagrange, l'un des plus vastes domaine du Médoc, appartenant à Mme la comtesse Duchatel.

Le château de Langoa avec ses trois pavillons; le château de Léoville; le château de Pichon-Longueville, flanqué de riches pavillons, de tourelles sculptées.

Immédiatement après Saint-Julien, viennent les paroisses réunies de Saint-Lambert et Pauillac, qui renferment les deux premiers crûs, Lafitte et Latour; de la rivière, on aperçoit une vieille tour, servant de colombier, qui indique la position de ce dernier vignoble (ᵃ); ensuite, le Branne-Mouton et le Cos-d'Estournel.

Devant Pauillac est l'île de Patiras, autrefois la retraite d'un redoutable pirate, nommé Monstri, qui ravagea le Médoc et la Saintonge et ne succomba que sous les efforts des forces navales expédiées contre lui par le parlement de Bordeaux. On dit qu'en 1320, les lépreux, qui étaient alors très nombreux dans le Bordelais, furent obligés de se retirer dans les îles de la Gironde, particulièrement dans celle de Patiras, où ils vécurent ensemble, ayant pour tout moyen d'existence les provisions envoyées par quelques personnes compatissantes, jusqu'à ce que le dégoût et l'horreur, l'emportant

---

(*) Pour plus de renseignements sur toutes ces grandes communes vinicoles, nous renvoyons à la nouvelle édition de *Bordeaux et ses vins classés par ordre de mérite*, par Ch. Cocks, nouvelle édition revue et augmentée par Édouard Feret, un volume in-18 jésus d'environ 500 pages orné de 73 vues de châteaux. Prix : 4 fr.

sur la pitié, la faim et la misère, finirent par dévorer ces malheureux. A ceux-ci succédèrent les juifs proscrits qui, pour éviter la mort juridique dans la cité, bravèrent la lèpre et se cachèrent dans ces îles. Ils furent bannis sur l'accusation absurde d'avoir empoisonné les sources et les fontaines, de concert avec les lépreux. Le continuateur de Nangis s'exprime ainsi : « On creusa une très grande fosse, on y alluma un grand feu, et l'on y brûla pêle-mêle une centaine de juifs des deux sexes. Beaucoup d'entre eux, hommes et femmes, s'élancèrent dans le feu, en chantant comme s'ils fussent allés à la noce; plusieurs veuves jetèrent leurs propres enfants aux flammes, de peur que les chrétiens ne les enlevassent pour les baptiser. »

C'était là que les navires suspects de maladies contagieuses étaient obligés de mouiller pour faire quarantaine, avant l'établissement du lazaret actuel de Trompeloup, bâti en 1822 et situé à trois kilomètres du port de Pauillac.

Après Pauillac, vient la commune de Saint-Estèphe, qui est celle où l'on récolte la plus grande quantité de vin rouge; autrefois, le seigneur de Calon (domaine qui est aujourd'hui un des premiers crûs de Saint-Estèphe) avait le privilége de conduire la dame de Lesparre dans la ville, lorsqu'elle y faisait sa première entrée, politesse qui lui valait le palefroi que montait la dame. Le château Pomys, dans cette commune, est une des jolies résidences du département.

La commune suivante, Saint-Seurin-de-Cadourne, est la dernière située dans le Haut-Médoc. Les autres communes, sur la rive gauche, sont : Saint-Yzans, qui produit d'assez bon vin; Saint-Christoly et Conquèques, qui produisent du blé, du vin ordinaire et du foin; Bégadan, qui fait de bon vin ordinaire; Valeyrac, où existait, en 1623, un hôpital appartenant à l'ordre de Malte et destiné à l'usage des pèlerins qui allaient à Saint-Jacques de Compostelle; les paroisses réunies de Dignac, Jau et Loirac; enfin, Saint-Vivien et Soulac.

Le bourg de Soulac, situé au pied des dunes est à environ trois kilomètres de l'ancien bourg qui a été enseveli dans les sables. La vieille église subsiste encore, étant en partie dégagée des sables, que les vents ont portés ailleurs; elle sert de point de reconnaissance pour les navigateurs. Quelques savants ont cru reconnaître, dans le vieux Soulac, le Noviogamus de Ptolémée. Un des villages de cette commune le Verdon, entouré de dunes et de marais salants, possède un petit port qui offre un mouillage temporaire aux navires retenus par des vents contraires. La commune s'étend le long du rivage jusqu'à l'extrémité du Médoc, appelée *Pointe-de-Graves.*

C'est dans l'espace compris entre Soulac et Margaux, qu'on trouve ces jolis cailloux bleus et transparents que les lapidaires travaillent comme les pierres fines. On rencontre aussi dans ce pays, des devins, qui étaient autrefois en grande réputation comme *astrologues du Médoc.* La tradition place sur la côte de Grayan, non loin de Soulac, le port appelé encore *Port des Anglots*, où débarqua, en 1452, le général Talbot avec les troupes anglaises envoyées pour soutenir la révolte des Bordelais contre leur nouveau maître, le roi de France.

. Sur la rive droite, la seule commune qui appartienne à la Gironde, après Blaye, est Saint-Simon-du-Cardonnat, dont la limite septentrionale sépare le département de la Gironde de celui de la Charente-Inférieure. Les autres communes riveraines, appartenant toutes à ce dernier département, sont : Conac, Mortagne, Talmont, Saint-Georges-en-Didonne.

Mortagne était autrefois le siége d'une châtellenie dont la juridiction s'étendait sur six communes voisines; elle portait même le titre de principauté. Le cardinal de Richelieu en fit l'acquisition et la laissa à son petit-neveu Jean-Arnaud de Richelieu et aux aînés de cette famille, à perpétuité. Talmont avait aussi une juridiction seigneuriale qui s'étendait sur quatre communes. Enfin, Saint-Georges était le chef-lieu d'une baronnie et d'une châtellenie qui comprenait neuf communes. Les habitants de Saint-Georges sont presque tous pêcheurs.

Après avoir côtoyé ces diverses communes, on aperçoit Royan, bâti sur des rochers qui dominent l'embouchure de la Gironde. Cette petite ville, assez commode pour prendre les bains de mer, est située à l'extrémité du département de la Charente-Inférieure. On a supposé qu'elle est l'endroit mentionné dans l'*Itinéraire d'Antonin*, sous le nom de *Novioregum*.

Royan joua un rôle assez considérable à l'époque des guerres de religion. Les protestants, harcelés par le gouvernement, en avaient fait une de leurs places fortes et s'y étaient renfermés. Pendant le blocus de La Rochelle,

Louis XIII vint en personne assiéger Royan ; irrité de la résistance de la place, il livra l'assaut, démantela les murs et rasa en partie la ville (1622).

Le petit fort que l'on voit sur une hauteur dominant la mer, tout près de Royan, fut élevé sous le gouvernement impérial. Les batteries, par leur feu croisé avec celles de la redoute qui était à la Pointe-de-Graves, défendaient l'entrée de la rivière. Ce fort est aujourd'hui hors de service.

Un fort, abrité par les rochers, a été nouvellement construit auprès de la conche de Pontaillac, celle que nous recommandons aux baigneurs.

Depuis bien des années, les bains de mer de Royan sont très fréquentés, les médecins les prescrivant, ainsi que ceux d'Arcachon, comme très efficaces.

Les *sardines*, espèce d'anchois, abondent dans ces parages ; elles remplacent, pour le commerce principal de cet endroit, un délicieux petit poisson, si renommé sous le nom de *royan*, que l'on pêchait autrefois près de cette ville, mais que l'on ne trouve guère aujourd'hui que dans le voisinage du bassin d'Arcachon.

Il y a quelques agréables promenades à faire dans les environs de la ville : la *Grande-Côte*, *La Tremblade*, *Saint-Georges*. Nous les recommandons d'autant plus volontiers à nos lecteurs, que la ville de Royan nous semble, pour les baigneurs, un séjour peu agréable, et nous plaignons sincèrement les malheureux que des raisons de santé condamnent tout un long mois à cet exil volontaire.

Royan ressemble à tous les villages, à toutes les petites villes possibles ; vous vous croiriez à Bourg ou à Blaye, partout, excepté dans un lieu fait exprès pour servir de rendez-vous au plaisir et à la bonne compagnie.

Un baigneur, homme d'esprit, disait, au retour de Royan : « Cette ville produit sur le moral des étrangers l'effet de l'eau de mer sur la peau : elle vous rétrécit et vous resserre ; il semble qu'à peine descendu du bateau à vapeur, l'esprit étroit de la petite ville ait déjà déteint sur vous. Le jour, on ne sait que devenir ; le soir, on se promène, ou plutôt on erre, sans but, de l'Établissement à la *jetée*, de la *jetée* à l'Établissement. Royan manque essentiellement d'intérêt, d'unité, d'activité et d'épanouissement ; la distraction y est impossible ; l'ennui solennel, insurmontable, général, intense, il se multiplie de toutes les figures ennuyées que l'on rencontre partout. Tout ce monde, qui vient là chercher le plaisir, a une figure d'enterrement. Il n'y a entre cette foule aucun lien ; les relations sont froides, difficiles et peu suivies. »

Royan compte autant d'hôtels garnis que de maisons, où plutôt chaque maison particulière devient hôtel garni pendant la saison des bains; leurs propriétaires les louent, sauf à coucher dans leurs greniers.

Chacune de ces maisons est une petite arche de Noé, où tout le monde est entassé pêle-mêle, femmes, hommes, enfants, domestiques.

Royan a un cachet prétentieux; c'est le luxe des eaux mis à la portée de toutes les bourses. Il est le confluent d'une foule de localités, telles que Marennes, Pons, Saint-Jean-d'Angély, Jonzac, Saintes, etc., qui viennent y passer leur saison d'été.

Royan est tout entier dans le Casino, où l'on danse chaque soir; cet établissement est, du reste, magnifique, et le jardin en est admirablement dessiné.

Le dimanche matin, et souvent dans la semaine, un bateau à vapeur fait le trajet de

Royan à la Tour de Cordouan, qui est l'un des plus beaux phares d'Europe.

Selon la tradition, le rocher sur lequel la tour est bâtie faisait jadis partie de la terre du Médoc et se joignait à la Pointe-de-Graves, qui se trouve aujourd'hui à près de six kilomètres de la tour; on prétend qu'en 1500, il n'en était séparé, à mer basse, que par un passage étroit et guéable; ce qui est croyable, quand on considère l'extrême mobilité du sol sur la côte du Médoc et la fureur de la mer dans ces lieux.

Les auteurs ne sont pas d'accord sur l'époque de la première fondation de la tour; ils varient même quant à l'emplacement qu'elle a occupé primitivement. Baurein, qui, dans ses *Variétés bordelaises*, attribue le premier phare aux Sarrasins, fait remonter la construction à l'an 732, et croit que la dénomination de *Cordouan* peut dériver de Cordoue, capitale d'Andalousie, d'où ils étaient venus. Il nous rappelle aussi que le cuir de Cordoue, dont les Sarrasins faisaient le commerce, s'appelait *Cordouan*.

D'autres écrivains ont attribué la fondation de la tour à Louis le Débonnaire, qui, selon eux, fit construire en ce lieu une tour, où des hommes donnaient constamment du *cor* pour avertir les navires, Il y en a qui veulent que le premier architecte se soit appelé Cordou.

Ce qu'il y a de plus certain c'est que l'on voit dans une charte de 1409, citée par Rymer, que le célèbre Prince Noir, en 1385, avait fait construire, à l'embouchure de la Gironde et dans l'endroit le plus avancé dans la grande mer, une tour et une chapelle sous l'invocation de la Sainte-Vierge, avec des maisons et autres édifices, et ce, pour pourvoir à la conservation des navires, qui couraient de grands risques au travers des écueils et des bancs de sable placés à l'entrée de cette rivière. (ª) D'après Beaurein, cependant, le prince de Galles ne fit que remplacer une tour beaucoup plus ancienne.

En effet, on voit, d'après la même charte, que, dans le lieu appelé Notre-Dame-de-Cordou, il résidait un certain ermite, Geoffroy de Lesparre, dont les prédécesseurs avaient été anciennement *(ab antiquo tempore)* dans l'usage de percevoir un impôt de deux gros sterling,

---

(*) Il résulterait des découvertes faites par M. Teulère, en réparant des parties de la tour, en 1789, que le rez-de-chaussée de l'édifice actuel remonte à plus de quatre cents ans. Voyez Jouannet, *Statistique de la Gironde*, tome I, page 73.

monnaie d'Aquitaine, sur chaque navire chargé de vin. Cet ermite, selon toute probabilité, entretenait des feux pendant la nuit pour la sûreté de la navigation.

Enfin, après tant d'incertitudes, nous arrivons à des renseignements positifs. On lit dans la *Chronique bordelaise*, de Delurbe, en 1584, qu'en cette même année, Louis de Foix, architecte et ingénieur du roi, commença à jeter les fondements d'une nouvelle tour de Cordouan, joignant l'ancienne, et aux dépens de toute la province. « Rappelons-nous que Delurbe rapporte ici un fait qui s'est passé de son temps, et dont il devait être d'autant mieux instruit, qu'il était alors procureur-syndic de la ville de Bordeaux. La tour, commencée sous Henri III, ne fut achevée que sous Henri IV, en 1610, quatre ans après la mort de son architecte, Louis de Foix.

» Cette tour était d'une admirable architecture; elle offrait à l'extérieur, et sur un plan circulaire, un rez-de-chaussée; un premier étage, surmonté d'une voûte par assises à recouvrement; un second étage, voûté de la même manière; et, enfin, une lanterne en pierre, destinée à recevoir le feu du phare. »

Ce bel édifice se détériora promptement; le

mur fut endommagé par les tempêtes, la tour fut rongée par les météores, et les pierres de la lanterne furent calcinées par le feu; de sorte qu'en 1665, Louis XIV se vit obligé de faire faire une réparation générale.

En 1727, Louis XV fit substituer une lanterne en fer à l'ancienne en pierre, et le charbon minéral au bois. C'est aussi du règne de Louis XV que date la belle-chaussée en pierre qui s'étend à une distance de deux cent soixante mètres de la tour, vers le lieu du débarquement.

Sous le règne de Louis XVI on agrandit les magasins, on répara le mur d'enceinte, et l'on substitua à la lanterne de Bitry un fanal à réverbères. En 1789, M. Teulère, exhaussa la tour de vingt mètres et remplaça les plaques de Saugrin par des réflecteurs paraboliques. Enfin, en 1823, on substitua aux réflecteurs plaqués d'argent, des verres lenticulaires dont l'emploi donne un tel accroissement de lumière, que le feu de Cordouan, qui jusqu'alors n'était visible qu'à une distance de vingt-trois kilomètres, peut-être vu aujourd'hui, du pont d'un navire, à une distance de trente-huit kilomètres.

Le nouvel appareil, dû à M. Fresnel, fait sa

révolution en huit minutes, et présente pendant cette durée huit éclats et huit éclipses. Quatre hommes sont employés à veiller et à entretenir le fanal; leur service se fait en commun et par quart la nuit. On leur porte des vivres deux fois par an, et assez pour six mois; car en hiver toute communication avec la terre est interrompue, et les gardiens ne sont guère visités alors que par des naufragés, lorsqu'il en arrive de vivants. Telle est la violence de la mer en ces parages, que les vagues, quoique rompues par les écueils, s'élèvent contre la tour à une hauteur de plus de douze mètres. En 1777, dit M. Jouannet (auquel nous devons la plupart de ces renseignements), on a vu la lame saisir un bloc de pierre de deux mille quatre cents kilogrammes, l'enlever, le transporter à la distance de vingt mètres, et le lancer, à deux mètres de hauteur, contre le mur d'enceinte. Durant les nuits orageuses de l'hiver, des volées innombrables d'oiseaux de passage, attirés de loin par la vive clarté du feu, viennent se heurter avec violence contre les vitraux épais du fanal, et tombent morts, par centaines, dans la galerie et au pied de la tour.

Voyage à La Réole.

Deux facilités s'offrent au voyageur pour aller à La Réole : le chemin de fer et les bateaux à vapeur. L'homme pressé devra prendre le chemin de fer, il sera transporté plus vite ; mais le touriste trouvera certainement plus agréable le voyage en bateau à vapeur, entre les rives si pittoresques de la Garonne. C'est par cette voie commode et agréable que nous allons conduire notre lecteur, sans nous éloigner du chemin de fer, qui longe sans cesse la Garonne, sur la rive gauche, jusqu'à Langon, et sur la rive droite, de Langon à La Réole.

Un départ a lieu tous les matins, du quai de la Grave, en amont du pont de pierre.

En partant et avant de passer sous la passerelle du chemin de fer, le voyageur voit, sur la rive opposée, l'église et le bourg de La Bastide, situés dans la commune de Cenon, connue par ses vins de Queyries, premiers vins de palus. Derrière, et dans le lointain, se dessinent les coteaux de Cenon et du Cypressat ; le dernier rappelle aux Bordelais le premier âge de leur commerce. C'était une ancienne coutume, observée jusqu'au XVe siècle, que toute barque qui venait acheter des vins à Bordeaux payât un léger droit (quatre sous six deniers), et reçut des mains du magistrat une branche de cyprès.

La Bastide figure dans les guerres civiles qui eurent lieu entre Bordeaux et le parti du duc d'Épernon. En 1642, les troupes du duc, campées à La Bastide, furent attaquées par les Bordelais, qui, après une lutte acharnée, remportèrent la victoire.

Sur la rive gauche, on voit encore plusieurs grands chantiers, menacés de disparaître pour faire place aux agrandissements de la gare du chemin de fer, et un peu plus loin la commune de Bègles, ornée de plusieurs belles maisons. Il y a sur cette rive plusieurs ateliers destinés au séchage des morues. Pendant les guerres de la Fronde, Bègles était un poste militaire. Ce fut aussi dans les plaines de Bègles que l'armée anglaise, commandée par le comte de Lancaster, défit les troupes de Philippe-le-Bel, en 1297.

Sur la rive droite, on aperçoit successivement les villages de Floirac, Bouillac et La Tresne, agréablement situés sur les hauteurs ou dans les gorges des côteaux. On remarque dans cette dernière commune, le clocher d'une chapelle bâtie par M. le comte de Bonneval à côté du château de La Tresne dont il est propriétaire, puis viennent Camblannes et Quinsac. Les ruines que l'on voit çà et là, sur la côte, témoignent des désastres qu'ont dû éprouver ces villages pendant les guerres civiles.

Toutes ces communes cultivent principalement la vigne. Le château de La Molère et quelques jolies maisons de campagne sont à remarquer dans la commune de Floirac.

Sur la rive gauche, se trouve, près de l'eau, la belle propriété de M. Carayon-Latour et celle de M. Allendy, dans la commune de Villenave-d'Ornon.

Les habitants de Quinsac et ceux de Cambes, sur la rive droite, sont presque tous marins, la plupart capitaines au long-cours et au cabotage. Près de Quinsac, se trouvent les ruines de l'ancien château de Paunac.

On voit, sur la même rive, le bourg de Baurech, avec sa petite église gothique et ses jolis coteaux couronnés de deux ou trois belles maisons, parmi lesquelles on distingue celle de Belle-Vue, propriété de M. Édouard Sorbé, de Bordeaux. Le sol est fertile et produit de bon vin, du blé et du foin. Les carrières fournissent de très bonnes pierres à bâtir.

Entre Cambes et Baurech, se trouve, presque en face, l'Isle-Saint-Georges, qui fut le théâtre de luttes sanglantes entre les Épernonistes et les troupes bordelaises ; elle fut prise et reprise plusieurs fois dans le courant de l'année 1649. Cet endroit est ainsi nommé, parce qu'avant le desséchement des marais il était souvent entouré d'eau. En 1650, on y bâtit un fortin, dont il reste encore des vestiges. L'église, qui, pendant les guerres, fut le point principalement attaqué, est d'une construction remarquable ; plusieurs de ses détails appartiennent à l'architecture romane.

En suivant le cours de la rivière, on arrive au petit village de Portets et au bourg de Beautiran, situé à six kilomètres environ de La Brède. Il se fait dans cet endroit un assez grand commerce des bois que les landes exportent à Bordeaux.

La Brède, située derrière Beautiran, était autrefois le chef-lieu d'une baronnie dont la juridiction s'étendait sur les paroisses de Martillac et de Saint-Morillon. Dans la lande, près le hameau du Prévôt, se trouvent plusieurs tumulus ou pujolets, qui n'ont pas encore été explorés. Le bourg renferme une jolie petite église romane et une maison que l'on croit avoir appartenu à l'ordre des Templiers; mais le plus intéressant de tous les monuments du pays est le château où naquit Montesquieu.

Ce château est un édifice irrégulier, entouré d'un fossé polygone, toujours rempli de l'eau des landes. « Ce large canal de ceinture, entouré d'un parapet; les ponts à franchir pour arriver au château; l'édifice lui-même, dont les constructions de différents âges s'élèvent au milieu des eaux, sont de l'aspect le plus pittoresque. Les tapis de verdure qui environnent les fossés au sud et à l'est; les bois ombreux et les allées de charmille qui entourent ces prairies; l'île et ses jardins; enfin différentes sources, dont les eaux ménagées avec goût serpentent autour de cette agréable demeure, tout contribue à faire du château de La Brède et de ses dépendances un paysage vraiment enchanteur. L'intérieur du château n'offrirait presque rien de remarquable, si Montesquieu ne l'avait pas habité; mais cette grande salle où l'on voit encore la bibliothèque de l'auteur de l'*Esprit des Lois*, la chambre où il reposa, les meubles qui furent à son usage, comment y attacher ses regards sans être vivement ému

sans se sentir pénétré d'un respect religieux? »
C'est à La Brède que Montesquieu a écrit une
grande partie de l'*Esprit des Lois* et de son ouvrage sur les *Causes de la grandeur et de la décadence des Romains*. Les *Lettres Persanes* furent
composées dans une autre résidence, à Raymond, commune de Baron. Aujourd'hui, cette
propriété s'appelle Ramonet. Montesquieu habitait à Bordeaux, rue Margaux, à côté de la
chapelle des Jésuites.

Entre Beautiran et Portets, se trouve l'ancienne ville de Castres, située sur un tertre
graveleux qui domine le fleuve et le vallon de
Guamort. On a trouvé à Castres (dont l'ancien
nom était *Castrum*) quelques médailles et des
fondations romaines. C'est aujourd'hui un entrepôt assez considérable des bois, résines et
autres produits des landes. La ville est traversée par la grande route de Bordeaux à Toulouse.

Sur la rive droite, on aperçoit, longeant la
plaine, au pied des coteaux, Le Tourne, avec
sa petite rade. Ses prairies et celles de Tabanac sont les plus productives du canton de
Créon. Le Tourne fut le théâtre du dernier
combat et de la déroute complète des Épernonistes.

Un peu plus loin, s'élève, sur le flanc de la côte, les restes imposants du fameux château de Langoiran.

Les seigneurs de Langoiran figuraient, dès le treizième siècle, au nombre des premiers barons de la Guienne. L'un d'eux, ayant trahi la cause des Anglais, se vit obligé de chercher un asile derrière les épaisses murailles de son château. Une ruse de guerre livra ce malheureux seigneur à ses ennemis, qui, selon les chroniques, le massacrèrent et démolirent son château. Il fut rebâti au commencement du quatorzième siècle par les soins du pape Clément et de sa belle amie Brenesinde de Périgord. C'était un polygone irrégulier, flanqué à l'est d'une tour énorme percée de quelques croisées gothiques; les constructions de l'ouest datent du siècle de la renaissance. L'ensemble de ces ruines, que couronnent des restes de créneaux et une petite guérite en pierres, est d'un aspect très pittoresque.

Au pied de la côte, et dans un champ qui fut autrefois le jardin du château, on voit un singulier exemple d'incrustation formée par les eaux. « Au centre d'un bassin octogone d'environ quatre mètres de diamètre, un pilier de un mètre trente centimètres de haut supportait la cuve d'un petit jet d'eau; quand cette cuve fut revêtue d'incrustations, on l'agrandit au moyen de briques disposées circulairement et à plat; l'incrustation servit de base; un cercle de fer consolida l'ouvrage... La nouvelle cuve subit le sort de la première; le tuyau lui-même disparut sous cette pierre de formation récente. Aujourd'hui, le tout présente l'image d'un énorme champignon, dont le chapeau aurait soixante-cinq centimètres d'épaisseur et environ deux mètres de diamètre, offrant quelques ressemblances avec certains monuments druidiques. »

Le domaine de Langoiran passa des mains du pape Clément dans celles de la famille d'Escoussan. Ce fait n'est révélé que par une lettre datée de 1315 et adressée par Édouard II, roi d'Angleterre, au sire d'Escoussan, baron de Langoiran, dans laquelle il l'engage à s'entendre avec Emeric de Craon, sénéchal de Gascogne, Amanieu d'Albret, Jean de Bensted, chevalier, et Thomas de Cambridge, sur les mesures à prendre pour repousser les Français.

En 1335, Bernard d'Escoussan, seigneur de Langoiran, épousa Miramonde de Calhan, dame de Podensac. Le château ne fit que passer dans la famille d'Escoussan; il en sortit, en 1345, par le mariage de Mabille, héritière d'Arnaud, avec Amanieu d'Albret. En 1374, celui-ci hérita de son oncle des seigneuries de Veyres et de Rions, et maria sa fille Rose au baron de Montferrand, lui léguant le château de Langoiran. Le domaine appartint aux Montferrand jusqu'au milieu du quinzième siècle; après la mort de Pétronille, veuve de Bertrand, il revint à la couronne. Louis XI en investit Jean, bâtard d'Armagnac, gouverneur des pays et duché de Guienne.

Pendant les guerres de religion, le seigneur de Langoiran devint un des chefs les plus distingués du parti protestant, dont il avait le commandement en 1577. Étant mal récompensé de ses services par le roi de Navarre, Langoiran quitta le parti des princes et se jeta dans les bras de la Ligue. La ruine et l'abandon total du château datent, dit-on, de la fin des guerres de religion.

Le territoire de la commune de Langoiran s'étend peu dans la vallée, où il est très fertile; mais il occupe des coteaux couverts de vignes et un plateau assez élevé, sur lequel est bâtie l'église, monument d'architecture romane très remarquable. Le port, situé au pied du coteau, est assez peuplé.

Après un détour considérable que la Garonne fait dans cet endroit, on arrive devant Paillet, petit village témoin aussi des derniers combats du duc d'Épernon. Cette commune exporte des fruits à Bordeaux. Ses prairies, peu nombreuses, sont d'une bonne qualité.

Après ce village, vient Rions, qui fût autrefois une petite ville murée, avec un château-fort dont on voit encore les ruines. La commune a des carrières, des tuileries et une poterie renommée; elle exporte des bois et des fruits.

Sur la rive opposée, on aperçoit Podensac, gros bourg traversé par la grande route de Toulouse; c'est l'entrepôt d'une partie des produits que les landes expédient à Bordeaux.

On remarque à Podensac une source jaillissante naturelle pouvant donner plus de cent hectolitres à la minute.

De là, on passe devant Beguey, assis sur la rive droite. On y compte deux petites tanneries, quatre tuileries et une forge. Cette commune est bien connue par son excellente eau et par ses belles pierres à bâtir.

Un peu plus loin, se trouve, sur la rive gauche, le petit port et le bourg de Cérons, bien connu par ses vins blancs et par la bonté de ses eaux.

Sur la rive droite, qui offre au voyageur une suite variée de tableaux agrestes, s'élèvent, un peu dans les terres, de vieilles murailles, une ancienne porte de ville et un château majestueux : c'est Cadillac, autrefois chef-lieu du fameux comté de Benauge. Cette petite ville, dont les murailles sont détruites en partie, eut autrefois ses priviléges et ses franchises; elle figura beaucoup durant les guerres de religion. Son vaste château, bâti en 1543, est un monument dû au célèbre duc d'Épernon. « Le grandiose de l'édifice, ses détails intérieurs, la richesse de ses sculptures, l'élégante distribution et les décors de ses jardins répondaient à la fastueuse opulence de son orgueilleux fondateur. » Ce beau château, qui coûta, dit-on, deux millions, ayant été endommagé pendant la Révolution, a été réparé depuis et converti en une maison de détention pour les femmes. Les autres monuments de Cadillac sont : un hospice d'aliénés pour les hommes et une ancienne église qui dépendait d'un chapitre fondé par les ducs d'Épernon. La chapelle funéraire des Candale et des d'Épernon se trouvait dans cette église. La commune renferme de belles prairies et beaucoup de vignobles.

C'est dans la commune d'Arbis, à environ

huit kilomètres de Cadillac, que l'on voit l'ancien château-fort des seigneurs de Benauge, vaste monument, encore très remarquable malgré ses dégradations. L'église de l'endroit, surtout le portail, offre des détails curieux.

A environ trois kilomètres du château de Cadillac, on aperçoit, sur la même rive, le bourg de Loupiac et son ancienne église, d'une très jolie architecture. La tradition veut que celle-ci ait été un temple païen. On a trouvé dans la commune des débris de mosaïques et d'autres traces d'antiquités.

Bientôt après, on arrive à Barsac, bourg assez considérable, bâti sur la rive gauche; son port, à l'embouchure du Ciron, est un des plus importants du pays comme entrepôt des denrées que les landes expédient à Bordeaux. La commune est renommée par l'excellence de ses vins.

Parmi les prairies verdoyantes de la rive droite, on voit s'élever, près du fleuve, un immense coteau couronné d'un vieux château-fort, nouvellement restauré avec goût : c'est le château de Sainte-Croix-du-Mont, appartenant à M. Lafon. Sur cette propriété, à une cinquantaine de mètres au dessus de la plaine, se trouve une couche épaisse et très étendue d'écailles d'huîtres parfaitement conservées. Dans cette masse d'écailles, on a pratiqué des grottes spacieuses, dont l'une, la plus grande, a été arrangée et convertie en chapelle ; d'après la tradition locale, un des rois de France, Louis XIII, est venu y entendre la messe. Nous rangeons ces grottes parmi les choses les plus curieuses du département.

Après Sainte-Croix-du-Mont vient Preignac, situé sur la rive gauche, et connu comme pays d'excellent vin blanc. C'est là qu'il faut débarquer pour se rendre dans les communes si renommées de Sauternes, de Bommes et de Fargues, qui produisent les premiers vins blancs du monde.

Vis-à-vis Preignac, et au delà du côteau de la rive droite, se trouve, à deux kilomètres environ du fleuve, la chapelle de Notre-Dame-du-Luc ou de Verdelais (a), célèbre par les pélerinages qui s'y font le 15 août et le 8 septembre. Cet édifice ne conserve rien de sa première architecture. Détruit et pillé en 1537, incendié en 1562, abandonné jusqu'en 1625, il fut vendu et dévasté à l'époque de la Révolu-

---

(a) *Verdelais* dérive de deux mots gascons *ber de-laye*, verte forêt ; la verte forêt a disparu.

tion. Ses premiers desservants furent des moines de Grammont, qui passèrent en Angleterre à l'époque où la Guienne fut réunie à la France.

Aujourd'hui, ce sont les RR. PP. Maristes, qui ont agrandi la chapelle et érigé le Calvaire qui domine toute la contrée. Pour donner une idée du Verdelais actuel et de l'importance des nombreux pèlerinages qu'y attire la dévotion à la Vierge du lieu, nous ne pouvons mieux faire que d'emprunter à l'élégant écrivain bordelais J. Saint-Rieul-Dupouy, quelques lignes d'un compte rendu de la cérémonie du 11 décembre 1864, pour la *pose de la première pierre de la troisième nef de l'Église de Verdelais, par S. Em. M*gr *le Cardinal archevêque de Bordeaux.*

« L'église de Verdelais n'avait qu'une nef; — c'est une ravissante chapelle, pleine de recueillement, dans le style du seizième siècle; l'autel est surmonté de l'image de la Vierge miraculeuse, dont la légende se lit sur les admirables vitraux exécutés par Villiet, de Bordeaux, qui le disputent aujourd'hui à ceux de Mareschal, de Metz. Ces vitraux, tout récents, qui décorent la chapelle de Saint-Joseph, sont de vrais chefs-d'œuvre.

» Le sanctuaire de la Vierge, enveloppé d'ombre et de mystère, fait resplendir l'éclat de ses marbres et de ses *ex-voto,* à la lueur mystique des quatorze lampes d'or qui brillent nuit et jour devant l'image vénérée de la Mère de Dieu ; mais la foule des fidèles qui vient s'y agenouiller est devenue si considérable, que la chapelle n'a plus suffi ; — une seconde nef a donc été construite; et c'est aujourd'hui la troisième nef qui doit compléter l'ensemble du monument, dont Son Éminence a posé la première pierre. Du reste, ces trois nefs, réunies ensemble ou prises séparément, formeront à la fois une ou trois églises, suivant les besoins et les exigences du culte.

» Il y a trente ans environ que nous visitâmes Verdelais pour la première fois.....; comme tout cela est changé aujourd'hui! quel mouvement! quelle vie! les vieux ormes ont été remplacés par de plus jeunes, et ce ne sont plus seulement quelques âmes pieuses qu'on rencontre sur les voies qui mènent à Verdelais, mais des multitudes, des foules innombrables qui viennent de partout, par le fleuve, par les voitures, par le chemin de fer; si bien, qu'à certains jours, les nombreux hôtels qui bordent l'avenue n'y peuvent suffire, et que chacun est forcé de s'abriter où il peut. — Il y a trente ans, un prêtre pouvait à peine vivre à Verdelais, et aujourd'hui, une douzaine de missionnaires ardents et pleins de zèle peuvent à peine suffire au labeur incessant de chaque jour. Il faut dire aussi qu'à l'heure qu'il est, la Vierge de Verdelais a son complément dans le Calvaire, une belle et grande idée, noblement réalisée, qui a eu ses jours de lutte et qui triomphe aujourd'hui. Avez-vous tenté l'ascension de cette montagne, qui semble avoir été placée là tout exprès pour reproduire l'image du Golgotha ? Vous y montez avec peine, tant la pente est dure et escarpée ; à droite et à gauche, se groupent les stations du Chemin de la Croix, de vraies chapelles dans le style du quinzième siècle, abritant chacune un groupe admirablement sculpté en pierre, reproduisant une des scènes de la Passion ; arrivé au sommet de la voie douloureuse, les trois croix apparaissent dans des proportions gigantesques, qui permettent de les apercevoir de tous les points opposés de l'horizon. — Le Christ est là, entre le bon et le mauvais larron, étendant ses bras vers le genre humain, comme pour l'embrasser dans l'étreinte d'un indicible amour, penchant sa tête adorable comme pour le bénir ! Aux pieds de la croix seront bientôt placés les saintes femmes et tous les personnages de la Passion.

» Du sommet du Calvaire, le regard embrasse des horizons infinis; d'un côté, s'étendent les vallons et les coteaux pittoresques de cette Benauge, presque inconnue de nos Bordelais, et qui, à mon sens, est une des plus magnifiques contrées de la Gironde; de l'autre, c'est la Garonne, qui serpente et fait miroiter au soleil ses flots d'argent. — Des maisons, des châteaux, des cultures variées à l'infini, des villes et des villages s'étalent partout sur les hauteurs et dans les plaines ; les clochers font monter dans l'air bleu leurs spirales brodées à jour; les moulins à vent agitent leurs grandes ailes comme des fantômes, il y a enfin, dans tout cet ensemble, quelque chose de grandiose, d'imposant et de sévère qui rappelle le drame accompli sur le Golgotha, il y a dix-huit siècles !

» Laissez maintenant s'achever tous les grands travaux en voie d'exécution à Verdelais, et vous verrez grandir encore davantage la vogue de ce pélerinage déjà si célèbre. »

Pour aller à Verdelais, les voyageurs par bateau à vapeur débarquent à La Garonnelle, et les voyageurs par chemin de fer descendent à Saint-Macaire.

C'est Toulenne qui se montre, sur la rive gauche, avec son ancienne église, qui remonte aux temps antérieurs au gothique. On découvre dans cette commune des antiquités gallo-romaines.

Le joli pont suspendu qui paraît devant nous, à côté de la passerelle du chemin de fer, sur la Garonne, indique une ville importante : c'est Langon, qui existait sous le nom d'Alingo dès le temps d'Ausone. Plus tard, ce petit port fut défendu par un château-fort bâti au bord du fleuve. C'est autour de cet édifice que s'arrondirent les trois enceintes successives de Langon, tel qu'il était au moyen-âge. Il existe encore des débris du château et plusieurs fondations de la période gallo-romaine. Parmi les monuments du moyen-âge, on cite quelques pans de murs, partie de l'église de Notre-Dame-du-Bourg et l'église paroissiale, bâtie par les Anglais au quatorzième siècle ; la voûte de la nef de cette église porte encore l'écusson d'Angleterre. Une élégante flèche, nouvellement édifiée, est venue orner son clocher.

Pillé et dévasté par les Normands en 853, pris et repris plusieurs fois à l'époque de la domination anglaise, Langon souffrit beaucoup aussi durant les guerres de religion, surtout en 1569 et en 1587. En 1660, Louis XIV y fut reçu avec les plus grands honneurs. Enfin, en 1744, M. de Tourny, le célèbre intendant, construisit le quai et fit passer par Langon la grande route de Bordeaux à Bayonne.

Après Langon, vient, sur la rive opposée, la ville de Saint-Macaire, connue aujourd'hui par sa tonnellerie estimée. Cette ville existait, dit-on, dès le temps du Bas-Empire, sous le nom de *Lagena*. Elle a eu successivement plusieurs enceintes. Partie de ses murs sont démolis, et ce mélange de ruines avec des constructions modernes présente un contraste très-singulier. L'église est un monument remarquable d'architecture romane. Les ruines du château présentent encore un donjon quadrilatère dont les murs ont trois mètres d'épaisseur. Le genre de construction est très-ancien.

Partie du vieux prieuré était une dépendance du château. Le commerce et l'industrie de la commune sont agricoles. Le territoire ne renferme que très-peu de terres labourables, de vignes ou de jardins ; les saussaies qui bordent le fleuve fournissent des échalas.

Sur la rive opposée, se trouve, après Langon, la commune de Saint-Pierre-de-Mons, presque toute complantée en vignes qui fournissent des vins estimés. En face de Saint-Macaire, sont situés : Saint-Pardon-de-Conque, dont le territoire est consacré à la culture des céréales ou de la vigne, et Saint-Louberq, où l'on voit un tumulus, au lieu de Moutha, et d'antiques vestiges, à l'endroit où la tradition locale place une ancienne ville appelée Gabaret. Les bords de la Garonne sont très-accidentés dans cet endroit ; les grottes formées dans les rochers et les chaumières éparpillées sur leurs flancs et à leur pied forment un tableau agréable.

On arrive bientôt à Castets, bourg considérable, avec un petit port. On voit là les restes d'un ancien château-fort, fondé en 1313 par un frère du pape Clément V. Cette place, assiégée par le maréchal de Matignon, fit une résistance courageuse pendant quinze jours, et fut sauvée par Henri IV, qui en fit lever le siége (1586). Un des seigneurs, Fabas, chef protestant, après avoir dévasté le Bordelais, profita de la guerre civile pour faire construire l'aile du château qui donne sur la rivière; mais, ayant été forcé de s'exiler, ses biens furent vendus, en 1670, à M. Charles du Hamel ; ils appartiennent encore à ses descendants. Une église de construction toute récente, surmontée d'un hardi clocher, se fait remarquer au milieu de ce joli bourg, qui domine un vaste et gracieux paysage. La commune renferme de très-bonnes prairies et fournit un peu de blé et de vin. L'industrie principale est la fabrication des balais et des petits barils. C'est à Castets que vient se jeter dans la Garonne le canal latéral du Midi.

Sur la rive droite, on aperçoit, un peu plus loin, un groupe de maisons blanches couronnées d'une flèche ; c'est le bourg de Caudrot, qui tire probablement son nom de *Cauda Droti*, à cause de sa position à l'embouchure du Drot. Le bourg, grand et assez bien bâti, fut jadis muré. Un tiers de la commune est complanté en saussaies, au bord de la Garonne ; le reste du territoire occupe des coteaux où l'on récolte d'assez bon vin. La commune renferme plusieurs hameaux, un port, des carrières et quelques traces d'antiquités. Une compagnie a fait faire de grands travaux sur le Drot pour le rendre navigable.

Après un détour gracieux du fleuve, on arrive devant Barie, situé sur la rive gauche,

Les plaines de cette commune sont considérées comme étant au nombre des plus riches du département; la commune produit les plus beaux bœufs du midi de la France; mais les inondations de la rivière lui ont enlevé une partie de ses excellents fonds, et des maisons entières ont disparu. Borie faisait autrefois partie de la seigneurie de Castets.

Le clocher, sur la rive droite, nous annonce le bourg et la commune de Casseuil, dont la principale culture est celle de la vigne et des céréales; elle exporte aussi des bois. A peu de distance du bourg, se trouvent les ruines d'un vieux château-fort connu sous le nom de *Chateau des Quatre Fils Aymon*; il ne reste que la partie inférieure d'une tour carrée, dont les murs épais sont composés de débris romains. « Peut-être, » dit M. Jouannet « faudrait-il chercher ici le *Cassinogilum* dont il est souvent question chez les annalistes de l'ancienne Aquitaine. Cette maison de campagne des souverains d'Aquitaine, ruinée pendant les guerres de Waïfre, fut réparée par Charlemagne et devint l'une de ses résidences. C'est à *Cassinogilum* que, partant pour l'Espagne, il laissa son épouse Hildegarde; elle y donna le jour à Louis le Débonnaire.

Immédiatement après les ruines du château des Quatre Fils Aymon, on aperçoit un gros bourg bien bâti et situé sur la grande route de Bordeaux à Toulouse : c'est Gironde. La plaine, plantée en saules, ressemble de loin à une forêt ondoyante ; le blé, la vigne et les légumes sont cultivés sur la plaine haute et sur les coteaux. Gironde possède un assez joli pont, d'une seule arche, construit sur le Drot en 1750.

Enfin, sur la même rive et à trois kilomètres environ de Gironde, s'élève une masse blanche derrière des rochers escarpés : c'est La Réole, chef-lieu du dernier canton du département, ville qui forme, par conséquent, la limite de notre voyage.

Cette petite ville ne figure pas dans l'histoire avant le huitième siècle ; cependant, il paraît que les Romains ont dû avoir quelque établissement dans cette localité. Comme Langon, elle a eu trois enceintes successives ; les murs de la dernière, souvent démantelés et réparés, sont aujourd'hui en ruines.

Les édifices les plus remarquables sont le vieux château et le couvent des Bénédictins. Du vieux château, il ne reste plus qu'une tour assez bien conservée et deux autres en ruines ;

la quatrième a disparu. L'édifice, fondé au douzième siècle, fut agrandi par les souverains anglais et démoli partiellement en 1629. C'était un carré flanqué de quatre tours, qui lui avait fait donner le nom de *lou castel de las Quatre Sos* (château des Quatre-Sœurs).

L'ancien couvent, bâti probablement par les Visigoths, à l'ouest de la ville, près de ses murs, fut détruit par les Normands au neuvième siècle, et rebâti en 977 à l'endroit où il est maintenant. Le Prince Noir et plusieurs souverains anglais l'embellirent dans la suite, de sorte qu'au dix-huitième siècle, ce monastère devint célèbre par la beauté de l'édifice et par les élégantes décorations de son église. Le monastère existe encore, mais l'église est entièrement dégradée.

En 1225, La Réole fut prise par les Anglais, commandés par le duc Richard; mais les Français, conduits par le frère de Philippe le Bel, s'en emparèrent en 1296. En 1345, elle résista pendant neuf semaines aux troupes du comte de Derby, et son château ne se rendit qu'après avoir été miné de toutes parts. En 1374, la ville fut prise par Duguesclin pour le roi de France; mais, en 1420, elle fut reprise par les Anglais. Enfin, elle subit deux siéges pendant les guerres de religion, car les protestants en avaient fait l'une de leurs places fortes (1562 à 1580).

Le territoire de la commune se compose de terres d'alluvion très-productives et de terres fortes dont un tiers est de bonne qualité.

Aujourd'hui, La Réole possède tous les établissements d'un chef-lieu d'arrondissement. Les bâteaux à vapeur qui font journellement le trajet de Bordeaux à cette ville, et le beau pont suspendu, construit en 1835, sont pour la ville, et même pour tout ce pays, des garanties d'une prospérité croissante dans l'avenir.

Voyage à Arcachon en chemin de fer

Cédant à l'impulsion de ce siècle, si remarquable par son esprit d'entreprise, Bordeaux parmi les villes du continent, a été l'une des premières à se servir de bateaux à vapeur, à faire un pont suspendu et à construire un chemin de fer.

M. de Vergès, ingénieur du magnifique pont suspendu de Cubzac, fut chargé de l'exécution du chemin de fer de La Teste, lequel, grâce aux efforts persévérants de M. Nathaniel Johnston, de Bordeaux, fut achevé en 1841, après trois années de travail; il fut inauguré le 6 juillet, avec une grande solennité, en présence de l'archevêque, des autorités du département et de quelques milliers de spectateurs.

Jusqu'en 1857, le chemin de fer n'alla pas plus loin ; et cependant Arcachon se peuplait rapidement.

C'est M. Legallais qui, en 1823, fonda sur les bords du bassin un premier établissement pour les baigneurs, où l'on ne pouvait se rendre depuis La Teste qu'en bateau, à pied ou à cheval. En 1845, le gouvernement fit construire la chaussée empierrée qui existe encore aujourd'hui ; et, en juillet 1857, la compagnie des chemins de fer du Midi inaugura le prolongement de la voie ferrée de La Teste à Arcachon. La longueur du chemin de fer de Bordeaux à Arcachon est aujourd'hui de cinquante-six kilomètres. Outre les deux gares de Bordeaux et d'Arcachon, il y a sur le chemin douze stations intermédiaires; le service en est bien réglé, et, jusqu'à ce jour, aucun accident fâcheux n'est venu troubler la confiance du public.

En quittant la gare de Bordeaux, qui occupe une vaste superficie de terrain par ses magasins et ses ateliers, on laisse à gauche la ligne de Toulouse et on entre dans une longue tranchée, d'où l'on sort un moment, pour traverser une vaste plaine couverte de vignes. On peut apercevoir, sur la droite, le domaine appelé *Château Haut-Brion*, si célèbre comme premier crû de graves, qui produit à son heureux propriétaire, M. A. Larrieu, en moyenne quatre-vingt-dix tonneaux par an, vendus 3 et 4 mille francs.

Le convoi passe ensuite sur un remblai élevé, à côté du beau viaduc construit pour le premier chemin de fer de La Teste, qui s'étend depuis Haut-Brion jusqu'au village de Pessac; ce monument, composé de quatre-vingt-onze arches, a près de mille mètres de longueur.

Après avoir quitté le charmant village de Pessac et traversé une plantation d'accacias, on passe près d'une propriété appelée *Pape-Clément*, du nom de l'un de ses premiers propriétaires, dont le vin jouit aussi d'une certaine réputation.

Le convoi arrive bientôt à Saint-Médard, remarquable par de belles plantations de pins maritimes; puis à Gazinet, lieu autrefois dangereux à cause des voleurs qui infestaient la route. La station suivante, qui portait le nom barbare de *Toquetoucau*, signifiant en patois landais *conduis tout doucement,* avis salutaire et même indispensable aux voyageurs qui traversaient autrefois ces marécages dangereux, a été supprimée.

En arrivant à la gare de Pierroton, les landes nous apparaissent dans toute leur grandeur sauvage ; aussi loin que la vue peut s'étendre, on ne voit qu'une plaine stérile et inculte qui semble avoir été déshéritée des bienfaits de la création.

La station suivante, Mios, offre aux regards le même paysage désolé, un désert dont la monotonie n'est interrompue que par des forêts de pins et de chênes séculaires.

La gare de *Teste-More* ou Marcheprime, qui était autrefois à une journée de Bordeaux, mais où l'on arrive aujourd'hui dans l'espace d'une heure, se trouve à distance égale (vingt-sept kilomètres) entre cette ville et Arcachon ; aussi, le convoi s'y arrête pendant quelques minutes pour renouveler sa provision d'eau et de combustible. Là encore, à part quelques essais récents de culture et les travaux importants entrepris par la compagnie des chemins de fer du Midi, qui auront bientôt changé l'aspect de cette contrée, on ne voit que de sombres forêts de pins dans le lointain; rien ne vient égayer la tristesse de cette immense solitude. De loin en loin seulement, on aperçoit quelque berger solitaire, immobile sur ses longues échasses ou marchant à pas gigantesques, comme un fantôme des marais, jusqu'à ce qu'il disparaisse confondu avec les brouillards de l'horizon.

Le voyageur qui parcourt ce pays éprouve un sentiment pénible en contemplant cette triste page de la nature. Le sol n'est pas cependant aussi stérile qu'il le paraît, et des expériences récentes ont parfaitement démontré que plusieurs arbres, tels que le pin, l'accacia, le chêne, le chataîgnier, le peuplier, et même le mûrier peuvent réussir très-bien dans cette région longtemps négligée.

Après avoir quitté Marcheprime, le convoi arrive à Canauley; on traverse une belle forêt de pins et encore des landes; mais ce sont les dernières, et l'on commence bientôt à apercevoir quelques signes de culture ; la solitude cesse, et nous retrouvons enfin la terre des vivants.

A Facture, station importante, située à trente-sept kilomètres de Bordeaux, il y a une fonderie de fer; un peu plus loin, une verrerie et quelques autres bâtiments. En sortant des marais, on traverse, sur un pont qui a soixante-six mètres de long, une petite rivière appelée la Leyre. Ce passage était autrefois si dangereux, que les voyageurs étaient souvent obligés de faire un détour de quelques lieues avant de pouvoir arriver à Lamothe, qui est la station suivante.

C'est à Lamothe que le chemin de fer se bifurque; l'embranchement de gauche, se dirigeant au sud, conduit à Bayonne; l'embranchement de droite, allant à l'ouest, conduit à Arcachon. Tous les convois s'arrêtent à Lamothe, où les voyageurs qui vont à Arcachon ou en reviennent doivent changer de voiture, excepté dans les trains spéciaux directs.

Bientôt après avoir quitté Lamothe, on commence à apercevoir le village du Teich, l'église et, un peu plus loin, le vieux château de Rouat, dépendance des fameux captaux de Buch, dont la famille de Rouat hérita en dernier lieu. A Cantaranne (Chante-Grenouille), on commence à apercevoir le bassin d'Arcachon, étincelant dans le lointain.

La grande route de La Teste, qu'on a à sa droite en partant de Bordeaux, est traversée, entre Le Teich et Cantaranne, par le chemin de fer, et se trouve désormais constamment à gauche.

Après avoir passé la gare de Mestras-Gujan;

endroit agréable pour prendre les bains de mer, où se trouvait autrefois une station, et la gare de La Hume, le convoi traverse le canal d'Arcachon, puis un pont de quatre-vingt-dix mètres de long; et enfin le bourg de La Teste apparaît avec ses marais salants et ses dunes.

La Teste de Buch, d'après certains auteurs, doit être le Boïos de l'*Itinéraire d'Antonin*, mentionné par saint Paulin, sous le nom barbare de *Testa Boïorum*. Quoi qu'il en soit, il a l'honneur d'avoir été le chef-lieu du territoire possédé par les fameux captaux de Buch, dont la renommée se trouve inscrite dans les anuales de la France et de l'Angleterre, qu'ils servirent alternativement avec le plus grand dévouement. Il y a quelques années, on voyait encore, derrière l'église de La Teste, les ruines du châtau-fort de ces captaux célèbres. Aujourd'hui, il n'en reste plus une pierre; un petit monticule seul désigne l'emplacement de la haute tour carrée, au sommet de laquelle Jean III de Grailly, le rude guerrier et le meilleur capitaine de son siècle, plantait fièrement sa bannière victorieuse. Là aussi vécurent ces captaux de Buch qui, jusqu'au milieu du XVIIIe siècle, maintinrent dans un odieux esclavage les pauvres pêcheurs de La Teste; toute barque leur était tributaire, et les navires étrangers étaient obligés de leur payer des droits d'entrée, de balise et d'ancrage.

Les ravages de la guerre avaient tellement réduit la population de cette ville, en 1550, que l'on n'y comptait plus que quarante maisons. Enfin, en 1742, une ordonnance de Louis XV rendit la pêche plus libre, et la révolution de 1789 vint abolir le servage des pêcheurs; de sorte que sa population, qui, en 1782, s'élevait à quinze cents âmes, atteint aujourd'hui le chiffre de quatre mille.

Depuis cette époque, l'agriculture, le commerce et l'industrie ont pris à La Teste des développements presque inespérés.

L'air de cet endroit est excellent, il y a très-peu de maladies; la longévité y est commune, et les décès, comparés aux naissances, sont dans la proportion de deux à trois. La population se compose principalement de résiniers, de pêcheurs, de marins et de propriétaires.

Six minutes après le départ de La Teste, les voyageurs sont arrivés à la gare d'Arcachon, création toute moderne, forêt inculte il y a encore peu d'années, transformée aujourd'hui, par le dévouement de quelques hommes d'intelligence, en la plus jolie ville de bains.

Arcachon compte déjà aujourd'hui plus de quinze cents maisons et une population fixe de quatre mille habitants; le nombre des baigneurs qui le visitèrent en 1867 a dépassé le chiffre énorme de trois cent mille.

Arcachon comprend deux villes distinctes, et cependant confondues. L'une, en bas, sur la plage, au bord du bassin; l'autre, en haut, dans la forêt, éparpillée à travers la dune. La première comprend une superficie de onze cents hectares. Elle longe la plage et suit le bassin sur une longueur de sept kilomètres, entre la pointe d'Aiguillon et la somptueuse villa Pereire. Elle présente à vol d'oiseau une longue artère courbe, formée par le boulevard de la Plage. Quantité de rues transversales, perpendiculaires au boulevard, se prolongent vers la forêt et conduisent à la seconde ville, dite ville d'hiver.

Arcachon ne ressemble à aucune autre ville; ici, pas d'architecture générale, pas de grandes lignes de toits uniformes. Chaque maison a sa physionomie particulière : l'une a sa façade sur la rue, l'autre se cache au fond des jardins. Ici, la porte cochère; là bas, la grille dorée;

plus loin, une marquise ; à quelques pas, la cour d'un hôtel ; à côté, l'étalage d'un marchand. Pas de ces ruches entassées où s'emprisonnent soixante familles. Ces miniatures dorées, peintes, dentelées, logent peu de monde. Le côté du boulevard, vers la mer, présente une succession de terrasses, couvertes pour la plupart, auxquelles fait suite un escalier qui avance de quelques marches dans le bassin. On a donc pu dire avec raison qu'on y trouvait la mer sans sortir de chez soi. On y compte déjà de très-remarquables constructions : le château Deganne, qu'on aperçoit au bout de l'avenue de la gare, est une fort gracieuse imitation de Chambord ; la villa Grangeneuve est une élégante chartreuse ; Mme la maréchale de Saint-Arnaud y possède un cottage charmant caché dans les treilles et les arbousiers ; M. Nathaniel Johnston, un châlet princier ; Mme la baronne de Tartas, une délicieuse retraite. L'inventaire de toutes ces créations ravissantes remplirait un volume ; nous nous contenterons de citer encore, seulement, celles de Mme Lopès-Dubec, deux kiosques dorés, de M. le baron Portal, de M. le vicomte de Courcy, et nous signalerons spécialement la somptueuse villa de M. Pereire, située à l'extrémité d'Arcachon, sur un délicieux mamelon de dune, aujourd'hui tracé de parterres savants, émaillés, pimpants.

La superficie totale du bassin est de cent cinquante-deux millions de mètres carrés, son pourtour de quatre-vingts kilomètres. L'eau du bassin est une des plus fortement minéralisées de l'Europe, et, conséquemment, les bains du bassin sont les plus hygiéniques, les plus fortifiants que l'on puisse prendre. La plage est uniforme et douce, si plane, si unie, que les femmes et les enfants s'y roulent en toute sécurité.

Arcachon n'était encore qu'une ville de bains de mer, et déjà on avait pu constater des cures nombreuses de phthisiques, opérées par un séjour prolongé au milieu des pins. Les docteurs Pereyra et Pouget virent dans cet ensemble de mer et de forêt l'étoffe d'une station médicale sans précédents ; la forêt d'Arcachon, participant également de l'air robuste de l'Océan et des émanations résineuses, résumait à leurs yeux une magnifique donnée médicale. La phthisie avait trouvé son antidote. Mais il fallait une ville dans la forêt, bien abritée des vents, respirant tout à son aise les parfums des pins, les senteurs amères de la bruyère et des genêts.

M. Pereire et la Compagnie du Midi se chargèrent de bâtir la ville. L'État concéda quatre cents hectares de terrains, et à la fin de 1862, les travaux étaient commencés.

Aujourd'hui, on voit dans la forêt : routes, casino, châlets, villas, jardins, de l'eau partout, du gaz, une installation complète, enfin, une ville de pied en cap. Tout y est spacieux, confortable et d'une richesse d'excellent goût. Elle se compose aujourd'hui de vingt kilomètres de routes, au bord desquelles sont déjà construites quarante villas. Chacune de ces maisons a son jardin particulier; c'est une promenade à faire, une visite de rigueur.

La presse de tous les pays a déjà épuisé le formulaire de l'admiration à propos de cette création. Médecins et touristes sont unanimement d'avis que nulle part la température n'est plus douce, l'air plus salutairement embaumé des doubles émanations de la mer et des grands arbres résineux. Nous ne ferons pas ici la nomenclature de ces quarante villas, nous ne saurions à laquelle donner la préférence; toutes de modèles différents, de proportions différentes, elles sont toujours commodes, élégantes et d'un confortable complet. Les locations se font ordinairement au mois, et pour quinze jours au moins; un tarif des prix de location pour chaque villa est distribué et affiché.

Le linge et l'argenterie sont fournis aux locataires, s'ils le désirent, moyennant un supplément de prix proportionné à l'importance des objets loués.

Le blanchissage est fait aussi par les soins de la direction. Une blanchisserie spéciale a été établie pour cet objet, et reçoit même le linge de la ville basse.

Un mode de locomotion tout spécial a été créé pour le service particulier de la ville nouvelle ; c'est le *Châlet roulant*, sorte de villa en miniature, montée sur des roues et traînée par des chevaux. Le châlet roulant se compose de deux chambres. Il vient chercher les baigneurs à domicile, les dépose dans l'eau et les reprend pour les reconduire chez eux. Les baigneurs peuvent faire leur toilette en route, dans le châlet, soit à l'aller, soit au retour.

Quelques villas, les plus spacieuses, ont été installées en *Maisons de famille*, sorte de petits hôtels à la manière anglaise. Elles ont été instituées dans le but de créer à Arcachon un pied-à-terre confortable et peu coûteux, permettant aux familles une installation facile et immédiate.

On y trouve à volonté des chambres à deux lits, avec cabinets d'enfants pour une famille, des chambres de garçon à un lit, des logements spéciaux pour domestiques.

Chaque villa a sa salle à manger commune; les locataires de la maison se réunissent seuls à cette table tout intime. On sert aussi dans les appartements les personnes qui désirent manger chez elles.

A la gare, se trouve le *Buffet chinois,* une des curiosités architecturales de ce temps-ci. L'intérieur est somptueux : ce ne sont que lambris cartouchés d'or et peintures superbes, d'une vérité locale à laquelle se méprendraient les plus fins émailleurs du Céleste Empire. Ce décor étrange, qui tient plus du temple ou du palais que du restaurant, fait le plus grand honneur à M. Salesses.

Le *Grand-Hôtel*, sur la plage, au centre de la ville, à proximité du Casino et de la forêt, monté sur le pied du *Grand-Hôtel* et de l'*Hôtel du Louvre*, à Paris, pour le confortable de la table et des appartements, contient plus de cent chambres; salons de lecture et de conversation; vaste salle de table-d'hôte; salon de restaurant; bains de mer et bains chauds à l'eau douce et à l'eau de mer; poste aux lettres et service télégraphique; omnibus et voitures de remise pour promenades et excursions dans la forêt.

Cet établissement offre, en un mot, à l'étranger et au touriste la satisfaction des agréments de la vie, en général, et de ceux particuliers que présente cette localité privilégiée.

La création capitale de la ville nouvelle, c'est le *Casino*. Toute la partie inférieure du monument est la reproduction exacte de l'Alhambra; les croisées sont imitées de l'Alcazar. La partie supérieure est tirée tout entière de la mosquée de Cordoue. Il comprend une salle de concerts, admirable de proportions, éblouissante de fresques et de dorures. Les peintures, très-remarquables, des murs et des coupoles sont de M. Salessés fils, auquel nous devons les meilleurs décors du Grand-Théâtre de Bordeaux. Ce palais féerique est éclairé le soir par quatre-vingts lustres. Deux pièces, d'aspect plus austère, mais harmoniques de style, communiquent avec la salle des concerts. A droite, le salon de conversation; à gauche, le salon de lecture; à la suite, la bibliothèque. On y reçoit tous les journaux politiques et illustrés, toutes les publications importantes, françaises et étrangères. Le rez-de-chaussée est occupé par les salles de jeux et les divans, sortes de cafés turcs, auxquels on a laissé toute leur physionomie locale.

Autour du Casino, régnent de vastes jardins toujours frais, où croissent les fleurs des deux mondes. Ils occupent une surface de neuf hectares.

Dans ces jardins, on trouve le théâtre *San Carlino*, où le sieur Polichinelle, tous les jours, de six à huit heures, amuse les bambins aristocratiques du Casino; des jeux publics, bagues, tourniquets, polygones, tonneau, billards, toupies, tir au pistolet et à la carabine.

Auprès du Casino et à la gare, on trouve des voitures à volonté, dont les prix modérés sont fixés par un tarif, et des omnibus qui parcourent toute la ville.[1]

Les *chevaux de selle* se louent à l'heure ou à la journée; cette industrie a aussi son tarif: 1 fr. 50 l'heure.

Les écuries du Casino fournissent d'excellents chevaux; on en trouve aussi en permanence le long du boulevard de la Plage.

M. Bertini, professur d'équitation, directeur du Gymnase, loue également d'excellents chevaux de promenade.

Le service médical d'Arcachon est fait par le

Dʳ Hameau, médecin-inspecteur des bains de mer, place de la Mairie, et par le Dʳ Rougier, boulevard de la Plage, 88.

Arcachon possède deux églises catholiques : *Notre-Dame d'Arcachon*, ou la chapelle; *Saint-Ferdinand*, au centre du quartier de Mouëng, et une chapelle desservie par les Dominicains, au Moulleau.

L'église actuelle de *Notre-Dame d'Arcachon*, bâtie en 1856, remplace la chapelle primitive qui y est restée annexée. Cette chapelle est encore tapissée d'images saintes et d'*ex-voto*, apportés par des marins sauvés miraculeusement, après avoir imploré la protection de la Vierge. L'église est adossée à la dune et pittoresquement établie dans un fouillis de pins et d'arbousiers. Une flèche remarquable la domine. Le clocher est une tour octogone d'environ soixante mètres de hauteur, coupée de trois étages distincts : le portique, la chambre des orgues, le beffroi.

L'aiguille de la flèche est finement arrêtée, et la croix archiépiscopale qui la termine est une merveille de ciselure. L'ensemble est hardi, leste et gracieux. Un carillon, établi en 1862, ne s'est pas encore fait entendre ; ses trente-deux cloches n'ont pu se mettre d'accord.

La jolie petite église de *Saint-Ferdinand* fut le produit d'une souscription recueillie avec persévérance par M. Célérier.

Cette chapelle n'a que trente mètres de long, son clocher a vingt-huit mètres. Sa petite flèche ne manque ni de physionomie, ni de désinvolture.

Arcachon possède aussi un *Temple protestant*; c'est un petit bâtiment, au fronton triangulaire, situé entre le cours de Tourny et le boulevard de la Plage, 120, presque vis-à-vis le château de M. Deganne. Cette construction remonte à 1860.

L'office y est célébré régulièrement tous les dimanches, à midi.

L'*Orphéon-Fanfare* Sainte-Cécile, dont l'organisation est due aux efforts persévérants de M. Mouls, curé d'Arcachon, est institué depuis 1860. Il a eu des succès dans plusieurs concours.

Les bureaux de la *Poste* sont situés avenue Euphrosine, 11. Ils sont ouverts de huit heures du matin à trois heures; et de cinq heures à huit heures du soir.

Six boîtes supplémentaires ont été établies sur divers points de la ville.

La *Station télégraphique* est établie à la gare

du chemin de fer. Les dépêches sont reçues de sept heures du matin à neuf heures du soir.

Nous invitons nos lecteurs à visiter encore, à Arcachon, le *Musée d'histoire naturelle* et l'*Aquarium;* l'*Observatoire Sainte-Cécile*, à droite du Casino, au bout de la jolie passerelle Saint-Paul.

L'Observatoire a deux galeries. Un escalier, d'une remarquable hardiesse, tourne en spirale dans l'intérieur. A chaque étage, l'horizon s'élargit, et les excursionnistes qui escaladent la deuxième galerie jouissent à cette hauteur du plus magnifique panorama que l'imagination puisse rêver.

Le prix d'entrée à l'Observatoire est de 30 centimes par personne.

Les abonnés du Casino ne paient pas.

Un cabinet de lecture est annexé au Casino.

EXCURSIONS. — Le bassin d'Arcachon se prête particulièrement, par sa disposition exceptionnelle, aux courses de mer. Ces distractions salutaires sont un plaisir extrême, sans fatigue et sans le moindre danger. Les excursions de terre ne sont pas moins intéressantes. Nous indiquerons ici les promenades les plus fréquentées, et les moyens de transport convenables pour faire commodément ces pèlerinages, qui sont le complément indispensable du programme des visiteurs.

L'*Ile des Oiseaux,* en face le centre d'Arcachon, d'une surface de deux cent cinquante hectares, a six kilomètres de tour. La chasse y est abondante et facile. Elle était autrefois libre toute l'année ; mais aujourd'hui, l'île étant affermée à divers, l'autorisation doit être demandée au garde préposé par le fermier. On y trouve une buvette et des habitations de pêcheurs. La durée du trajet est de trois quarts d'heure en boat ou avec toute autre petite embarcation; avec le bateau à vapeur, elle est de quinze minutes.

Les *Parcs aux Huîtres,* à peu de distance de la plage sont facilement abordables. Tous les mariniers du bassin y conduisent les visiteurs. On y va à basse mer, à l'heure où les bancs sont à découvert, manger sur place, en toute saison, des huîtres délicieuses.

Le *Phare du cap Ferret* est situé à l'entrée du bassin (passe du sud), à quatorze kilomètres d'Arcachon. Le trajet en bateau à vapeur est d'une heure. Le *Bordelais* fait ce trajet quatre jours par semaine; et grand nombre d'embarcations (tilloles, pinasses, stemboats, etc.) sont constamment à la disposition des excursionnistes.

Ce phare a quarante-cinq mètres d'élévation. On arrive à la lanterne par un escalier de deux cent soixante-quinze marches en spirale. Le feu est fixe et porte à quarante kilomètres.

On remarque aux abords du phare une ancienne poudrière, des cabanes de pêcheurs et un restaurant confortable établi par le garde à l'intention des visiteurs.

La *Pointe du Sud*. — C'est une sorte de déclivité de dune qui avance dans l'Océan sa courbe imposante de montagnes couronnées de pins, du côté opposé au phare. On visite là le sémaphore, poste télégraphique qui transmet à la terre les signaux de mer. On s'y rend à volonté par le bassin (en boat ou bateau à vapeur) ou par la plage; c'est une excursion que nous recommandons aux cavaliers. La route est déjà carrossable jusqu'au Moullo.

D'Arcachon à la *Pointe du Sud*, la plage est constamment bordée par les dunes de la forêt; mais des pélerinages intéressants s'échelonnent sur cette route : on rencontre d'abord, aux limites d'Arcachon, la villa Pereire, dont nous avons déjà parlé, entourée d'un parc de quarante hectares; on aperçoit de l'extérieur ce joyau architectural sans pareil.

Le *Pavillon impérial*, à un demi-kilomètre de

la villa Pereire, aux *Abatilles,* est un bâtiment rectangulaire, sans physionomie extérieure, mais auquel se rattache un souvenir. Ce pavillon, transporté de Tarbes, eut l'honneur d'abriter l'empereur Napoléon III, lors de sa première visite aux Pyrénées, après la campagne de Solférino.

Notre-Dame-des-Passes, au Moullo, site charmant, à un kilomètre des Abatilles et à quatre kilomètres d'Arcachon. C'est là que le R. P. Minjard, de l'ordre des Dominicains, a fondé un couvent et une église de bel aspect. L'église et le couvent méritent d'être visités.

Les *Figuiers,* un bouquet d'arbres plantureux, chargés à la saison de figues énormes et savoureuses que l'on cueille aux branches. Pas le moindre cerbère. Halte ombreuse et fraîche à deux kilomètres de Moullo.

Des *Figuiers* à la *Pointe du Sud,* on suit latéralement la plage, sur une longueur de six kilomètres, à travers la dune du *Pilat.* Près du poste des douaniers, on trouve trois canons à moitié enfouis, provenant d'un ancien parc d'artillerie établi sur la côte en 1790.

Giselle. — En bifurquant à gauche, à partir des *Figuiers,* on rencontre à cinq kilomètres la *Grotte de Giselle,* dont la douloureuse et lamentable histoire est rapportée, selon la légende, par M. Dubarrau, dans son joli volume : *Arcachon illustré;* c'est aujourd'hui un pêle-mêle sauvage de ronces, de pins, d'arbousiers. Le trajet jusqu'à Giselle n'est encore possible qu'à cheval ou à pied.

L'Étang de Cazeaux, d'eau douce, est d'une superficie de sept mille hectares; il a trente-six kilomètres de tour et soixante mètres de profondeur. Il est élevé de vingt-un mètres au-dessus du niveau de la mer. Les brochets, les tanches, les perches, les anguilles s'y trouvent en abondance. Il faut compter toute une journée pour cette excursion fort attrayante.

On peut s'y rendre en voiture par La Teste et La Hume, la distance par cette voie est de vingt-deux kilomètres; elle est réduite à quatorze, si l'on aime mieux y aller à cheval. On passe toujours par La Teste, mais on suit latéralement alors, par la lande, le canal d'Arcachon.

L'Océan. — Un bateau à vapeur, le *Bordelais*, conduit des passagers, en promenade, à l'Océan, les dimanches, mardis, jeudis et vendredis. L'*Émile-Pereire* va tous les jours faire la pêche en mer, et prend, sur leur demande, les passagers curieux d'y assister.

Avec le beau temps, les excursions en mer peuvent aussi se faire sur les nombreuses embarcations à voile et à la rame des marins du bassin d'Arcachon, constamment à la disposition des voyageurs.

Le tarif du bateau à vapeur pour ses différentes excursions, au *Phare*, au *Cap Ferret*, à la *Pointe du Sud*, à l'*Océan*, est de 2 francs première classe et 1 franc 50 centimes deuxième classe.

Sur l'*Émile-Pereire*, pour la pêche à la grande mer, le prix est de 5 francs.

La petite batellerie n'a pas encore de tarif au moment où nous écrivons ces lignes; nous esperons que la municipalité d'Arcachon y pourvoira.

M. Oscar Dejean, ancien maire de La Teste et membre de la Société scientifique d'Arcachon, un des hommes qui ont le plus contribué au développement de cette ville nouvelle, a écrit une monographie historique d'Arcachon et ses environs, que nous nous faisons un devoir de recommander à nos lecteurs.

Banlieue de Bordeaux.

La banlieue ne comprend plus aujourd'hui que les communes de Bègles, du Bouscat, de Bruges, de Caudéran et de Talence.

C'est dans ces communes et à La Bastide, aujourd'hui annexée, que le peuple de la ville court, les jours de fête, respirer l'air de la campagne. Grâce cependant aux facilités données par les chemins de fer, cette observation perd chaque jour de sa généralité, et les communes plus éloignées, traversées par un chemin de fer, voient accourir à leurs fêtes la population bordelaise.

Les chemins de fer du Midi donnent, à prix réduits, des billets *aller et retour* dans la même journée.

Le peuple de la banlieue a un caractère qui contraste singulièrement avec celui des Landais, ses voisins : une gaieté bruyante, beaucoup d'activité, plus d'instruction, des mœurs plus douces et un vif amour du plaisir distinguent les habitants de la banlieue.

Toutes ces communes ont une portion de leur territoire en landes ou en marais ; le reste est en terres graveleuses, consacrées à la vigne ou en terres de palus, réservées aux prairies, aux légumes et aux céréales. La principale culture est la vigne.

Bègles. — Cette commune est située à trois kilomètres au sud de Bordeaux, sur le bord de la Garonne ; elle comprend les villages de Saint-

Ujean, de Birambitz et du Prèche, huit grands hameaux et de très belles maisons de campagne sur la route de Toulouse et sur les bords de la rivière, où elle possède quatre petits ports. Son territoire, ainsi que celui des quatre autres communes, se divise en deux plaines, l'une haute, l'autre basse : la première produit de bons vins ordinaires; la seconde est composée de prairies qui nourrissent quelques centaines de vaches.

La commune renferme trois mille habitants.

Le Bouscat. — Cette commune, située sur la grande route de Bordeaux au Médoc, à deux kilomètres nord-nord-ouest de Bordeaux, est ornée d'une infinité de jolies maisons, séparées par des jardins. On y récolte des vins, du blé, des légumes et du foin. Ses vins entrent dans la catégorie des petits vins rouges de Graves,

L'hippodrome établi depuis plusieurs années au Bouscat, après le château de La Fonféline, y occasionne beaucoup de mouvement à l'époque des courses.

La population s'élève à trois mille deux cents habitants.

La fête de la commune, qui y attire beaucoup de monde, a lieu le jour de l'Ascension.

Bruges. — La commune de Bruges, située à

cinq kilomètres nord-nord-ouest de Bordeaux, sur une plaine bordée au nord par la jalle de Blanquefort, consiste principalement en marais anciennement desséchés. Des cinq communes citées ici, elle est la plus étendue, mais la moins peuplée. Son vaste territoire est couvert de prairies et de pacages qui nourrissent quelques centaines de vaches.

Elle compte mille trois cents habitants.

CAUDÉRAN. — Cette commune se trouve à deux kilomètres à l'ouest de Bordeaux, sur la route de Saint-Médard. Son sol est sabulo-graveleux, plus propre à la vigne qu'aux céréales; ses prairies sont peu productives; on y trouve une grande quantité de jardiniers-fleuristes. Elle possède une église élégante, récemment bâtie, à côté de laquelle se trouve un clocher élancé et gracieux. Caudéran est la plus peuplée des communes de la banlieue, et doit probablement cet avantage à l'antique usage qui, deux fois par an, appelle à son village la population bordelaise. On y trouve par conséquent, plusieurs auberges et maisons de plaisance.

Sa population dépasse cinq mille habitants.

Caudéran produit un petit vin rouge de Graves.

Talence. — Cette commune est située à quatre kilomètres au sud de Bordeaux, dans une position charmante, sur la route de Bayonne; la banlieue n'a pas de commune plus saine, plus agréable ou qui renferme de plus belles maisons de campagne. C'est à Talence que se trouve le Petit-Collége, annexé au Lycée de Bordeaux, pour les plus jeunes enfants. Cette commune se divise en Haut et Bas-Talence : le premier, cultivé tout en vignes, contient des vins de Graves très estimés; l'autre est consacré principalement aux prairies.

Vins de Bordeaux.

Nous ne pouvons terminer un *Guide de l'Étranger à* Bordeaux, le pays des *plus grands vins du monde* sans dire un mot de cette principale richesse du département de la Gironde.

Mais cette matière importante demande tout un volume pour être traitée d'une façon complète. Ce volume vient d'être publié cette année sous le titre de *Bordeaux et ses vins classés par ordre de mérite*, par Ch. Cocks, nouvelle édition revue et augmentée par Édouard Féret, un volume in-18 jésus d'environ 500 pages, orné de 73 vues de châteaux, prix : 4 fr.

Nous nous contenterons de donner ici les renseignements les plus indispensables aux voyageurs qui voudront emporter de Bordeaux une idée générale de nos vins.

C'est le *Médoc,* cette portion du département comprise entre la Gironde et l'Océan, qui contient les premiers grands crûs de vins rouges. Les vignobles du Médoc bordent la rive gauche du fleuve et s'étendent depuis la commune de Blanquefort jusqu'à Saint-Vivien, sur une largeur moyenne de 8 kilomètres environ.

Cependant, le Haut-Brion, situé dans les graves de Pessac, est aussi classé premier crû et l'on trouve dans les grandes communes de graves voisines de Pessac, des vins très recherchés, tels que ceux de Talence, Mérignac, Gradignan, Léognan, Villenave-d'Ornon, etc.

Après les Graves, les vins rouges les plus célèbres sont ceux du Saint-Émilionnais (arrondissement de Libourne), qui ont obtenu une médaille d'or à l'Exposition Universelle de 1867 et qui, depuis quelques années, sont très recherchés de toutes les personnes qui aiment les vins corsés. Citons encore le canton de Bourg, où l'on récolte dans certains crûs des vins très estimés.

Ci-après les noms des vignobles du Médoc

qui forment les premiers et deuxièmes crûs, suivant le classement adopté par le commerce :

1ers Crûs

Château Lafite.	Pauillac.	Baron de Rothschild.
Château Margaux.	Margaux.	Vicomte Onœsipe Aguado
Château Latour.	Pauillac.	De Beaumont. De Graville. De Courtivron.
Château Haut-Brion.	Pessac.	Amédée Larrieu.

2es Crûs

Mouton.	Pauillac.	Bon Nathan de Rothschild.
Rauzan-Segla.	Margaux.	E. Durand.
Rauzan-Gassies.	—	Rhôné Péreire.
Léoville-Lascases.	St-Julien.	Marquis de Lascases.
Léoville-Poyféré.	—	A. Lalande et d'Erlanger.
Léoville-Barton.	—	Barton.
Durfort-Vivens.	Margaux.	O. Richier et de La Mare.
Lascombes.	—	Chaix d'Est-Ange, sénat.
Gruaud-Lar.-Sarget.	St-Julien.	Baron Sarget.
Gruaud-Larose.	—	Ed. et Ch. de Bethmann et Ad. Faure.
Branc-Cantenac.	Cantenac.	Famille Berger et O. Roy.
Pichon-Longueville.	Pauillac.	Bon de Pichon-Longueville
Pichon-Longueville.	—	Comtesse de Lalande.
Ducru-Beaucaillou.	St-Julien.	N. Jonhston fils.
Cos-d'Estournel.	St-Estèphe.	Héritiers Martyn.
Montrose.	—	Mathieu Dolfrus.

Les grands vins de Médoc ont atteint depuis quelques années, des prix considérables dont voici un aperçu dans l'année 1865, type d'une grande année.

	en premier	le 16 nov. 1867.
1ers crûs..............	5,600	7,000 à 8,000
2e crû Mouton.......	3,500	5,500 à 6,000
2es crûs autres......	2,500 à 2,600	5,000 à 5,500
3es crûs.............	1,900	3,600 à 4,000
4es crûs.............	1,500 à 1,600	3,000 à 3,400
5es crûs.............	1,200 à 1,400	2,500 à 2,800
Bourgeois supérieurs.	1,000 à 1,200	1,800 à 2,000

Les grands vins blancs se récoltent dans les communes de Sauternes, Bommes, Barsac, Preignac et Fargues. Ces vins ne cèdent rien en célébrité aux vins rouges du Médoc. Le *Médoc* et le *Sauternes* sont universels, et ce dernier a remporté la supériorité sur les grands vins du Rhin dans une dégustation solennelle à l'Exposition universelle de 1867.

« Le Sauternes, écrivait il y a quelque temps un gourmet, homme d'esprit et propriétaire de *vins rouges,* le Sauternes, c'est l'or potable entrevu par Nicolas Flamel, un rayon de soleil tiré au fin et mis en bouteille, la quintessence de cette pierre philosophale que les gens du pays désignent, dans leur ignorance, sous le nom modeste de pierre à fusil. Quand un *illustre buveur* approche de ses lèvres le verre sacré où brille et rit le Sauternes, l'arome, le fruit, la causette, la sève, le bouquet, tous ces génies du bon vin, se dégagent de la prison transparente où leurs ailes étaient closes, et portent dans la tête du *précieux altéré* les aimables pensées, les rêves dorés, les mots heureux.... »

Le Sauternes surpasse tous les vins blancs connus, comme les chênes altiers, dont Virgile parle dans ses églogues, surpassent les humbles buissons de la plaine.

Premiers crûs de vins blancs

Crûs	propriétaires	communes	tonn.
Yquem.	De Lur-Saluces.	Sauternes.	120
Peyraguey.	Comtesse Duchatel.	Bommes.	50
La Tour-Blanche.	Maître. Merman.	—	50
Le Vigneau.	De Pontac.	—	50
Suduiraut.	Guillot.	Preignac.	120

La saison joyeuse des vendanges, cette fête de nos contrées, ne commence pas en même temps dans tous les cantons. Dans les meilleurs crûs du Médoc on commence généralement vers la fin de la première quinzaine de septembre, tandis que dans les communes plus éloignées du fleuve, on n'entend les chants et les cris des vendangeurs qu'après le 20 de ce mois.

Les communes de Graves vendangent quinze jours après le Médoc; les Côtes, huit jours après les Graves; les Palus, vers le 10 octobre : de manière que ces fêtes de campagne se prolongent pendant près de six semaines.

Les vignobles sont si nombreux dans le pays, que les habitants seuls ne suffiraient jamais à faire les vendanges. On est donc obligé d'employer beaucoup d'étrangers qui viennent des arrondissements voisins, ainsi que des départements de la Charente, de la Dordogne et des Pyrénées. A voir ces armées pacifiques de travailleurs, répandues ainsi par tout le pays, on pourrait croire que le Médoc s'est, par enchantement, transformé en *phalanstère;* il est vrai qu'on n'y est pas tout à fait aussi à l'aise que dans l'Eldorado de Fourrier. Ces pauvres gens, en effet, dont la plupart sont couverts de haillons, couchent pêle-mêle, dans des granges, souvent même à la belle étoile, ce qui ne les empêche pas de danser le soir, aux sons des fifres, des musettes et des violons des ménétriers. — C'est une immense orgie villageoise, de vraies bacchanales champêtres; mais où donc se pourraient célébrer aujourd'hui les mystères de Bacchus, sinon dans le pays qui produit le meilleur vin du monde? Cette réunion de travailleurs s'appelle *manœuvre.* Il y a un commandant de *manœuvre:*

par douze *règes* ou rangs de vignes; sa tâche est de hâter les coupeurs et de veiller à ce qu'ils n'oublient pas de raisins. Un vide-panier reçoit de chaque coupeur son panier, quand il est plein, et le vide dans une baste (petit baquet en bois contenant environ vingt-cinq litres) que le porte-baste va vider dans des cuves (appelées *douilles*) placées sur une charrette. La charge se compose d'environ trente-deux bastes; quand les douilles sont pleines, le bouvier conduit la charge au cuvier.

A l'arrivée des *douilles*, les hommes du pressoir les reçoivent et les vident dans le *pressoir*, où après l'égrappage, qui est d'un usage assez général dans le Médoc, les hommes, nu-jambes, les foulent en piétinant. Quelques propriétaires soutiennent et règlent l'activité des fouleurs au moyen de la musique.

Du pressoir, où le foulage s'opère, le moût passe dans une grande baille appelée *gargouille*, et de là dans la cuve.

La fermentation s'établit aussitôt que la cuve est pleine, si le temps est chaud. On reconnaît que la vinification est achevée lorsqu'il n'y a plus de fermentation apparente et que le vin commence à refroidir, ce qui arrive du huitième au dixième jour.

Les propriétaires de crûs importants font généralement deux ou trois espèces de vin : le premier est composé avec la vendange provenant des vieilles vignes et de celles qui, bien exposées au soleil, ont fourni des grappes bien mûres au premier passage des vendangeurs. Le second est le produit des vignes moins favorablement situées; le troisième se fait avec les fonds de cuve et les vins de marc.

On écoule le vin des cuves dans des barriques préparées à cet effet et bien nettoyées, en ayant soin de répartir le vin de chaque cuve, d'une manière égale, sur toutes les barriques qu'on veut remplir, et de veiller à ce que le vin coule d'une manière égale et sans interruption pour fermer le robinet dès que le vin qui sort est louche.

Pour les vins blancs, on opère différemment. Dans les grands crûs, la vendange se fait avec le plus grand soin, graine par graine, pour ne prendre que celles dont la maturité est à point, et du pressoir le vin coule directement dans les barriques.

Les premières barriques, dites *barriques de tête,* sont bien supérieures aux dernières, les premiers triages étant les plus faciles, et la dernière récolte se trouvant nécessairement un peu mêlée.

La dernière journée, les vendangeurs viennent offrir un bouquet au propriétaire, ce qui veut dire que les vendanges sont terminées. La troupe tout entière arrive en chantant; c'est la plus jeune et la plus jolie fille qui est chargée de présenter le bouquet et de faire le compliment d'usage, moitié patois, moitié français, ne variant jamais. On prend le bouquet, on donne la pièce et on embrasse l'orateur; c'est là, du moins, le droit du propriétaire. Puis, l'on soupe et l'on danse.

MAISONS RECOMMANDÉES

BORDEAUX

DOMAINE
de la
SOCIÉTÉ IMMOBILIÈRE D'ARCACHON
A RESPONSABILITÉ LIMITÉE

CAPITAL : 2 MILLIONS

GRAND HOTEL
ouvert toute l'année

TABLE D'HOTE	RESTAURANT
Déjeuners...... 3f 50c	A LA CARTE
Dîners........... 5	et
Vins compris	A TOUTE HEURE

Chambres et Salons de famille, de 3 à 8 fr. par jour ; Salons de Lecture, de Musique et de Conversation ; Fumoir, Billards ; Boats, Tilloles ; Chevaux et Voitures.

CASINO
OUVERT TOUTE L'ANNÉE

Salons de Musique, de Lecture et de Conversation ; Café ; Bibliothèque contenant plus de 4,000 volumes français et anglais ; Parc magnifique.

VILLAS MEUBLÉES

Parfaitement situées dans la forêt, très confortablement aménagées. — Prix de location : de 100 à 600 fr. par mois. — Les locataires ont l'entrée gratuite au Casino jusqu'à six heures du soir.

TERRAINS PROPRES A LA CONSTRUCTION
A VENDRE A DES TAUX MODÉRÉS

Pour tous renseignements, s'adresser :
AU GRAND HOTEL

FABRIQUE DE LIQUEURS
SIROPS, CARAMELS ET FRUITS CONFITS

J.-H. SECRESTAT AINÉ
26, 28, 30, 32 & 34, rue Notre-Dame

GROS ET EXPORTATION
SPÉCIALITÉS

LŒTITIA, élixir oriental, goût exquis et riche flacon
CARMÉLINE, liqueur identique à la Grande-Chartreuse
BALSAMIQUE, liqueur à l'eau de Vichy

MÉDAILLE unique BORDEAUX 1859	**BITTER SECRESTAT** Donne à ton meilleur ami un verre de Bitter *H. Secrestat.*	MÉDAILLE 1re classe St-PÉTERSBOURG 1860

La supériorité des produits ci-dessus et celle de ses Liqueurs martinique, de ses Curaçao, de ses Maraschino, et autres liqueurs ont valu à cette maison des récompenses partout où elle a exposé.

« Les boissons amères rendent parfaite l'assimilation, et sont d'une grande utilité contre l'obésité précoce. » Dr BARBIER. »

« Dans les maladies chroniques, les amers, en rendant les digestions plus faciles et l'assimilation plus complète, peuvent opérer des cures étonnantes. » SIDENHAM. »

« Le Bitter-Secrestat est, sans contredit, le plus riche en principes amers ; nous nous en sommes servi plusieurs fois avec succès ; il prépare avantageusement les voies digestives en activant la sécrétion du suc gastrique et la contractilité muqueuse de l'estomac, deux conditions importantes de la digestion.

» Cette liqueur tonique, apéritive et stimulante, donne de l'énergie à l'appareil digestif tout entier, et active l'opération vitale qui convertit en chyle les substances alimentaires.

» L'action fortifiante des amers sur le cerveau et le système nerveux, a de l'influence sur l'homme et sur notre moral; le sentiment d'une vigueur plus grande agit sur le développement et le caractère des passions.

» Nous pensons que le Bitter est destiné à remplacer complètement l'Absinthe dont l'expérience a démontré les dangereux effets sur les plus robustes santés. » Dr ANSELMIER.

(Extrait de la *France Médicale* du 12 février 1859.)

ARTICLES DE VOYAGE

EN TOUS GENRES

Mon Gve CHARROL

58, Cours de l'Intendance, 58

Cette Maison, avantageusement connue pour sa bonne fabrication et le fini de ses articles, a toujours un grand assortiment de Malles en cuir, Malles-Chemin-de-Fer, Sacs de nuit divers, Étuis de chapeau, Sacs d'argent, Chapelières et Caisses à robes pour Dames.

GRAND CHOIX DE COUVERTURES DE VOYAGE

MONTE LES CHANCELIÈRES ET LES TAPISSERIES

GRANDE MÉDAILLE D'HONNEUR
A l'exposition universelle de Londres

ORFÉVRERIE CHRISTOFLE
MAISON DE VENTE ET SEUL DÉPOT

CHEZ C. CLAVÉ

37 et 49, Cours de l'Intendance, 37 et 49

Succursale de la Société Ch. Christofle et Cie

Couverts argentés sur métal extra-blanc et sur métal ordinaire, Services de table, petite Orfévrerie, Coutellerie, Services à thé et à café, Surtouts, Candelabres, Articles pour hôtels, restaurants et cafés.

Grand assortiment d'articles de ménage

MÉTAL ANGLAIS, CAVES A LIQUEURS

FOURNITURES DE NAVIRES

MAISON
du
GRAND-THÉATRE
2, PLACE DE LA COMÉDIE

H. RODRIGUES Jne

VASTES GALERIES
d'habillements tout faits
A LA DERNIÈRE MODE
Et de travail irréprochable

ÉTOFFES NOUVELLES
Pour établir sur mesure dans le plus bref délai

RAYONS EXCLUSIFS POUR LIVRÉES
de tous genres

EXPÉDITION D'ÉCHANTILLONS FRANCO

GROS   **TAPIS D'HIVER et D'ÉTÉ**   DÉTAIL

AU BAZAR BORDELAIS

54, Rue Ste-Catherine, 54

E. GAILLARD

Successeur de Duclot

Depuis 30 ans qu'elle existe, la Maison GAILLARD s'est toujours maintenue dans une position hors ligne pour la spécialité de la Natte et du Tapis, et la variété de ses assortiments.
CHOIX EXCEPTIONNEL en Nattes de toutes provenances et de toutes dimensions; Assortiment complet de Tapis laine de tous genres; Aubusson, Moquette, Reps, Feutres, Brochés; Descentes de lit, Carpettes, Tapis de table, etc., etc. — Dépôt de Tapis vernis pour appartements et corridors; Toiles cirées de tous genres, Tissus végétaux et Sparteries. — Stores et Persiennes en bois, en rotin, unis et à paysages. — Appareils de gymnastique, Hamacs, etc. — Paillassons et Tapis de pied de tous genres. — Conservation et réparation de Tapis.

Exportation.

MAISON REINE

JUPON BREVETÉ

Mention honorable à l'Exposition de 1865

F. MASSIE et A. SYREIZOL FILS

Mercerie, Rubans, Dentelles

Bonneterie, Blanc, Passementerie

BORDEAUX

105, COURS NAPOLÉON, ET RUE ST-JAMES, 65

MAGASIN LYONNAIS

E. BILLIOQUE PÈRE, FILS & FAUCHER
42, Cours du Chapeau-Rouge, 42

AU PREMIER

CORBEILLES DE MARIAGE
TROUSSEAUX ET LAYETTES

Grands Assortiments

De Châles-cachemires des Indes et de France, Soieries, Dentelles, Tissus fantaisie, Confections, Blancs de fil de coton et Lingeries.

COMMISSION. — EXPORTATION

V^{or} R^{re}-RAVER

ÉDITEUR ET MARCHAND
de
MUSIQUE

13, ALLÉES DE TOURNY, 13

Musique Française et Allemande
Pianos et Harmoniums

Toute demande sera adressée dans le plus bref délai.

PHOTOGRAPHIE DES ARTS

A. FLOIRE

Ex-professeur de physique et de chimie au Lycée de Bordeaux

RUE CONDILLAC, 71

Près les allées de Tourny

BORDEAUX

L'atelier est ouvert de 7 h. du matin à 7 h. du soir en été, et de 8 h. du matin à 4 h. du soir en hiver.

FABRIQUE DE CHAPEAUX

FEUTRES

E. DENORUS FILS

4, 6, 8, rue du Parlement-Sainte-Catherine

VENTE AU DÉTAIL SUR MESURE

L'augmentation toujours croissante que les chapeliers font subir à leurs articles, convaincra les consommateurs qu'ils ont tout intérêt à s'adresser directement au fabricant, dégrevé de tous les frais onéreux qui forcent le marchand de chapeaux à vendre 30 % plus cher que le producteur.

GROS — EXPORTATION

CANONVILLE

11, COURS DE L'INTENDANCE

CHEMISES

Bonneterie

GILETS DE FLANELLE

Ganterie

BORDEAUX

AU GANT DE SAINT-JUNIEN

58, Rue Sainte-Catherine, 58

SUCCURSALE & COMPTOIR DE VENTE

12, Allées de Tourny, 12

MAISON SPÉCIALE
DE GANTERIE DES PREMIÈRES FABRIQUES

BOITES A GANTS
Pour Corbeilles de Mariages
CRAVATES ET FANTAISIES

| MENTION HONORABLE à l'exposition universelle de Londres 1862 | FABRIQUE DE | MÉDAILLE à l'exposition de Bordeaux 1844 |

BOUGIES & CIERGES
Blanchisserie de Cire
COMPTOIR et MAGASIN, ALLÉES DAMOUR, 11
Usine a Claire-Fontaine (Caudéran)
Exportation, Gros, Demi-Gros et Détail
Spécialité pour les articles de luminaire d'église

GAUTIER & St-MARX
Successeur de Charles BUREAU
Ancienne maison vᵉ J. Claverie et fils, fondée en 1810

JOAILLERIE. — BIJOUTERIE
ORFÉVRERIE. — HORLOGERIE

26, Cours de l'Intendance, à Bordeaux

HENRI PETIT FABRICANT

Assortiment d'Orfévrerie

de la Maison CHRISTOFLE

MÊMES PRIX QU'EN FABRIQUE

| COURONNES pour mariées | MAISON MAURET | FLEURS pour |
| Fleurs pour bal | Fabrique et Magasin de Fleurs | l'Exportation |

Mme MINVIELLE

31 et 33, Cours de l'Intendance

MAISON DE CONFIANCE

ROUGIÉ FILS

FABRICANT DE PARAPLUIES

CANNES, OMBRELLES ET TOUT CE QUI CONCERNE SON ÉTAT

DÉTAIL. — EXPORTATION

29, Cours de l'Intendance, 29

EXPORTATION

TAPISSERIE ──── ÉBÉNISTERIE

Ameublements et Tentures

J. FOURNIER
TAPISSIER-DÉCORATEUR
Rue du Parlement-Sainte-Catherine, 30, Bordeaux

HERNIES
NOUVEAU BANDAGE A PELOTTE PLASTIQUE
Moulé en caoutchouc naturel, Breveté s. g. d. g.

POUR LA GUÉRISON RADICALE

Cette pelotte a été modelée dans les hôpitaux sur les différents degrés de Hernies, pour avoir exactement la forme de l'anneau qui donne passage à la tumeur.

Pour sa nouvelle forme et sa pression directe et continue plus d'accidents à redouter et soulagement immédiat.

Ne se trouve que chez

M. DE THOMIS BIONDETTI
Rue Pilliers-de-Tutelle, 24, ne pas se tromper de n°

GRANDE ÉCOLE DE NATATION
DE LA BASTIDE
(Près le Pont)

Bains chauds, hydrothérapiques, Bains Russes, Bains de Caisse, Douches sous toutes les formes et de toute nature, à la pression d'un atmosphère, Bains minéraux, sulfureux, de Barèges, de Vichy, etc.

Abonnement aux douches, **20 fr.** par mois, et tous les autres bains à des prix excessivement réduits.

En prenant les bateaux, les *Hirondelles*, on fait une promenade agréable sur l'eau, et on arrive, pour **10** centimes à côté de l'Etablissement.

Les omnibus de la Bourse, de la Croix-Blanche et de la place Picard portent à La Bastide, à côté des BAINS.

INSTITUT HYDROTHÉRAPIQUE
ET
MAISON DE SANTÉ DE LONGCHAMPS
Fondée en 1859
A BORDEAUX

Traitement des Maladies CHRONIQUES, et spécialement des *maladies* nerveuses, rhumatismales, des voies digestives génito-urinaires, de la peau, des articulations, de la moëlle épinière, etc. Médications variées, associées à l'hydrothérapie. On reçoit des pensionnaires et des externes. *Maison de convalescence.*

Consultations du Médecin de l'Établissement, de *dix heures à midi.*

S'adresser au Directeur-Comptable, rue David-Jonhston, 1, Bordeaux

---

HOTEL DES QUATRE-SOEURS
PLACE DE LA COMÉDIE
Bordeaux
A COTÉ DES BUREAUX DU CHEMIN DE FER

MAISON DE CONFIANCE
Spécialement recommandée par sa tranquilité et sa bonne tenue.

Médailles aux Expositions de Bordeaux et de La Rochelle.

15, COURS DE L'INTENDANCE, 15
J. LAURAND
CHEMISIER

Bonneterie fine, Faux-Cols, Gilets de flanelle, Caleçons sur mesure, Couvertures de voyage, Cravates, Ganterie de tissus. Grand choix de costumes de bains de mer. Articles de poupée.

GLAND DOUX D'ESPAGNE
C^{DE} COUSSIN

Fabricant, Lauréat et Membre correspondant de plusieurs Sociétés savantes

AVENUE DE PARIS, 124, A LA BASTIDE, BORDEAUX

Le gland doux d'Espagne prévient, par le tannin qu'il renferme, les nombreuses maladies qui dérivent de la bile.

M. C. Coussin est auteur du *Catéchisme agricole*.

A. DURAND
3, Rue du Palais-de-Justice, 3
Ateliers, rue du Rocher, 24, à Bordeaux

Articles généraux pour Cafés et Cercles, Jeux de fantaisies,
Billards anglais, polonais, Toupies chinoises, Jeux de tonneaux.
EXPORTATION, ÉCHANGE ET RÉPARATION

CAVE DE LA GIRONDE
34, Cours Tourny, 34

AIMÉ MELLIER
VINS et SPIRITUEUX
GROS, DÉTAIL, COMMISSION, EXPORTATION

Spécialité des grands vins fins en bouteilles

Château Lafite, château Latour, château Margaux, château Yquem, château Filhot.
Vins de Bourgogne, de Champagne, et vins étrangers 1res marques.

Vente par Caisse de 6, 12, 25 bouteilles

Des Prix-Courants seront adressés à toutes les personnes qui en feront la demande.

AVIS A MM. LES PROPRIÉTAIRES ET AUX COMPAGNIES DE CHEMINS DE FER

(B. S. G. D. G.)

CLOTURES DE LA GIRONDE
EN TREILLAGE A LA MÉCANIQUE.

USINE
au port de la Souys
LA BASTIDE-BORDEAUX

COMPTOIR
A BORDEAUX
Cours Napoléon, 132.

CE MODE DE CLOTURE OFFRE LE DOUBLE AVANTAGE DE L'ÉCONOMIE ET DE LA DURÉE

PRIX : *De 0 fr. 40 c. le mètre courant a 1 fr. 15 c., suivant la hauteur. (Écrire franco.)*

ENTREPÔT DE FILS DE FER AU PRIX DE FABRIQUE, ET SPÉCIALITÉ D'ANCRES,
PIQUETS, ETC., POUR LES VIGNES.

SPÉCIALITÉ DE TOITURES

EN TUILES PLATES DE MARSEILLE

TUILES A RECOUVREMENTS

MAGASINS DE NOUVEAUTÉS
LES PLUS VASTES DE BORDEAUX

MAISON
DU MAGOT

Rue St-James, 38, 40 et 42, près la Grosse-Cloche

Corbeilles de mariage, Châles, Soieries, Confections
Fantaisie, Blanc, Draperie.

PRIX FIXE INVARIABLE

EXPÉDITION AU DEHORS; ENVOI D'ÉCHANTILLONS *franco*.

PAPIERS PEINTS
P. SYLVAIN

7, Rue Esprit-des-Lois, en face du Grand-Théâtre

Papiers ordinaires, Papiers fins de luxe à prix modérés.
GROS, DÉTAIL, EXPORTATION
Seul dépôt de Bourrelets élastiques, se fixant sans clous ni pointes

---

MAGASIN D'INSTRUMENTS DE MUSIQUE
N. VAILLANT, LUTHIER

3, Rue Voltaire, près du Cours de l'Intendance

Grand dépôt de Cordes de Naples et de cordes de Soie.
Spécialité d'anciens Violons et Violoncelles Italiens,
Français, Tyroliens et Allemands. Vente et location de
Pianos et d'Instruments de toutes sortes.

THÉATRE LOUIT

Directeur : M. ROBERT KEMP

Drames, Comédies, Vaudevilles, Opérettes, Opéras-Comiques

Ce nouveau Théâtre, qui fera honneur à notre grande cité, est dû à la généreuse initiative de l'un de nos plus honorables concitoyens, M. Louit, qui a déjà donné de nombreuses preuves de son dévouement à la prospérité de notre belle ville.

On entre au Théâtre Louit par cinq portes, rue Castelnau-d'Auros, conduisant aux premières places, et par une porte rue St-Sernin, pour les autres places.

La salle de spectacle admirablement ornée et habilement distribuée pourrait contenir plus de 3,000 spectateurs; mais toutes les places étant numérotées et marquées par des accoudoirs, il en résulte une perte de places qu'on peut évaluer de 200 à 300.

On voit très bien la scène de toutes les places.

Sauf les colonnes et les galeries en balcons isolés, la disposition est à peu près la même que celle du Grand-Théâtre, et la richesse de l'ornementation ne le cède en rien à notre première scène.

Elle est blanc et or de diverses couleurs; le fond et les siéges sont tendus en velours cramoisi, avec crépines d'or. Le style général est celui de la fin du XVIIIme siècle.

L'avant-scène a trois étages de loges à balcons entre deux superbes colonnes d'ordre composite, autour desquelles s'enroulent des branches de vignes chargées de raisins.

Le rez-de-chaussée se compose de 370 fauteuils d'orchestre et 600 stalles de parquet; il n'y a point de parterre.

Au pourtour : Loges grillées ou baignoires.

Le premier étage comprend un unique balcon circulaire, de deux rangs de fauteuils, derrière lequel, un peu au-dessus, des loges baignoires. Au milieu, en face de la scène, est la loge impériale, splendide.

Tout le long de cette galerie, on a placé neuf écussons des principales villes du Midi, timbrés de couronnes murales, sur un jeu de fond carré, de beaucoup d'effet; des couronnes d'or vert sont intercalées entre ces écussons et reliées à eux par des guirlandes de laurier, tenues par des rubans d'or jaune.

Les peintures des portes, au nombre de 19, 6 pour le balcon et 13 pour les loges, sont de véritables bijoux, des camées à fond rose.

Le deuxième étage comprend une galerie établie d'après le principe suivi au premier. 18 portraits d'auteurs et de compositeurs célèbres, taillés en camées sur fond rose, encastrés dans une partie architecturale Louis XVI, et reliés entr'eux par des bouquets de fleurs, forment l'ornementation extérieure de cette seconde galerie.

Le troisième étage comprend une galerie à deux rangs de banquettes. Des cartouches, contenant des attributs de théâtre, portant les noms des hommes célèbres de la seconde galerie, placés de façon à ce que le nom de chacun soit placé au-dessus de son portrait garnissent cet étage. Enfin le quatrième étage placé au-dessus d'un très riche entablement, forme ce qu'on appelle le Paradis.

Le lustre, construit exprès pour le Théâtre Louit, a figuré à l'Exposition universelle de 1867, il a coûté 28 mille francs.

Les peintures font le plus grand honneur à MM. Betton, Salesses et Thenot.

Avec ces premiers éléments de succès, une troupe nombreuse des mieux composée, remplie de noms sympathiques au public, et l'habile direction de M. Robert Kemp, comment la salle Louit ne serait-elle pas toujours pleine?

Pour le prix des places, voir page 132.

Il est une maison que nous ne saurions trop recommander à nos charmantes lectrices, une maison qui réunit autour d'elle l'élite de nos belles Bordelaises, qui attire chez elle par le fini, la beauté de ses articles, le grand assortiment qu'elle offre aux acheteurs et la modicité de ses prix, une foule toujours constante. Nous voulons parler de la maison **RENATEAU**, rue Sainte-Catherine, 35, Bordeaux, qui a la spécialité des DENTELLES qui prennent aujourd'hui une place si grande dans la toilette des dames.

Ce qui attire surtout de nombreux acheteurs chez M. Renateau, ce sont les gracieuses DENTELLES DUCHESSES portées par les dames les plus élégantes de Paris et de Bordeaux. C'est le vaste choix de CONFECTIONS EN DENTELLES du meilleur goût que M. Renateau offre à ses visiteurs. C'est un assortiment riche, varié et de la dernière nouveauté en POINTS D'ANGLETERRE ET D'ALENÇON.

Nous ne saurions trop engager nos lectrices à visiter cette maison.

EXPOSITION DE PARIS 1867. — MÉDAILLE DE BRONZE

CINQ MÉDAILLES : ARGENT ET BRONZE

MAISON
CHEVÉNEMENT

FONDÉE EN 1816

18, rue Maucoudinat, et rue du Pas-Saint-Georges, 11

Grande Fabrique d'ENCRES et CIRAGES

PAR PROCÉDÉ MÉCANIQUE ET MACHINE A VAPEUR

La Maison CHEVÉNEMENT se recommande par une réputation de *cinquante ans*, ses immenses relations sur tous les points du globe et son Usine-modèle à *Talence*, qui, par son importance, est unique en son genre.

TABLEAU
Des Voies de la ville de Bordeaux

Rues	Tenants et Aboutissants
Abattoir (de l'), 10....	cours St-Jean. — rue Peyronnet. — E — 7.
Abbesse (de l'), 11....	rue de Grammont — rue Roullet — D — 8.
Acau, 10.............	r. du Moulin—r. des Bénédictins — E, F — 7.
Albret (d'), 6, 7......	place Rohan — cours d'Albret — G — 4, 5.
Alembert (d'), 8.....	rue Magendie — rue Moulinié — F — 5.
Allamandiers (des), 8.	quai de la Grave — rue Ste-Croix — F — 7.
Andronne, 10........	quai de la Monnaie — rue Ste-Croix — F — 7.
Archevêché (de l'), 5..	pl. de l'Archev.— pl. de l'Hôtel-de-Ville — G — 5.
Arès (d'), 6..........	pl. Dauph. — b. de Caudéran — G, H — 1, 2, 3, 4.
Argentiers (des), 5...	rue St-Pierre — place du Palais — G — 6.
Arnaud-Miqueu, 5...	rue du Cancera — rue du Loup — G — 6.
Arsenal (de l'), 4.....	r. du Temps-Passé — r de Bruges — J, K. — 4.
Aubidey, 11..........	r. de Bègles — r. St-Vincent-de-Paul — C — 6, 7.
Augustins (des), 8...	rue du Mirail — rue Ste-Catherine — F — 6.
Aupérie (d'), 10.....	route de Toulouse — rue de Bègles — B — 6.
Ausone, 7............	pl. du Palais — r. Porte-des-Portanets — G — 6.
Aveyron (de l'), 9....	rue du Tondu — rue du Magot — E — 3.
Ayres (des), 7.......	pl. du Vieux-Marché — c. Napoléon — G — 5, 6.
Bahutiers (des), 5....	r. St-Pierre — r. Palais-de-l'Ombrière — G — 6.
Balaklava, 9.........	rue Bertrand de Goth — D. — 4.
Barada, 4............	rue Matignon — rue David Johnston — J — 4.
Bardineau, 2.........	pl. Bardineau — rue St-Laurent — J — 4, 5.
Barreau, 9...........	route de Bayonne — rue Saubat — E — 4, 5.
Barennes, 2..........	rue Mandron — rue Lechapelier — J — 5.
Barreyre, 1..........	quai des Chartrons — rue Gouffrand — K — 6, 7.
Baste, 1.............	rue Pomme-d'Or — cours Portal — K — 6.
Batailley, 6..........	rue Larmée — rue d'Arès — G, H — 3.
Beaubat, 5..........	r. Montméjean — r. des T.-Conils. — G, H — 5.
Beauduchen, 11......	rue d'Audidey — rue Billaudel. — C — 7.
Beaufleury, 10.......	route de Toulouse — route d'Espagne. — E — 6.
Baurein, 8..........	rue Bergeret — rue Bigot. — F — 6.
Bègles (de), 10......	route d'Espagne — Boulevard. B, E — 6.
Beck...............	pl. Belcier — pas. à niv. du ch. de fer. — C, D — 9.
Bélair, 10...........	rue Brémontier — rue Fonfrède. — D, E — 6.

Rues	Tenants et Aboutissants
Belair, 4...............	rue Laville — rue Coussy — J — 3.
Belay, 6...............	rue Pierre — boulev. de Caudéran — H — 2.
Belcier, 11............	quai de Paludate — place Belcier — D — 9.
Bel Orme, 4...........	rue Naujac — cours St-Médard — J — 2, 3.
Belle-Allée, 12.......	quai de Queyries — rue St-Romain — H — 8.
Belle-Étoile, 11......	cours St-Jean — r. Estey de Bègles — E — 7, 8.
Belleville, 6, 7, 9.....	rue d'Arès — rue de Pessac — F, G — 3, 4.
Benatte, 4.............	r. de la Croix-Blanche — r. Chevalier — H — 3.
Benauge (de la), 12...	q. Deschamps — anc. route de Paris — G — 8, 11.
Bénédictins (des), 10.	pl. Ste-Croix — rue Peyronnet — F — 7.
Bense, 1...............	quai de Bacalan — rue Delord — L — 8.
Béranger, 12..........	rue Bonnefin — H — 9. 10.
Bergeon, 10...........	rue St-Jacques — route d'Espagne — E — 6.
Bergère, 5.............	rue du Pas-St-Georges — r. Serpolet — G — 6.
Bergeret, 8............	r. Leyteire — pl. int. des Capucins — F — 6.
Berquin, 6.............	rue Dauphine — H — 4.
Berrouet, 10...........	rue Ste-Croix — rue du Noviciat — F — 7.
Berry (de), 9..........	c. d'Aquitaine — rue de Pessac — F — 5.
Bertrand-de-Goth, 9.	r. de Bayonne — Boulevard — B, D — 4, 5.
Beyssac, 10...........	rue Carpenteyre — rue Ste-Croix — F — 7.
Bigot, 8...............	pl. int. d'Aquitaine — pl. des Capucins — F — 6.
Bino, 1................	cours St-Louis — cours Balguerie — K, L — 6, 7.
Billaudel, 11..........	r. Lafontaine — r. St-Vinc.-de-P. — C, D — 7.
Blanc-Dutrouilh, 3...	pl. des Quinconces — c. du J.-Public — J. — 5.
Bonafoux, 6...........	cours d'Albret — rue St-Bruno — G. — 4.
Bongrand, 4...........	rue Trésorerie — place de Lerme — I — 4.
Bonnefin, 12..........	rue Benauge — avenue de Paris — G, H — 9, 10.
Borie, 1...............	c. Balguerie — q. des Chartrons — J, K — 6, 7.
Boucheries (des), 7...	rue Renière — cours Napoléon — G — 6.
Boudet, 3.............	cours de Tournon — rue Ferrère — I — 5.
Bouffard, 6...........	pl. Dauphine — rue Monbazon — G, H — 5.
Boulan, 6.............	rue Bouffard — cours d'Albret — G — 4, 5.
Boulanger, 1..........	rue Lombard — rue Maurice — K — 8.
Bouquière, 7.........	pl. du Vieux-Marché — rue Teulère — G — 6.
Bourbon, 1...........	quai de Bacalan — c. Balguerie — L — 8, 9.
Bourse (de la) 5......	pl. de la Bourse — pl. du Parlement — H — 8.
Bouthier, 12..........	avenue de Paris — q. de Queyries — I, J — 8, 9.
Bouviers (des), 10....	r. Traversanne — r. Ste-Croix — F — 7.

Rues	Tenants et Aboutissants
Boyer, 9............	rue Mouneyra — rue du Tondu — F — 8.
Bragard, 8...........	r. Causserouge — r. Permentade — F — 6.
Brezets (de), 10......	route d'Espag.— route de Toulouse — E — 5,6.
Brémontier, 10.......	route de Toulouse — route d'Espag. — E — 5,6.
Brenet, 10...........	r. du Moulin — pl. Ste-Croix — E, F — 7.
Brizard, 6...........	rue Judaïque — rue d'Arès — H — 3.
Brun, 9.............	route de Toul.— rue Bertrand de Goth — C — 5.
Buffon, 3............	pl. des Gr.-Hommes — c. Tourny — H — 5.
Buhan, 7............	c. Napoléon — r. Ste-Colombe — G — 6.
Cabanac, 11..........	q. de Paludate — r. T.-de-Bordes — D, E — 8.
Cabirol, 7...........	rue du Peugue — Palais-de-Justice — G — 5.
Cadroin, 9..........	r. de St-Genès — rue Millière — E — 4,5.
Calvimont (de), 12....	pl. Napoléon — r. de Benauge — G — 8.
Cambon, 11..........	r. T.-de-Bordes — gare du Midi — D — 8.
Cancera (du), 5......	r. St-Pierre — r. Ste-Catherine — G, H. — 6.
Candale (de), 8.......	r. des August. — pl. ext. d'Aquitaine — F — 6.
Canihac, 8..........	cours Napoléon — r. Magendie — F — 5.
Cantemerle, 2........	rue Frère — rue St-Joseph — J, K — 6.
Capdeville, 4.........	pl. du Prado — rue Caussan — I — 3,4.
Capérans (des), 5.....	r. St-Remi — r. du P.-St-Pierre — H — 6.
Capérans (petits), 5..	r. des Capérans — r. de la Bourse — H — 6.
Capeyron, 8..........	rue Labirat — rue Magendie — F — 5.
Capucins (des), 10....	pl. des Capucins — rue Mallet — E — 6.
Capulat (du), 2......	rue Lagrange — K, L — 5.
Carbonneau, 10.......	rue Carpenteyre — rue Ste-Croix — F — 7.
Carle-Vernet, 11.....	q. de Palud. — C.-du-Tr. (du) — B, C, D — 8,9.
Carpenteyre, 10......	r. des Allamandiers — r. du Port — F — 7.
Casse (du), 8.........	pl. Canteloup — r. du Maucaillou — F — 6,7.
Casse-du-Treuil (du), 11.	r. l'Estey de Bèg.— b. J.-J. Bosc — A, B — 8.
Cassignol, 4..........	r. David Johnston — r. Laroche — J — 4.
Castéja, 4............	r. du Palais-Gallien — all. d'Amour — H — 4.
Castelmoron, 6.......	rue Bouffard — rue Verteuil — G — 4,5.
Castelnau-d'Auros, 6.	rue Judaïque — rue d'Arès — H — 4.
Castillon, 5..........	r. Porte-Dijeaux — r. de Cheverus — H — 5.
Caudéran (de), 6.....	r. de la Cr.-Blanche — b. de Caud. — I — 2.
Caussan, 4...........	r. de la Cr.-Blanche — r. Mondenard — I — 3.
Caussade, 11.........	rue Cambon — rue Maurion — D — 8.
Causserouge, 8......	rue du Mirail — rue Leyteire — F — 6.

Rues	Tenants et Aboutissants
Cazaubon, 11.........	rue St-Thibaut — rue de Saget — E — 8.
Cerf-Volant (du), 5...	r. des Combes — r.du Pas-St-Georges — G — 6
Chai-des-Farines, 5..	r. de la C.-des-Aides — pl. du Palais — G — 6.
Chambres (des), 11...	rue du Pont-de-Guit — D — 8.
Champ-de-Mars, 3...	r. Fondaudège — pl. du Ch.-de-Mars — 1 — 5.
Champion-de-Cicé, 9.	cours Champion — rue Saintonge — F — 4.
Chantecrit, 1.........	quai de Bacalan — c. Balguerie — K, L — 8.
Chantre, 10..........	rue des Incurables — c. St-Jean — E — 6.
Chapelle-St-Jean, 7..	rue Poitevine — rue Ste-Colombe — G — 6.
Chapelle-St-Louis, 1.	rue de Lormont — N — 10.
Chapelle-St-Martin,6.	rue Judaïque — rue d'Arès — H — 4.
Chartreuse (de la), 6..	pl. Mériadeck — rue d'Arès — G, H — 3, 4.
Château-Trompette, 3	pl. des Quinconces — allées de Tourny — I — 5.
Chauffour, 6.........	rue Sullivan — rue d'Arès — H — 3.
Chaumet, 3..........	r. Combes — r. Guillaume Brochon — H — 5.
Chevalier, 4.........	rue Judaïque — rue de Marseille — H, I — 2, 3.
Cheverus, 5..........	rue Castillon — rue du Loup — G, H — 5.
Christine, 6..........	rue Nauville — rue Sullivan — H — 3.
Citran, 9.............	cours d'Aquitaine — rue Cornu — E, F — 5.
Clare, 8, 10...........	r. Maucaillou — pl. int. des Capucins — F — 6.
Clément, 9...........	rue Saubat — rue Millière — E — 5.
Cloître (du), 8.......	rue St-François — rue Marengo — F — 6.
Colbert, 4............	r. Mondenard — r. de la Franchise — I, J — 3.
Colignan, 6..........	rue Rougier — rue Berquin — H — 4.
Colysée (du), 4.......	r. du Pal.-Gallien — r. Trésorerie — I — 4.
Colysée (pet. r. du), 4.	r. Planturable — r. Fondaudège — I — 4.
Combes, 3............	c. de l'Intendance — r. Porte-Dijeaux — H — 5.
Combes (des), 5......	r. des Behutiers — r. du P.-St-Georg. — G — 6
Concorde (de la), 4...	r. Trésorerie — pl. du Prado — I — 4.
Condé (de), 3.........	r. Esprit-des-Lois — allées d'Orléans — H — 5.
Condillac, 3..........	c. de l'Intendance — ell. de Tourny — H, I — 5
Conrad, 1............	cours St-Louis — c. Balguerie — K, L — 6, 7.
Constantin, 2........	r. N.-Dame — c. du Jardin-Public — J — 6.
Constrescarpe, 8.....	rue Leyteire — pl. des Capucins — F — 6.
Coquille (de la), 5....	r. Chai-des-Farin. — r. des Argent. — G — 6.
Cordeliers (des), 8....	rue des Menuts — rue Leyteire — F — 6.
Cornac, 2............	rue Notre-Dame — c. du J.-Public — J — 6.
Cornu, 9.............	rue Millière — route de Bayonne — E — 5.

Rues	Tenants et Aboutissants
Cotrel, 4............	rue Nauville — rue Benatte — I— 2, 3.
Cour-des Aides, 5...	q. de la Douane — r. des Argent. — G, H — 6.
Courbin, 5...........	r. P.-de-la-Mousque — r. St-Remi — H — 6.
Course (de la), 2.....	pl. Fégère - rue Lechapelier — J -- 5, 6.
Cousin, 8............	rue Henri IV cours d'Aquitaine — F — 5.
Cousse, 4............	rue Paulin — J — 3, 4.
Coussi, 4............	rue Terre-Nègre — rue Belair — J — 3.
Couvent (du), 2......	r. Notre-Dame — q. des Chartrons — J — 6.
Crèche (de la), 8.....	rue du Casse — rue des Menuts — F — 6, 7.
Créon, 5.............	r. des T.-Conils — pl. de l'Hôt.-de-V. — G — 5.
Cr.-Blanche (de la), 4.	r. Capdeville — rue de Caudéran — I — 3.
Croix-de-Seguey, 4...	r. Fondaudège — barr. du Médoc — J, K — 3, 4.
Croizillac, 2.........	r. de la Course — r. Barennes — J — 5.
Cruchinet, 9.........	rue Mercière — rue St-Nicolas — E — 5.
Cursol (de), 4........	rue Ste-Eulalie — rue Jean-Burguet — F — 5.
Dabadie, 8...........	rue des Menuts — rue Hugla — F — 6.
Danjou, 2............	r. de la Course — rue Lechapelier — J — 5.
Dardennes, 4........	r. Laporte — r. David-Johnston — J — 4.
Darnal, 3............	r. Delurbe — r. Lafaurie de Monb. — H, I — 5.
Dasvin, 8............	pl. du March.-Neuf — r. de la Crèche — F — 6.
Dasvin (à La Bastide), 12.	avenue de Paris — rue Queyries — I, J — 10.
Dauphine, 6.........	pl. Dauphine — cours d'Albret — H — 4.
D'Aviau, 2...........	c. du Jardin-Public — rue de la Course — J — 5.
David Gradis, 8......	rue des Augustins — rue Bigot — F — 6.
David Johnston, 4...	Jardin-Pub. — r. C.-de-Seguey — J, K — 3, 4.
Delord, 1............	quai Bacalan — c. Balguerie — L — 8.
Delurbe, 4...........	r. du Pal.-Gal. — r. Laf. de Monb. — H — 4, 5.
Denise, 1............	quai des Chartrons — rue Dupaty — K — 7, 8.
Desfourniel, 7.......	c. d'Albret — rue St-Claude — F — 4.
Despin, 11...........	r. Terres-de-Bordes — r. Rosalie — D — 8.
Devienne, 10.........	r. des Etables - rue Peyronnet — E — 7.
Devise (de la), 5.....	pl. St-Pierre — rue Ste-Catherine — H — 5, 6.
Dieu, 5..............	r. P.-de-la-Mousque — rue St-Remi — H — 6.
Doidy, 1, 2..........	rue Pomme-d'Or — cours Portal — K — 6.
Donissan, 9.........	cours d'Aquitaine — rue Cornu — E, F — 5.
D'Ornano, 6, 7......	c. d'Albret — boul. Johnston — F, G — 1 à 4.
Douane (de la), 5....	q. de la Douane — r. C.-des-Aides — H — 6.
Douves (des), 10.....	pl. ext. des Capuc. — r. de l'Abattoir — E — 6, 7.

Rues	Tenants et Aboutissants
Dubessan, 12............	avenue de Paris — rue Serr.— H — 8.
Dublanc, 9.............	r. Cruchinet — route de Toulouse — E — 5.
Dubourdieu, 9.......	route de Bayonne — r. Bert.-de-Goth — D — 4.
Dudon, 5..............	r. Guiraude — r. des Trois-Conils — G — 5.
Ducau, 2..............	rue d'Aviau — rue Lagrange — J, K — 5, 6.
Dufau, 6, 7............	rue Rohan — cours d'Albret. — G — 4.
Dufour, 12............	r. de Queyries — quai de Queyries — H — 7.
Duffour-Dubergier, 7.	pl. Pey-Berland — rue des Ayres — G — 5
Du Hamel, 10.........	pl. de la Monnaie — pl. int. des Capuc. — F — 6, 7.
Duluc, 9..............	r. de St-Genès — route de Bayonne — D — 4.
Dupaty, 1.............	rue Denise — rue Bourbon — K, L — 7, 8.
Du Perrier, 12.........	rue Dasvin (à la Bastide) — I, J — 10.
Duplessis, 3, 4........	r. Fondaudège — pl. Bardineau — I — 5.
Durand, 4.............	rue Judaïque — rue Capdeville — H, I — 3.
Durand, 12............	aven. de Paris — r. de la Benauge — G, H — 8, 9.
Duranteau, 4..........	rue Trésorerie — rue Paulin — I — 3, 4.
Edmond-Géraud, 12..	q. de Queyries — rue de Queyries — H — 7.
Égl. St-André (de l'), 6	place de l'Hotel-de-Ville.— G — 5.
Égl. St-Seurin (de l'), 4	pl. du Prado — rue Chevalier — H — 2, 3, 4.
Émile Pereire, 11.....	r. d'Aubidey — r. St-Vinc.-de-P — C, D — 6, 7.
Enfer (d'), 5..........	pl. Ste-Colombe — r. P.-de-l'Ombrière — G — 6.
Enghien (d'), 3.......	pl. des Quinconces — c. du J.-Public — I — 5.
Entre-deux-Murs, 5..	place St-Remi — rue Courbin — H. — 6.
Ernest-Godard, 2....	pl. Michel — rue d'Aviau — J — 5.
Esprit-des-Lois, 3....	pl. Richelieu — c. du XXX Juillet — H — 6.
Estey-de-Bègles, 11..	rue Peyronnet — cours St-Jean — E — 8.
Étables (des), 10.....	r. de l'Abattoir — cours St-Jean — E — 7.
Étoile (de l'), 7.......	pass. de l'Hôp. — r. du P.-de-Justice — G — 5.
Étrangers (des), 1....	r. de Lormont — c. Balg. Stuttemb. — M — 9, 10.
Étuves (des), 7.......	rue du Hâ — rue de Cursol — G — 5.
Eugène Delacroix, 11.	r. Beck — r. Terres-de-Bordes — G, D — 8, 9.
Facultés (des), 5.....	r. P.-Dijeaux — r. des Tr.-Conils — G, H — 5.
Fauché, 6.............	rue Terrade — cours d'Albret — G — 4.
Faugas, 12............	r. de la Benauge — c. Le Rouzic — G, H — 9.
Faure, 9..............	rue Mouneyra — rue du Tondu — F — 4.
Faures (des), 8.......	q. de La Grave — c. Napoléon — F — 6, 7.
Faussets (des), 5.....	pl. de la Bourse — r. du P.-St-Pierre — H — 6.
Fénélon, 3............	r. Montesquieu — rue Condillac — H — 5.

Rues	Tenants et Aboutissants
Ferbos, 10............	place Ferbos — rue de Bègles.— E — 6, 7.
Ferrère, 2............	q. Louis XVIII — c. du J.-Public.— I — 6.
Fillaurie, 11.........	r. Caussade — r. Terres-de-Bordes — D — 8.
Flèche, 1............	rue Barreyre — rue Poyenne — K — 7.
Fleurus, 6...........	rue d'Arès — allées Damour — H — 4.
Fondaudège, 3, 4....	pl. Tourny — r. Croix-de-Seguey — I, J — 4, 5.
Fonfrède, 10.........	r. Rateau — route de Toulouse — D — 5, 6.
Fort-Louis (du), 10..	pl. Ste-Croix — rue de l'Abattoir — E — 7.
Fosse-aux-Lions, 6..	rue d'Arès — rue Belay — H — 2.
Fours (des), 8.......	rue Carpenteyre — rue Ste-Croix — E — 7.
Fourteau, 12........	r. St-Romain — q. de Queyries.— H — 8.
Foy, 2...............	all. de Chartres — c. Pavé-des-Chart. — I — 6.
Franchise (de la), 4...	rue Paulin — rue Seguin — J — 3.
Francin, 11..........	rue du Saujon — rue Billaudel — D — 7.
Franç.-de-Sourdis, 7.	r. de Pessac—Cloître-de-St-Bruno—E, F, G—3.
Franklin, 3..........	c. de l'Intendance — r. Montesquieu — H — 5.
Frédéric-Bastiat, 12..	r. Bonnefin—r. de la Grande-Rollande—H—10.
Frère, 2.............	c. Portal — pl. Guadet — K — 5, 6.
Fusterie (de la), 8....	c. Napoléon — r. des Faures — F, G — 7.
Gabillon, 8..........	r. des Menuts — rue Hugla — F — 6.
Galles (de), 6........	r. Dauphine — r. St-Sernin — H — 4.
Gants (des), 9.......	r. Mériadeck — rue de Pessac — F — 4.
Garat, 10............	r. des Incurables — c. St-Jean — E — 6.
Garonne (de), 1......	r. de la Chapelle-St-Louis — N — 10.
Gasc (de), 7, 9.......	r. d'Arès — c. Champion — F, G, H — 4.
Gensonné, 6.........	r. des Glacières — r. Castelmoron — H — 4.
Genson, 8...........	r. des Pontets — rue des Faures — F, G — 6, 7.
Gerbier, 10..........	r. des Douves — r. St-Charles — E — 7.
Gironde (de), 1......	r. de Lormont — c. Balguerie — M — 9, 10.
Glacières (des), 6....	r. Bouffard — r. Dauphine — H — 4, 5.
Gobineau, 8.........	c. du XXX Juillet — all. de Tourny — H — 5.
Gouffrand, 1........	r. Lagrange — r. Barreyre — K — 6.
Gourgues (de), 7.....	r. St-James — r. Ste-Catherine — G — 6.
Gouvion, 5..........	r. Montméjean—r. des Trois-Conils—G, H—5.
Grammont, 11.......	r. T.-de-Bordes — place Belcier — D — 8, 9.
Grassi (de), 3, 5.....	c. de l'Intendance — r. Montméjean — H — 5.
Grateloup, 9........	route de Toulouse - r. Bertr-de-Goth — D — 5.
Gratiolet, 8.........	r. du Mirail — r. Bigot — F — 6.

Rues	Tenants et Aboutissants
Guadet, 2............	r. Mandron — pl. Guadet — J, K — 5.
Guérin, 5............	rue Tustal — rue du Loup — G — 5.
Guienne (de), 7......	r. St-James — r. Ste-Catherine — G — 6.
Guillaume Brochon, 3	c. de l'Intendance — pl. Puy-Paulin — H — 5.
Guiraude, 5..........	r. Ste-Catherine — r. de Cheverus — H — 5.
Guyart, 11...........	q. de Paludate — r. des T.-de-Bordes — E — 8.
Hâ (du), 7...........	c. Napoléon — r. du Palais-de-Justice — G — 5.
Halle (de la), 7......	r. P.-St-Jean — r. P.-des-Portanets — G — 6.
Hautoir (du), 9......	pl. Rodesse — boul. Johnston — E, F — 2, 3, 4.
Henri IV, 8..........	c. d'Albret — pl. int. d'Aquitaine — F — 4, 5.
Herbes (des), 7......	r. P.-St-Georges — r. Ste-Catherine — G — 6.
Honoré-Tessier, 8....	cours Napoléon — rue de Labirat — F — 5.
Hortense, 12.........	q. de Queyries — ch. de Queyries — I — 8.
Hostins, 11..........	r. des Terres-de-Bordes — g. du Midi — D — 8.
Hôtel-de-Ville, 5, 6...	r. Monbazon — pl. de l'Hôtel-de-Ville — G — 5.
Hugla, 8.............	cours Napoléon — rue Leyteire — F — 6.
Huguerie, 3..........	pl. Tourny — r. du Palais-Gallien — I — 4, 5.
Hustin, 3............	c. du Jard.-Public — r. du Ch.-de-Mars — I — 5.
Incurables (des), 8, 10	pl. d'Aquitaine — pl. des Capucins — F — 6.
Jeanneau (de), 12.....	r. Bonnefin — ch. de la Gr.-Rollande — H — 10.
Jardel-Larroque, 12..	avenue de Paris — rue Serr — H — 8.
Jard.-des-Plantes (du), 4.	rue Fondaudège — r. Lagrange — J — 4.
Jardin-Public (du), 2.	rue Daviau — rue St-Louis — J, K, L — 5, 6, 7.
Jean-Burguet, 7......	rue de Cursol — cours d'Aquitaine — F — 5.
Jean-Jacques-Bel, 3..	all. de Tourny — pl. du Chapelet — H — 5.
Jean-Jacques-Rousseau, 3.	pl. des Gr.-Hommes — rue Condillac — G, I — 5.
Joséphine, 1.........	rue Chantecrit — rue St-Martial — L — 7, 8.
Jouannet, 5..........	pl. St-Remi — rue St-Remi — H — 6.
Judaïque, 4, 6.......	pl. Dauphine — rue Pierre — H — 3, 4.
Julie, 10............	rue Laville — rue Mazagran — E — 6.
Kiesser, 4...........	rue Durand — rue Nauville — I — 3.
Kyrié, 10............	route d'Espagne — rue de Bègles — D — 6.
Labirat, 8...........	rue Ste-Catherine — rue Ste-Eulalie — F — 5.
La Boétie, 6.........	rue Bouffard — rue Dauphine - H — 4, 5.
Labottière, 4........	r. Croix-de-Seguey — r. de l'Arsenal — K — 3.
Lacave, 6............	pl. Mériadeck — rue St-Bruno — G — 3, 4.
Laclotte, 4..........	rue Fondaudège — rue du Réservoir — J — 4.
Lacornée, 7, 9.......	cours Cicé — cours Champion — F, G — 4.

VOIES DE BORDEAUX

Rues	Tenants et Aboutissants
Lacour, 2............	rue Mandron — rue Lechapelier — J — 5.
Lacroix, 4............	rue de la Trésorerie — rue de Lerme — I — 4.
Lafaurie-de-Monbadon, 3.	c. de Tourny — pl. Fondaudège — H, I — 5.
Lafayette, 3..........	pl. Richelieu — all. d'Orléans — H — 6.
Lafiteau. 11..........	r. des Ter.-de-Bordes — pl. Belcier — D — 8, 9.
Lafon 12.............	avenue de Paris — rue Montméjean — G, H — 8.
Lafontaine, 10........	route de Toulouse — pl. Ferbos — E — 6.
Lagrange, 1, 2, 4.....	r. David-Johnston — c. Portal — J, K — 4, 5, 6.
Lajarte, 10...........	route de Toulouse — r. d'Espagne — D — 5, 6.
Lalande (de), 8.......	cours Napoléon — pl. Henri IV — F — 5.
Laliment, 6..........	rue Judaïque — rue de Fleurus — H — 4.
Lamartinie, 9........	rue de Pessac — rue du Tondu — E — 3.
Lambert, 6..........	rue St-Sernin — rue de la Chartreuse — H — 4.
Lamourous (de), 9....	rue de Pessac — rue de St-Genès — E — 4.
Lana (de), 1.........	rue Delord — L — 8.
Landiras (de), 9.....	rue du Tondu — rue de Pessac — E, F — 3, 4.
Laporte, 4...........	r. David-Johnston — r. Laroche — J — 4.
Larmée, 6............	rue Brizard — rue Pierre — H — 3.
Laroche, 4...........	r. David-Johnston — r. de l'Arsenal — J, K — 4.
Lasabathie, 11.......	r. Belcier — r. de La Seiglière — D — 9.
La Seiglière (de), 11..	q. de Paludate — r. du P.-de-Guit — D — 9.
Lasseppe (de), 4......	r. Lagrange — r. de l'Arsenal — J, K — 4.
Lasserre, 11..........	rue Francin — D — 7.
Laterrade. 6..........	r. Lambert — pl. Mériadeck — G, H — 4.
La Tour-d'Auvergne, 2...	r. Ducau — r. du Jardin-Public — J — 5.
Latour, 2............	q. des Chartrons — r. N.-Dame — J — 6.
Latour-du-Pin, (de), 8	place Bourgogne — q. des Salinières — G — 7.
Leujac, 2............	r. Mandron — r. Lechapelier — J — 5.
Lauriers (des), 5.....	r. St-Remi — pl. du Parlement — H — 6.
Lavaud, 11...........	r. de Bègles — r. d'Aubidey — C — 6, 7.
Lavie, 6.............	c. d'Albret — r. Mériadeck — G — 4.
Laville, 10...........	route de Toulouse — route d'Espagne — E — 6.
Laville, 4............	r. Terre-Nègre — r. Bel-Orme — J — 3.
Laville-Fatin, 12.....	avenue de Paris — H — 9, 10
Lavoir (du), 4........	rue Laroche — rue Laroquette — J — 4.
Leberthon, 9.........	c. d'Aquitaine — route de Bayonne — E, F — 5.
Lebrun, 4............	r. Palais-Gallien — r. St-Sernin — I — 4.
Lechapelier, 2, 4.....	r. David-Johnston — r. Lagrange — J — 5.

VOIES DE BORDEAUX

Rues	Tenants et Aboutissants
Lecoq, 7...............	c. d'Albret — boulev. Johnston—F, G —2, 3, 4.
Lentillac (de), 10......	rue Peyronnet — rue des Etables — E — 7.
Léon-Paillère, 11.....	pass. à nly.—boulevard J.-J. Bosc — B, C — 9.
Le Reynart, 10........	rue Carpenteyre — rue Ste-Croix — F — 7.
Lermé (de), 4........	rue Capdeville — place de Lerme — I — 3, 4.
Lestonnat (de), 12....	q. Deschamps — rue de la Benauge — F, G—9.
Letellier, 12..........	r. Deschamps — r. de la Benauge — G — 8.
Leupold, 5............	r. de la Bourse — r. de la C.-des-Aides — H—6.
Leyteire, 8, 10........	c. Napoléon — c. St-Jean — F — 6
L'hote, 3.............	r. Fondaudège — r. Huguerie — I — 5.
Lobas, 10.............	rue du Port — rue St-Benoît — F — 7.
Lombard, 1...........	q. de Bacalan — c. Balguerie — K, L — 7, 8.
Lormont (de), 1......	quai Bacalan — M, N, O — 10, 11.
Louis, 3	r. Esp.-des-Lois — c. du Ch.-Rouge — H — 6.
Loup (du), 5.........	r. P.-St-Georges—pl. Pey-Berland — G — 5, 6.
Lufflade, 4...........	rue Maleret — rue Paulin — J — 4.
Luckner, 2...........	rue Lagrange — rue Traversière — K — 5.
Lyon (de), 4.........	r. de la C.-Blanche— rue Mondenard — I — 3.
Mably, 3.............	pl. du Chapelet — r. J.-J. Rousseau — H — 5.
Madère, 12...........	avenue de Paris — r. Montméjean — H — 8.
Magendie, 8..........	r. Ste-Catherine — r. Ste-Eulalie — F - 3.
Magot (du), 9........	r. Pagès — r. Lamartinie — E — 3.
Maison-Daurade, 3...	r. des P.-de-Tutelle — r. Ste-Cath. — H — 5, 6.
Malbec, 10, 11........	c. St-Jean — r. de Bègles — C, D, E — 5, 6, 7.
Maldant, 1...........	r. de Lorm. — c. Dupré-St-Maur — N, O — 10.
Maleret, 4...........	r. Planturable — r. Fondaudège — J — 4.
Malescaut, 10........	r. Monthyon — route d'Espagne — E — 6.
Malet, 10............	rue des Douves — cours St-Jean — E — 7.
Mandron, 2..........	r. de la Course — r. Lagrange — J — 5.
Manège (du), 2, 4.....	all. Damour — rue d'Arès — H — 4.
Marais (du), 6, 7......	cours Cicé — rue Poirier — G — 4.
Marbotin, 10	rue des Douves — rue du Hamel — E, F — 6.
Marengo, 8..........	pl. des Cordeliers — r. Permentade — F — 6.
Margaux, 5..........	r. Ste-Catherine — r. Castillon — H — 5.
Marmanière, 1.......	q. de Bacalan — c. Balg. Stuttemb. — L — 8, 9.
Marseille (de), 4.....	r. de Caud. — boulev. de Caudéran — H, I— 2.
Martignac, 8.........	c. de l'Intendance — pl. du Chapelet — H — 5.
Martin, 6............	r. d'Arès — c. de l'Impératrice — G, H — 2.

VOIES DE BORDEAUX

Rues	Tenants et Aboutissants
Mathieu, 7............	rue du Tondu — pl. du Cimetière — E, F — 2.
Matignon, 4..........	r. Fondaudège — r. David-Johnston — J — 4.
Maubec, 8............	r de la Fusterie — r. des Faures — F — 7.
Maubourguet, 4......	r. Fondaudège — r. David-Johnston — J — 4.
Maucaillou (du), 8....	r. Permentade — r. Saumenude — F — 6.
Maucoudinat, 5......	r. des Bahutiers — r. du P.-St-Georges — G — 6.
Maucouyade, 7.......	r. des Ayres — r. des Herbes — G — 6.
Mauriac, 8............	cours Napoléon — rue des Faures — G — 6.
Maurice, 1............	q. des Chart. — c. Balg. Stuttemb. — K, L — 7, 8.
Mautrec, 8............	pl de la Comédie — pl. du Chapelet — H — 5.
Mauvezin, 9..........	rue de Pessac — rue du Tondu — E, F — 4.
Maydieu, 2...........	rue St-Joseph — rue Plantey — K — 6.
Mazagran, 10........	r. St-Jacques — route de Toulouse — E — 6.
Mazarin, 9...........	rue Villedieu — rue Pavillon — E, F — 5.
Menuts (des), 8......	rue Permentade — rue des Faures — F — 6.
Merci (de la), 5......	r. Arnaud-Miqueu — r. Ste-Cath. — G — 5, 6.
Mercière, 9..........	route de Bayonne — route de Toulouse — E — 5.
Mériadeck, 6, 7......	rue Judaïque — r. de Pessac — F, G, H — 4.
Méry, 4..............	r. de la Roquette — rue Lechapelier — J — 4.
Mérignac, 5..........	r. Puits-Descujols — r. P.-St-Pierre — H — 6.
Merle, 6..............	rue d'Arès — rue Lambert — H — 4.
Métivier, 5...........	r. St-Remi — r. du Parl.-St-Pierre — H — 6.
Michel, 2.............	c. du J.-Public — r. du J.-Public — J — 5, 6.
Michel-Montaigne, 3.	all. de Tourny — pl. des Gr.-Hommes — H — 5.
Milanges, 5..........	r. des T.-Chandel. — r. Pas-St-Georges — G — 6.
Millière, 9...........	r. Villedieu — route de Bayonne — E, F — 5.
Minvielle, 2..........	r. Pomme-d'Or — r. du Jard.-Public — J, K — 6.
Mirail (du), 8........	cours Napoléon — r. des Augustins — F — 6.
Miramont, 10........	quai Paludate — cours St-Jean — E — 8.
Miséricorde (de la), 8.	rue Ste-Eulalie — pl Henri IV — F — 5.
Monbazon, 6.........	rue des Remparts — c. d'Albret — G — 4, 5.
Mondenard, 4........	r. de la Trésorerie — c. St-Médard — I, J — 2, 3, 4.
Monnaie (de la), 10...	q. de la Monnaie — pl. de la Monnaie — F — 7.
Montagne, 7.........	rue de la Rousselle — G — 6.
Montaigne, 7.........	rue des Ayres — rue St-Antoine — G — 5.
Montesquieu, 3......	pl. des Gr.-Hommes — c. de l'Intend. — H — 5.
Montfaucon, 10......	cours St-Jean — rue Billaudel — D, E — 7.
Montgolfier, 2........	r. Mandron — rue Lagrange — J, K — 5, 6.

Rues	Tenants et Aboutissants
Montméjean La Bastide, 12	place Napoléon — rue Durand — G — 8.
Montméjean, 5.......	rue Castillon — rue des Facultés — H — 5.
Monthyon, 10........	c. St-Jean — ancien ch. de Bègles — E — 6.
Morion, 11...........	r. Terres-de-Bordes — gare du Midi — D — 8.
Moulin (du), 10......	rue du Port — pl. du Moulin — F — 7, 8.
Moulinié, 8..........	rue Ste-Catherine — rue Lalande — F — 5.
Mouton, 10..........	rue de l'Abattoir — rue Gerbier — E — 7.
Mouneyra, 7, 9......	c. d'Albret — boulev. Johnston — E, F—2,
Mû (du), 5, 7.........	rue du Peugue — G — 6.
Muguet, 7...........	rue Rousselle — rue Renière — G — 6.
Mulet, 5	r. P.-St-Georges — r. Arnaud-Miqueu — G—
Naujeac, 4..........	boul. de Caudéran—r. de la Trés.—I, J—2, 3, 4
Nauville, 4, 6.......	r. de la Croix-Blanche — r. d'Arès—H—1, 2, 3.
Navarre, 9..........	rue du Tondu — rue de Pessac — F — 4.
Nérigean, 10........	rue Ste-Croix — rue Traversanne — F — 7.
Neuve, 7...........	rue de la Rousselle — rue Renière — G — 6.
Nice (de), 12.........	cours Le Rouzic — rue Bonnefin — H — 9.
Nicot, 6, 9..........	r. du Hautoir — r. d'Ornano — F, G — 3.
Notre-Dame, 2......	Pavé des Chartrous — r. Poyenne—J, K—6, 7.
Noviciat (du), 10.....	r. Berrouet — pl. Ste-Croix — E — 7.
Nuyens, 12..........	q. de Queyries — ch. de Queyries — H, I —7, 8.
Observance (de l'), 8..	c. Napoléon — r. St-François — F — 6.
Orléans (d'), 3.......	r. Esprit-des-Lois — all. d'Orléans — H — 6.
Ormeau-Mort (de l'), 9	rue du Tondu — rue de Pessac — E — 2.
Pagès, 9............	rue du Tondu — rue de Pessac — E — 3.
Paix (de la), 4.......	rue Durand — rue Capdeville — I — 3.
Palais-Galtien (du), 3, 4.	pl. Dauphine — r. Fondaudège — H, J — 4.
Palais-de-Justice, 7..	place Rohan — rue de Cursol — G — 5,
Palais-de-l'Ombrière, 5..	r. des Bahutiers — pl. du Palais — G — 6.
Palanque (des), 7.....	rue du Hâ — rue du Peugue — G — 5.
Parlem. Ste-Catherine, 5.	r. Ste-Catherine — pl. du Parlement — H — 6.
Parlement St-Pierre, 5..	r. des Faussets — pl. du Parlement — H — 6.
Pas-St-Georges (du), 5..	pl. du Parlement —pl. du V.-Marché—G, H—6.
Paulin, 4...........	r. Mondenard — r. Cr.-de-Seguey — I, J — 3, 4.
Pavillon (du), 9......	r. de St-Genès — rue Millière — E — 5.
Pélegrin, 7..........	r. du Peugue — pl. Ste-Eulalie — E, F — 5.
Pelleport, 10........	route de Toulouse — rue de Bègles — C—5, 6.
Pénicaud, 1.........	rue Pomme-d'Or — cours Balguerie — K — 6.

Rues	Tenants et Aboutissants
Permentade, 8.......	r du Maucaillou — r. Gratiolet — F — 6.
Pessac (de), 9........	rue de Berry — barr. de Pessac — E, F — 3, 4.
Petit-Goave (du), 6...	rue d'Arès — rue Judaïque — H — 3.
Peugue (du), 5, 7.....	quai de Bourgogne — place Roban — G — 5, 6.
Peyronnet, 10, 11....	quai de Paludate — c. St-Jean — E — 7, 8.
Picard, 7.............	r. Ste-Sophie — r. de la Bénauge — G, H — 9.
Pierre, 6.............	rue Judaïque — rue d'Arès — G, H — 2.
Pilet, 8..............	cours Napoléon — rue d'Abadie — F — 6.
Piliers-de-Tutelle, 3,5	cours du Chapeau-Rouge — rue du Parlement-Ste-Catherine — H — 6.
Planterose, 8, 10.....	r. Ste-Croix — r. Traversanne — F — 6, 7.
Plantevigne, 11......	rue de la Seiglière — D — 9.
Plantey, 1, 2.........	cours Portal — r. du Jardin-Public — K — 6.
Planturable, 4.......	rue Paulin — rue du Palais-Gallien — I — 4.
Plate-Forme (de la), 7	r. de Cursol — r. du Palais-de-Justice — G — 5.
Poirier, 6............	c. d'Albret — r. François de Sourdis — G — 3,4.
Poissac (de), 6.......	c. d'Albret — r. Belleville — G — 3, 4.
Poitevin, 4...........	rue St-Fort — rue Turenne — I — 4.
Pomme-d'Or, 1, 2.....	r. Notre-Dame — r. Barreyre — J, K — 6, 7.
Pommiers (des), 8....	r. Maucaillou — r. des Pet.-Carmélites — F — 6.
Pont-de-la-Mousque, 5.	pl. Gabriel — r. Pil.-de-Tutelle - H — 6.
Pont-du-Guit, 11.....	r. T.-de-Bordes — ch. St-V.-de-Paul — D — 8.
Pont-Long (pet. rue) 6...	rue Ségalier — rue d'Arès — H — 3, 4.
Pontets (des), 8......	r. de la Fusterie — c. Napoléon — G — 7.
Port (du), 10.........	q. Ste-Croix — rue Ste-Croix — F — 7.
Portail (du), 10......	pl. Ste-Croix — pl. de la Monnaie — E, F — 7.
Porte-Basse, 5, 7.....	rue du Loup — rue des Ayres — G — 5.
Porte-du-Caillou, 5, 7	q. Bourgogne — rue Ausone — G — 6.
Porte-Dijeaux, 3, 5...	r. Ste-Catherine — pl. Dauphine — H — 5.
Porte-des-Portanets, 7...	q. Bourgogne — r. de la Rousselle — G — 6, 7.
Porte-St-Jean, 7......	rue du Peugue — r. de la Rousselle — G — 6.
Poudensan, 4........	rue Naujac — r. Fondaudège — J. — 4.
Poyenne, 1..........	q. des Chartrons — c. Balguerie — K — 7.
Pradel, 5............	rue Vital-Carles — rue Créon — G — 5.
Prévôté (de la), 4.....	r. Rodrig.-Pereire — r. de la Trésorer. — I — 4.
Prosper, 7...........	c. d'Albret — rue Mériadeck — F — 4.
Prunier, 1...........	c. Balguerie — r. du J.-Public — K, L — 6, 7.
Puits-Descazeaux (du), 7.	r. Renière — r. de la Rousselle — G — 6.

Rues	Tenants et Aboutissants
Puits-Descujols (du), 5	r. Léopold — rue de la Bourse — H — 6.
Puységur, 9.........	rue Dubourdieu — Boulevard — C, D — 4.
Queyries (de), 12.....	q. de Queyries — chemin de Queyries — H, I — 7, 8.
Quai-Bourgeois (du).	r. de la C.-des-Aides — q. Bourgogne — G — 6.
Ramonet, 2............	q. des Chartrons — r. Pomme-d'Or — J — 6, 7.
Râteau, 10............	rue Fonfrède — rue Riauzac — D — 6.
Ravez, 5, 7............	Grand Marché — rue du Loup — G — 6.
Raze, 2................	q. des Chartrons — r. Notre-Dame — J — 6.
Remparts, 5, 6.......	r. P.-Dijeaux — r. des Tr.-Conils — G, H — 5.
Renière, 7.............	r. de la Rousselle — r. Bouquière — G — 6.
Répond. 4.............	r. de la Cr.-Blanche — r. Mondenard — I — 3.
Réservoir (du) 2, 4...	rue Duplessis — rue St-Laurent — I, J — 4, 5.
Résiniers (des), 11....	Estey-de-Bègles — r. Cazaubon — E — 8.
Retaillons (des), 1....	r. Pomme-d'Or — r. Lagrange — K — 6.
Riauzac, 10...........	rue Rateau — route d'Espagne — D — 6.
Richard, 11...........	r. Terres-de-Bordes — r. Cabanac — D, E — 8.
Rives, 12..............	quai de Queyries — I — 7, 8.
Rivière (de), 1........	r. de l'Arsenal — boul. du Bouscat — K, L — 4.
Rochambeau 2.......	rue de la Course — rue Lagrange — J — 5.
Rocher (du), 6........	rue de la Chartreuse — r. d'Arès — G, H — 3, 4.
Rode, 2...............	cours Portal — rue Ste-Thérèse — J — 6.
Rodrigues-Péreire, 4.	allées Damour — r. de la Trésorerie — I — 4.
Rohan, 6.............	cours d'Albret — place Rohan — G — 4, 5.
Rolande, 12..........	avenue de Paris — rue Serr — H — 9.
Rolland, 3...........	c. de Tourny — r. du Pal.-Gallien — H — 4, 5.
Roquette (de la), 4...	rue Lechapelier — rue du Lavoir — J — 4, 5.
Rosalie, 11...........	rue Morion — rue Lafiteau — D — 8.
Rose, 1...............	r. P.-d'Or — c. Balguerie-Stuttenb. — K — 6.
Rougier, 6...........	r. St-Sernin — Eglise St-Bruno — G, H — 3, 4.
Roullet, 11...........	r. Terres-de-Bordes — r. Belcier — D — 8, 9.
Rousselle (de la), 7...	rue Ste-Colombe — c. Napoléon — G — 6.
Sablières (des), 9.....	route de Bayonne — r. Grateloup — D, E — 5.
Saget (de), 11........	q. de Paludate — Estey-de-Bègles — E — 8.
Saige, 3..............	r. Ste-Catherine — pl Puy-Paulin — H — 5.
Saincric (de) 8.......	rue Henri IV — place Henri IV — F — 5.
Ste Anne, 11.........	rue Belcier — rue de la Seiglière — D — 9.
St-Antoine, 7........	rue des Ayres — rue Ste-Catherine — G — 5.
St-Benoît, 10........	rue Carpenteire — rue Ste-Croix — F — 7.
St-Bruno, 6, 7, 9.....	rue d'Arès — rue du Tondu — F, G, H — 3, 4.

Rues	Tenants et Aboutissants
Ste-Catherine, 3,5,7,8,	c. du Ch.-Rouge — pl. int. d'Aquit. — F, G, H. — 5.
Ste-Cécile, 9.........	rue Mouneyra — rue du Tondu — F — 3.
St-Charles, 10........	pl. des Capucins — r. de l'Abattoir — E — 6, 7.
St-Christoly, 5.......	r. Montméjean — r. Beaubadat. — H — 5.
St-Claude, 6, 7, 9.....	rue d'Arès — rue du Tondu — F, G, H. — 4.
Ste-Colombe, 7.......	rue Neuve — pl. du Vieux-Marché — G — 6.
Ste-Croix, 8, 10......	place Canteloup — rue du Port — F — 7.
Ste-Élisabeth, 2......	r. du Jardin-Public — r. Lagrange — K — 5, 6.
St-Esprit, 1, 2........	q. des Chartrons — r. Pomme-d'Or — J — 6, 7.
St-Étienne, 4.........	r. Rodr.-Péreire — r. de la Concorde — I — 4.
Ste-Eugénie, 2.......	rue Frère — rue St-Joseph — J — 6.
Ste-Eulalie, 7, 8......	cours Napoléon — rue Henri IV — F — 5.
St-Fort, 4............	r. du Palais-Gallien — r. Rodr.-Péreire — I. — 4.
St-François, 8........	pl. du Marché-Neuf — r. du Mirail — F — 6.
St-Genès, 9..........	rue de Berry — barrière de Genès — D, E — 4.
St-Hubert, 2.........	r. Ste-Élisabeth — r. Mandron — J, K — 5.
St-Jacques, 10.......	cours St-Jean — r. Lajarte — D, E — 6.
St-James, 7..........	pl. du Vieux-Marché — c. Napoléon — G — 6.
St-Jean, 10..........	anc. ch. de Bègles — r. Lafontaine — E — 6.
St-Joseph, 2.........	r. Notre-Dame — r. du J. Public — J, K — 6.
St-Laurent, 4........	r. Fondaudège — r. David Johnston — J — 4.
St-Louis, 1...........	c. Balguerie — r. du Jardin-Public — K — 6.
Ste-Luce, 4..........	rue de Lerme — rue Caussan — I — 3, 4.
St-Maur, 2...........	rue Mandron — rue Lagrange — J, K — 5.
St-Michel, 2..........	r. du Jardin-Public — r. St-Joseph — K — 6.
Ste-Marie, 4.........	r. Terre-Nègre — boul. de Caudéran — J — 2,8.
Ste-Marie, 12........	avenue de Paris — q. de Queyries — H — 8.
St-Martin, 12........	rue Dasvin (à La Bastide) — I — 10
St-Nicolas, 9.........	route de Bayonne — route de Toulouse — E — 5.
Ste-Philomène, 1.....	rue Poyenne — rue Denise — K — 7.
St-Pierre, 5..........	pl. St-Pierre — rue Maucaudinat — G — 6.
St-Romain, 12.......	place Napoléon — r. Serr — H — 8.
St-Rémi, 3, 5........	pl. de la Bourse — r. Ste-Catherine — H — 6.
St-Sernin, 4, 6.......	cours d'Albret — rue Trésorerie — H, I — 4.
St-Siméon, 5.........	r. Pas-St-Georges — r. Arnaud-Miqueu — G — 6.
Ste-Sophie, 12.......	r. Montméjean — r. Durand — H — 8, 9.
Ste-Thérèse, 2.......	rue Sicard — rue St-Joseph — J — 6.
St-Thibaut, 11.......	quai de Paludate — rue Soulier — E — 8.

VOIES DE BORDEAUX

Rues	Tenants et Aboutissants
St-Vincent-de-Paul, 11..	c. St-Jean — r. du Pont-du-Guit — D — 8.
Saintonge (de), 9.....	cours Champion — rue Mériadeck — F — 4.
Saintonge (pet. r.), 9.	rue Saintonge — rue Mériadeck — F — 4.
Sarrette, 11.........	pl. Belcier — gare du Midi — C, D — 8, 9.
Sau (de la), 7........	rue St-James — rue Désirade — G — 6.
Saubat, 9............	rue du Pavillon — rue de St-Genès — E — 4.
Sauce, 2.............	rue Laroche — rue de l'Arsenal — J — 4.
Saujon (du), 11......	r. Malbec — r. St-Vincent-de-Paul—D,E—7,8.
Saumenude, 10.......	r. du Maucaillou — r. du Hamel — F — 6.
Sauteyron, 9........	rue Millière — place d'Aquitaine — F 5
Savoie (de) 12.......	cours Le Rouzic — rue Bonnefin — H — 9.
Ségalier, 4..........	allées Damour — rue Durand — H — 3, 4.
Séguin, 4...........	r. Mondenard — r. Naujac — I, J — 3.
Seiglière, (de la), 11..	q. de Paludate — pl. Belcier — D — 9.
Ségur (de), 9........	r. de Pessac — r. des Treuils — D, E — 3, 4.
Séraphin, 6.........	rue Nauville — rue Chauffour — H — 3.
Serpole, 5..........	rue St-Siméon — rue du Loup — G — 6.
Serpora (du), 11.....	rue Veyssière — rue Francin — D — 7.
Serr, 12.............	quai de Queyries — rue Rolande — H — 8.
Servandony, 7.......	cours d'Albret — pl. Rodesse — E, F — 4.
Sèze (de), 8.........	pl. des Quinconces — all. de Tourny — I — 5.
Sicard, 2............	rue Notre-Dame — c. Portal — J — 6.
Soleil (du), 7........	r. de la Rousselle — r. P.-Descazeaux — G — 6.
Solférino, 9.........	rue de St-Genès — D — 4.
Soulier, 11..........	r. St-Thibaud — Estey-de-Bègles — E — 8.
Succursale, 9.......	ruelle Saubat — rue Millière — E — 5.
Sullivan, 6..........	ch. d'Arès — rue Judaïque — H — 3.
Sully, 4.............	rue Paulin — J — 3, 4.
Surson, 1...........	q. de Bacalan — c. Balguerie — K, L — 8.
Souys (de la), 12.....	c. de Trugey — r. de la Benauge — F, G — 8, 9.
Tanesse, 8, 9........	pl. Ste-Eulalie — rue Villedieu — F — 5.
Tanneries (des), 3....	r. Fondaudège — pl. du Ch.-de-Mars — I — 5.
Tastet, 7............	cours d'Albret — rue St-Claude — G — 4.
Temple (du) 8, 5.....	c. de l'Intendance. — r. Montméjean — H — 5.
Temps-Passé (du), 4..	r. Matignon — r. David-Johnston — J — 4.
Terre-Nègre, 4.......	petit ch. d'Eysines — r. Mondenard — I, J — 8.
Terres-de-Bordes, 11.	q. de Paludate — rue du P.-de-Guit — D, E — 8.
Teulère, 7...........	r. Fouquière — r. St-James — G — 6.

Rues	Tenants et Aboutissants
Théodore-Ducos, 9...	rue de Pessac — rue du Tondu — E, F — 4.
Thiac, 4.............	r. du P.-Gallien — r. Rodrig-Pereire — I — 4.
Tiffonnet, 10.........	route de Toulouse — c. St-Jean — E — 6.
Tilleuls (des), 6......	rue St-Claude — rue d'Arès — H — 3, 4.
Tivoli (de), 1........	r. de l'Arsenal — boul. du Bouscat — K — 8.
Tombeloly, 8.........	r. Ste-Catherine — r. de Lalande — F — 5.
Tondu (du), 9........	c. d'Albret — boul. Johnston — E, F — 2, 3, 4.
Tour-de-Gassies, 5...	r. des Bahutiers — r. des Argentiers — G — 6.
Tour-du-Pin.........	pl. Bourgogne — q. des Salinières — G — 7.
Tourat, 2............	rue Notre-Dame — c. du Jardin-Public — J — 6.
Tramassé, 1.........	quai des Chartrons — rue Dupaty — K — 8.
Traversanne, 10......	rue du Hamel — rue Maucaillou — F — 6, 7.
Traversière, 2........	pl. Fégère — rue Lagrange — J, K — 5, 6.
Trésorerie (de la), 4..	rue Capdeville — rue Fondaudège — I, J — 4.
Treuils (des), 9......	rue de Pessac — rue de Ségur — D, E — 3, 4.
Trois-Chandeliers (des), 5.	rue Maucoudinat — rue des Combes — G — 6.
Trois-Conils (des), 5.	pl. St-Projet — rue des Remparts — G — 5.
Turenne, 2, 4........	r. Lafaur.-de-Monb. — r. de Lerme — I, J — 3, 4.
Tustel, 5.............	pl St-Projet — rue Cheverus — G — 5.
Vache (de la), 5......	r. Chai-des-Farines — r. des Argent. — G — 6.
Valdec, 6............	rue du Manége — rue d'Arès — H — 4.
Vandebrande, 1......	rue Flèche — rue Notre-Dame — K — 7.
Vareilhes, 6..........	rue Rougier — rue Lambert — G, H — 4.
Vauban, 2...........	all. de Chartres — Pavé-des-Chart. — I — 6.
Vauquelin, 11........	rue Francin — rue Veyssières — D — 7.
Vergniaud, 2........	rue Mandron — rue Lechapelier — J — 5.
Verrerie (de la), 2....	r. Constantin — Pavé-des-Chartrons — J — 6.
Verte, 6.............	rue Bonafoux — pl. Mériadeck — G — 4.
Verteuil, 6...........	rue Castelmoron — rue Monbazon — G — 4.
Veyrines, 8	rue Magendie — rue Saincric — F — 5.
Veyssières, 10.......	rue Vauquelin — rue du Saujon — D — 7.
Victoire-Américaine, 3...	rue Fondaudège — rue Huslin — I — 5.
Victor, 5............	rue des Tr.-Conils — pl. Pey-Berland — G —
Videau, 10..........	rue de Bègles — rue St-Jacques — E — 6.
Vieille-Tour, (de la) 3	c. de l'Intendance — r. Porte-Dijeaux — H — 5.
Vignes (des), 10......	rue Ste-Croix — rue du Hamel — F — 7.
Vilaris, 10...........	pl. Ferbos — rue Malbec — D — 7.
Villedieu, 9..........	rue de Berry — cours d'Aquitaine — F — 5.

Rues	Tenants et Aboutissants
Villeneuve, 6.........	rue Bouffard — rue Dauphine — H — 4, 5.
Vincennes (de), 7.....	rue d'Arès — c. de l'Impératrice — G, H — 2.
Vinet, 5..............	rue Maucoudinat — rue du Cancera — G — 6
Vital-Carles, 8, 5.....	c. de l'Intendance — r. de l'Arch. — G, H — 5.
Voltaire, 3...........	c. de l'Intend. — pl. des Gr.-Hommes — H — 5.
Avenues	
Paris (de), 12........	pl. Napoléon — route de Paris — H, I — 8 à 11.
Rivière (de), 2.......	rue Lagrange — K — 4, 5.
Allées	
Boutaut (de).........	rue de Lagrange — Boulevard — K, L, M — 8.
Chartres (de), 2, 3....	q. Louis VVIII — c. du XXX Juillet — I — 6.
Damour, 4...........	r. Judaïque — r. de l'Ég.-St-Seurin — H — 4.
Orléans (d'), 3........	q. Louis XVIII — c. du XXX Juillet — H — 6.
Tourny (de), 3.......	r. Mautrec — pl. Tourny — H, I — 5.
Boulevards	
Caudéran (de)........	rue d'Arès — route du Médoc.
Bouscat (du).........	route du Médoc.
J.-J. Bosc...........	quai de Brienne.
Johnston............	rue du Tondu — rue d'Arès.
Ceinture (de)........	(non achevé).
Cale	
Monnaie (de la), 10...	quai de la Monnaie — F — 7.
Chemins	
Bègles (anc. de), 10...	route d'Espagne — E — 6.
Eyzines (p ch. d'), 4.	r. Cr.-de-Seguey — b. de Caudéran — K — 2, 3.
St-Vincent-de-Paul, 11	r. de St-Vincent-de-Paul — r. de Bègles — C — 7.
Tondu (du)..........	rue du Tondu — E — 1, 2.
Vache (de la)........	rue de Rivière — Bouscat — L, M — 3.
Cours	
Albret (d'), 6, 7......	rue Dauphine — cours d'Aquitaine — F, G — 4.
Aquitaine (d'), 7, 9...	cours Champion — place d'Aquitaine — F — 5.
Balguerie-Stuttemberg, 1.	pl. Picard — c. Dupré-St-Maur — K L, M — 6 à 9.
Champion, 7, 9......	pl. Rodesse — cours d'Albret — F — 4.
Chapeau-Rouge (du), 3...	pl. Richelieu — c. de l'Intendance — H — 6.
Cicé, 6, 7............	rue Lavie — place Rodesse — G — 4.

Cours	Tenants et Aboutissants
upré-St Maur, 1.....	c. Balguerie — b. de Ceinture — M, N, O — 9.
glise (de l'), 12.....	chemin de la Grande-Rollande — I — 10, 11,
ourgues (de), 9.....	c. du XXX Juillet — c. du Jard.-Public — I — 5.
tendance (de l'), 3..	pl. Dauphine — c. du Chapeau-Rouge — H — 5.
ardin-Public (du), 2,3	place Tourny — cours Portal — I, J — 5, 6.
ournu-Auber, 1.....	all. de Boutaut — c. Balguerie — L — 6, 7.
e Rouzic, 12........	avenue de Paris — rue de Benauge — H — 9.
apoléon, 7, 8.......	pl. Bourgogne — r. des Ayres — F, G — 5, 6, 7.
avé-des-Chartrons (du), 2	q. des Chartrons — c. du Jardin-Public — J — 6.
ortal, 1, 2..........	c. du Jardin-Public — rue Lagrange — J, K — 6.
aint-Jean, 10, 11....	pl. d'Aquitaine — r. T.-de-Bordes — F — 6,7,8.
aint-Louis, 1.......	r. Lagrange — c. Journu-Auber — K, L — 6, 7,
aint-Médard, 4......	rue de la Croix-Blanche — boul. de Caudéran — I, J. — 2.
ournon, (de), 3.....	pl. des Quinconces — pl. Tourny — I — 5.
ourny (de), 3.......	pl. Dauphine — pl. Tourny — H, I — 5.
rente-Juillet (du) 2, 3..	pl. de la Comédie — c. du J.-Public — H, I — 5.
rugey (de), 12......	q. Deschamps — r. de la Benauge — F, G — 9,10.
Passages	
azar-Bordelais, 5...	r. Ste-Catherine — r. Arnaud-Miqueu — rue du Cancera — H — 5, 6.
elair, 10...........	rue Belair — r. St-Jacques — D — 6.
rian, 9.............	route de Bayonne — rue Millière — E — 5.
eyries, 10..........	r. Brémontier — r. St-Jacques — E — 6.
égère, 2............	r. du J.-Public. — r. Cantemerle — J — 6.
alerie-Bordelaise, 3.	rue Ste-Catherine — rue Pilliers-de-Tutelle — H — 5, 6.
ôpital (de l'), 7.....	rue de Cursol — rue du Hâ — G — 5.
afontaine, 10.......	rue Lafontaine — E — 6.
aliment, 6..........	r. Laliment — r. Mériadeck — H — 4.
entillac, 10.........	rue Lentillac — E — 7.
oreau, 10...........	rue St-Jacques — rue Tiffonnet — E — 6.
avault, 11.	rue Terres-de-Bordes — D — 8.
anneries (des), 3....	r. des Tanneries — imp. des Tann. — I — 5
andebrande, 1......	rue Vandebrande — Barreyre — K — 7.
iolet, 2.............	rue Cantemerle — rue Ste-Eugénie — J — 6.
aux-Hall, 3.........	rue Porte-Dijeaux, 99 — H — 5.

Places	Tenants et Aboutissants
Aquitaine (d') int., 8..	r. Ste-Cath. — r. Bigot — r. Henri IV — F — 5.
— ext., 8,9,10.	cours d'Aquitaine, St-Jean ; routes de Toul., de Bayonne ; rue des Incurables, de Candale — E, F — 5, 6.
Archevêché (de l'), 5..	r. Vital-Carles ; pl. Pey-Berland — G — 5.
Armes (d'), 7.........	r. de Cursol, du Palais-de-Justice, Jean Burguet, cours d'Albret — G — 4, 5.
Augustins (des), 8...	r. Ste-Cath., des August.; Tombeloly — F — 5.
Bardineau, 2, 3.......	rue Duplessis — r. Bardineau — I — 5.
Belcier, 11...........	r. Belcier, de Grammont, Roullet, La Seiglière, Beck, Sarrette — D — 9.
Bourgogne, 7, 8......	c. Nap., q. Bourg. et des Salinières — G — 7.
Bourse (de la), 5.....	r. St-Remi, des Faussets, de la Bourse, quai de la Douane, quai de la Bourse — H — 6.
Canteloup, 8.........	rue du Casse — rue Ste-Croix — Église St-Michel — F — 7.
Capucins (des) int., 8-10	rues Clare, Bigot, Du Hamel, Berger.— F — 6.
— ext., 8-10	Port des Cap., r. St-Charles, des Incu., Contresc.; route d'Espag.; c. St-Jean — E — 6.
Champ-de-Mars (du), 3...	r. du Ch.-de-Mars, des Tanneries; Jardin-Public — I — 5.
Chapelet (du), 3......	rues Mautrec, Martignac, J.-J.-Bel, Mably. Église Notre-Dame — H — 5.
Cimetière (du), 6.....	rues d'Ornano, Mathieu — F — 2.
Comédie (de la), 3....	all. de Tourny ; c. de l'Intendance, du Chapeau-Rouge ; r. Ste-Catherine ; c. du XXX Juillet ; r. Esprit-des-Lois — H — 5.
Concorde (de la), 4...	r. Capdeville, de la Concorde, St-Étienne — I — 4.
Cordeliers (des), 8....	rues Marengo, St-François, de l'Observance, des Cordeliers — F — 6.
Dauphine, 3, 6........	c. de l'Intend., de Tourny ; r. Judaïque, d'Arès, Bouffard, P.-Dijeaux, Palais-Gallien, Dauphine — H — 4, 5.
Duburg, 8............	r. des Faures, des Allamandiers, Carpenteyre, de la Fusterie — F — 7.
École-de-Médecine (de l'), 8	rue Lalande — F — 5.
Fégère, 2.............	c. du J.-Public ; r. Traver., de la Course — J — 6.
Ferbos, 10............	rues Lafontaine, Ferbos, Vilaris — D, E — 7.

Places	Tenants et Aboutissants
Fondaudège, 3.......	rues Fondaudège, des Tanneries, Lafaurie de Monbadon — I — 5.
Grands-Hommes (des), 3..	r. Michel-Montaigne, J.-J. Rousseau, Buffon, Montesquieu, Voltaire — H — 5.
Gabriel, 3............	rue Pont-de-la-Mousque ; cours du Chapeau-Rouge — H — 6.
Guadet, 2............	rues Frère, Guadet, Lagrange — K — 5.
Henri IV, 8..........	rues Lalande, Tombeloly, Henri IV, de la Miséricorde, Sainerie — F — 5.
Hôtel-de-Ville (de l'), 5	rue de l'Archevêché ; pl. Rohan ; rues Créon, de l'Hôtel-de-Ville — G — 5.
Lainé, 2.............	q. des Chartrons, Louis XVIII ; c. du Pavé-des-Chartrons ; r. Ferrère — I — 6.
Lerme (de), 4........	r. de Lerme, Bongrand, Planturable — I — 4.
Marché (du Grand-), 7	cours Napoléon ; rues de Guienne, de Gourgues — G — 6
Marché-des-Chart. (du), 9.	rues Rode, Sicard — J — 6.
Marché-Neuf (du), 8..	rues des Faures, Maubec, St-François, Dasvin — F — 7.
Mériadeck, 6, 7......	rues de la Chartreuse, Lavie, Mériadeck, de Poissac, Lacave, Verte, Laterrade — G — 4.
Michel, 2............	rues Michel, Ernest, Godard — J — 5.
Monnaie (de la), 10...	r. de la Monnaie, du Portail, du Hamel — F — 7.
Montaud, 12.........	rues Durand, Montméjean — H — 9.
Moulin (du), 10......	rue du Moulin — E — 8.
Nansouty, 10.........	routes de Toulouse et d'Espagne ; r. Pelleport — C — 5.
Napoléon, 12.........	avenue de Paris ; rues Montméjean, de Calvimont et St-Romain — G — 8.
Palais (du), 5, 7.....	rues P.-du-Palais, Ausone, Ch.-des-Farines, des Argent, du Palais-de-l'Ombrière, Poitevine — G — 6.
Parlement (du), 5....	rues de la Bourse, des Lauriers, Parlement-Ste-Catherine, Pas-St-Georges, Parlement-St-Pierre — H — 6.
Pey-Berland, 5.......	r. Vict., du Loup, Duffour-Dubergier — G — 5.
Picard, 1............	c. St-Louis, Balguerie, Portal ; r. Borie — K — 6.

Places	Tenants et Aboutissants
Prado (du), 4.........	all. Damour ; rues de l'Eglise St-Seurin, Capdeville — H — 4.
Puy-Paulin, 9........	r. Saige, Combes, Guillaume Brochon — H—5.
Quinconces (des), 9..	c. du XXX Juillet; rues du Château-Trompette, Blanc-Dutrouilh, d'Enghien, de Sèze; cours Tournon — I — 5, 6.
Richelieu, 9..........	c. du Chapeau-Rouge; rues Esprit-des-Lois, Lafayette ; quai Louis XVIII — H — 6.
Rodesse, 7, 9.........	r. Belleville; c. Champion, de Cicé — F — 4.
Rohan, 6, 7...........	rues du P.-de-Justice, d'Albret, Rohan ; place de l'Hôtel-de-Ville — G — 5.
St-André, 6..........	rue Pélegrin, Cathédrale — G — 5.
Ste-Croix, 10.........	rues du Port, du Portail, du Noviciat, Ste-Croix, des Bénédictins, du F.-Louis — E—7.
Ste-Eulalie, 7........	rues Jean-Burguet, Pélegrin, Ste-Eulalie — F — 5.
St-Martial, 1..........	rues Denize, Ste-Philomène, Dupaty — K — 7.
St-Pierre, 5...........	rues des Faussets, du Parl.-St-Pierre, de la Devise St-Pierre — G, H — 6.
St-Projet, 5..........	rues de la Merci, Ste-Catherine, Tustal, des Trois-Conils — G — 5.
St-Remi..............	rues du P.-de-la-Mousque, Entre-deux-Murs, Jouannet — H — 6.
Séminaire (du), 10....	r. du Hamel, Traversanne, Nérigean — F — 7.
Tartas, 6..............	rues Judaïque, Sullivan, Chauffour, Durand — H — 3.
Tourny, 3.............	cours du J.-Public, de Tourny, de Tournon ; rues Huguerie, Fondaudège; all. de Tourny — I — 5.
Vieux-Marché (du), 7.	r. Ste-Colombe, du P.-St-Georg., Bouquière, St-James, des Ayres — G — 6.

Quais

Bacalan (de), 1.......	rue Maurice — r. de Lormont — K, L—8, 9, 10.
Bourgogne, 5, 7......	quai de la Douane — rue Cour des-Aides — pl. Bourgogne — G — 6, 7.
Bourse (de la), 5......	pl. de la Bourse — pl. Richelieu — H — 6.
Brienne (de), 11......	boul. J.-J. Bosc — q. de Paludate — C — 10.

Quais	Tenants et Aboutissants
Chartrons (des), 1, 2..	pl. Laîné — rue Maurice — I, J, K — 6, 7, 8.
Deschamps, 12.......	pl. Napoléon — ch. de Trugey — F, G — 8, 9.
Douane (de la), 5.....	pl. de la Bourse — r. de la C.-des-Aides — H — 6.
Grave (de la), 8.......	q. des Salinières — q. de la Monnaie — rue des Faures et des Allamandiers — F — 7.
Louis XVIII, 2, 3.....	pl. Laîné — pl. Richelieu — H, I — 6.
Monnaie (de la), 10...	q. de la Grave — q. Ste-Croix — rues de la Monnaie et des Allamandiers — F — 7.
Paludate (de), 11.....	quai Ste-Croix — rue Peyronnet — pont de Brienne — D, E — 8, 9.
Queyries (de), 12.....	pl. Napoléon — pl. de Queyries — G, H, I, J — 7, 8.
Ste-Croix, 10.........	q. de la Monnaie — q. de Paludate — rue de la Monnaie — rue Peyronnet — E, F — 7, 8.
Salinières (des), 8....	pl. Bourgogne — quai de la Grave — rue des Faures — F, G — 7.

Routes

Bayonne (de), 9......	place d'Aquitaine — D, E — 4, 5.
Espagne (d'), 10......	place des Capucins — D, E — 6.
Toulouse (de), 9, 10...	place d'Aquitaine — D, E — 5.
St-Médard (de), 6.....	c. St-Médard — commune de Caudéran — J — 1, 2.
Médoc (du)..........	commune du Bouscat — K, L — 1, 2, 3.

Ruelles

Lestonnat (de), 12....	q. Deschamps — r. de la Benauge — F, G — 9.
Lacombe, 11.........	rue de la Seiglière — Estey-Majou — D, — 9.
Lavaud (de), 10......	rue de Bègles — C — 6, 7.
Rivière, 7............	rue du Tondu — E — 2.

Impasses

Angaud, 4...........	rue Fondaudège, 134-136 — J — 4.
Argentiers (des), 5...	rue des Argentiers. 33-35 — G — 6.
Ayres (des), 7........	rue des Ayres, 39-41 — G — 6.
Barbot, 3............	place Fondaudège, 10-11 — I — 5.
Bardos, 11...........	rue Malbec — D — 7.
Barran, 1............	rue de Lormont, 29 — M — 10.
Barreau, 9...........	route de Bayonne — E — 5.
Barreyre, 1..........	rue Barreyre, 12 — K — 7.

Impasses	Tenants et Aboutissants
Beaujan, 2............	rue Notre-Dame, 31-36 — J — 6.
Berthus, 3............	rue du Palais-Gallien, 56-58 — H — 4.
Birouette, 7...........	rue du Hâ, 5-7 — G — 5.
Boileau, 11............	rue des Terres-de-Bordes — D — 8.
Bouquière, 7..........	rue Bouquière, 30-32 — G — 6.
Bouscatier, 9.........	rue de Pessac, 50-52 — F — 4.
Brian, 9..............	Passage Brian — E — 5.
Caillabet, 7..........	rue de Cursol, 44-46 — F — 5.
Cazemajor, 10........	rue de Bègles, 99-101 — D — 6.
Cellier (du), 9.......	route de Bayonne — E — .
Chambres (des), 11...	cours St-Jean, 217 — D, E — .
Chanau, 9............	rue de Pessac, 23-25 — F — 4.
Chève, 11............	rue des Terres-de-Bordes — D — 8.
Colignan, 6..........	rue Rougier — G, H — 4.
Comayrou, 11........	rue Caussade — D — 8.
Conilh, 6.............	rue d'Arès, 82-84 — H — 3.
Conti, 9..............	route de Bayonne — E — 5.
Cornac, 2............	rue de la Course — J — 6.
Couvent, 2...........	rue Notre-Dame — J — 6.
Deyries, 9............	rue des Sablières — E — 5.
Desclaux, 11.........	rue des Terres-de-Bordes — D — 8.
Douhet, 5............	rue St-Remi, 5-7 — H — 6.
Dubois, 1............	rue de Lormont, 37-39 — M — 10.
Dufour, 3............	place Fondaudège, 8-9 — I — 5.
Dufour-Dubergier, 7.....	rue Dufour-Dubergier, 10-12 — G — 5.
Fabreguettes, 2......	rue David-Johnston, 85-87 — J — 4.
Fenouil, 4...........	rue du Palais-Gallien, 111-113 — I — 4.
Gants (des), 9.......	rue des Gants — F — 4.
Grammont, 11........	quai de Paludate — D — 9.
Gratte-Cap, 10.......	rue Ferbos — E — 6.
Guestier, 2..........	rue Notre-Dame — J — 6.
Guiraude, 5..........	rue Guiraude, 3-5 — H — 5.
Hostins, 11..........	rue Hostins — D — 8.
Hustin, 3............	rue Hustin, 4-6 — I — 5.
Lacoste, 9...........	route de Bayonne — E — 5.
Laforet, 9...........	route de Bayonne — E — 5.
Laurendon, 9........	rue de Pessac, 13-15 — F — 4.
Leyzat, 9............	route de Bayonne — E — 5.

Impasses	Tenants et Aboutissants
Loup (du), 5............	rue du Loup, 16-18 — G — 6.
Margaux, 5............	rue Margaux, 25-27 — H — 5.
Maubec, 8............	rue Maubec — F — 7.
Mauriac, 8............	cours Napoléon, 16-18 — G — 6.
Merci (de la), 5.......	rue de la Merci, 9-11 — G — 5, 6.
Michel, 2.............	place St-Michel — J — 5.
Morin, 11.............	rue Terres-de-Bordes — D — 8.
Morion, 11............	rue Terres-de-Bordes — D — 8.
Neuve (de la rue), 7..	rue Neuve, 15-17 — G — 6.
Notre-Dame, 2.......	rue Notre-Dame — J — 6.
Pas-St-George, 5.....	rue du Pas-St-Georges, 72-74 — G — 6.
Pavault, 11............	rue Terres-de-Bordes — D — 8.
Pomme-d'Or, 1.......	rue Pomme-d'Or, 37-39 — K — 6.
Poyenne, 1............	rue Poyenne — K — 7.
Rateau, 10............	rue Rateau — D — 6.
Renard, 11............	rue Terres-de-Bordes — D — 8.
Sablières (des), 4.....	rue de la Croix-de-Seguey — J — 3.
Saige, 1..............	quai de Bacalan — L — 9.
Saillans, 10...........	rue Beaufleury — E — 6.
St-Éloi, 7.............	rue St-James, 41 — G — 6.
Ste-Cadenne, 8.......	place du Marché-Neuf — F — 6.
Ste-Catherine, 5.....	rue Ste-Catherine, 51-53 — H — 5.
St-James, 7...........	rue St-James, 22-24 — G — 6.
St-Jean, 10............	cours St-Jean, 83-85 — E — 6.
St-Lazare, 4	rue du Palais-Gallien — H — 4.
St-Louis, 1............	rue St-Louis — K — 6.
St-Martial, 1.........	rue Poyenne — K — 7.
St-Paul, 7.............	rue des Ayres, 8-10 — G — 6.
St-Pierre, 5...........	place St-Pierre, 8-9 — H — 6.
St-Projet, 5...........	place St-Projet, 8 — G — 5.
St-Vincent-de-Paul, 11...	rue St-Vincent-de-Paul — D — 7, 8.
Serpora (du), 11......	rue St-Vincent-de-Paul — D — 8.
Soubiran, 9..........	rue Sauteyron, 53-55 — E — 5.
Tanneries (des), 3....	rue des Tanneries, 63-65 — I — 5.
Tastet, 10.............	quai de Paludate, 103-100 — D — 9.
Terres-de-Bordes (des), 11	rue des Terres-de-Bordes — D — 8.
Thébaut, 9...........	route de Bayonne — E — 5.
Thouret, 1............	quai de Bacalan — L — 10

Impasses	Tenants et Aboutissants
Tourney, 10.........	rue de Bègles, 69-71 — D — 6.
Triquat, 1............	rue de Lormont, 43-45 — M — 10.
Union (de l'), 5.......	rue Judaïque, 36-38 — H — 4.
Victoire-Américaine, 8...	rue Hustin, 3-5 — I — 5.
Vieille-Tour, 3........	rue Vieille-Tour, 22-24 — H — 5.
Vieux-Marché, 7.....	place du Vieux-Marché, 15-16 — G — 6.

TABLEAU

Des Noms supprimés en 1864 et 1866 avec les Noms nouveaux

1864

NOMS ANCIENS	NOMS NOUVEAUX
Amoureux (ch. des).	Rue Beauducheu.
Anges (des).	Rue Francin.
Auperie.	Rue de Saget.
Barada (ch. de).	Rue Billaudel.
Barde (ch. de la). (jusqu'au Magasin des vivres.)	Cours Balguerie-Stuttemberg.
Barde (ch. de la).	Cours Dupré-St-Maur. (dép. le Mag. des vivres jusq Boulev.)
Bel-Orme (ch. de).	Rue Mondenard.
Bordelaise.	Rue Le Reynart.
Carmes (des).	Rue Canihac.
Cauderès (ch. de).	Rue Bertrand-de-Goth.
Cinq-Ardits (des).	Rue Grateloup.
Cinq-Deniers (des).	Rue de Brezetz.
Chapeau-Rouge (du).	Place Gabriel.
Chapelet (du).	Rue Martignac.
Comédie (de la).	Rue Louis.
Église de Notre-Dame (de l').	Rue Jean-Jacques-Bel.
Entre-deux-Places.	Rue Bigot.

NOMS ANCIENS	NOMS NOUVEAUX
Ferrachapt.	Rue de la Seiglière.
Française,	Rue Du Hamel.
Ferrachapt (ch. de).	Rue Roullet.
Grange-Rouge (ch. de la).	Cours Journu-Auber.
Grate-Cap (place).	Place Ferbos.
Grate-Cap (au n. de la place).	Rue Ferbos.
Grate-Cap (au sud).	Rue Vilaris.
Herbettes (des).	Rue Dasvin.
Intendance (pet. rue de l').	Rue Saige.
Jardin (du).	Rue Chaumet.
Mingin.	Rue Magendie.
Neuve-de-l'Intendance.	Rue de l'Intendance.
Perdu (ch.)	Rue Brun.
Pyramide (place de la)	Place Nansouty.
Pyramide (rue de la).	Rue Pelleport.
St-André (cours).	Cours Portal.
St-Martin (rue).	Rue St-Sernin.
St-Remi (pet. rue).	Rue Jouannet.
St-Thomas.	Rue La Boétie.

1866.

Augustines (des).	Rue Gratiolet.
Bénédictins (des).	Rue Lobas.
Berry (de), partie sud.	Rue Jean-Burguet.
Billaudel.	Rue de Janeau.
Bleue.	Rue Carle-Vernet.
Burguet.	Rue Poitevin.
Caudéran (chemin de).	Rue de Caudéran.
Cayre (du).	Rue Moulinié.
Commune (de la).	Cours Saint-Médard.
Désirade.	Rue Buhan.
Dufour.	Rue Delord.
Figuière.	Rue Honoré-Teissier.
Gaso (de), partie sud.	Rue Lacornée.
Intendance (de l').	Rue Guillaume-Brochon.
Minimes (des).	Rue du Palais-de-Justice.

NOMS ANCIENS	NOMS NOUVEAUX
Minimettes (des).	Rue Cabirol.
Noyers (allées des).	Rue David-Johnston.
Petites-Carmélites (des)	Rue Bergeret.
Poudiot.	Rue Teulère.
Religieuses (des).	Rue Thiac.
Sainte-Gemme.	Rue Guérin.
Saint-Paul.	Rue des Facultés.
Sainte-Sophie.	Rue Desfourniel.
Salpetrière (de la).	Rue Lhôte.
Ségur.	Rue de Cursol.
Ségur (chemin de).	Rue Ségur.
Taupe (de là).	Rue Lafaurie-de-Montbabon.
Treilles (des).	Rue de Grassi.
Vieille-Corderie (de la).	Rue Leupold.

TABLE ALPHABÉTIQUE

DES

MATIÈRES

Abattoir, 100, 130.
Académie de Bordeaux, 113.
Académie des Sciences, Belles-Lettres et Arts, 116.
Alcazar, 134.
Aliénés (asile des), 100.
Allées d'Amour, 90.
Allées de Tourny, 94.
Amusements (lieux d'), 132.
Antiques (dépôt des), 93, 120.
Antiquités des temps antérieurs aux romains, 53.
Aperçu gén. de Bordeaux, 44.
Arcachon (voyage à), 229, 247.
Arcachon (le Grand Hôtel à), 242, 267.
Archives départementales, 88.
Artistes Bordelais, 125.
Banlieue de Bordeaux, 252.
Banque de France, 178.
Bateaux à vapeur, 140.
Bibliothèque de la ville, 93, 119.
Botanique (cours de), 117.
Bourse (hôtel de la), 79.
Cadillac, 215.
Caisse d'Épargne, 178.

Caractère, mœurs et coutumes du peuple, 151.
Carmes (chapelle des), 88.
Cathédrale St-André, 106.
Cercles et lieux de réunion, 130.
Chantiers de construction de navires de Paludate, 99.
Chantiers de la Compagnie de l'Océan, 85.
Châteaux anciens, 65.
Chemin de fer du Médoc, 84.
Chemins de fer, 140.
Cimetières, 73, 109.
Cirque, 131.
Classes d'adultes et d'apprentis, 115.
Cloche (grosse), 100.
Collège St-Jos.-de-Tivoli, 88.
Conserves aliment. Louit, 139.
Constructions en bois et en pierre, 51.
Cordouan (Tour de), 200.
Cours municipaux, 115.
Dessin et peinture (éc. de), 117.
Douanes (hôtel des), 96.
Droit maritime (cours de), 118.

TABLE ALPHABÉTIQUE DES MATIÈRES

École des Mousses, 116.
École normale primaire, 117.
Édifices du moyen-âge, 64.
Églises anciennes, 58.
Églises modernes, 70.
Églises d'Arcachon, 245.
Enceintes murales, 44.
Enfants trouvés (h. des), 99.
Entrepôt Réél, 84.
Équitation (école d'), 119.
Établissements indust., 137.
Facultés, 113.
Fiacres, citad. et coupés, 148
Galerie Bordelaise, 95.
Gaz (le) à Bordeaux, 176.
Gymnase Bertini, 117.
Gymnase dramatique, 133.
Hist. de Bordeaux (esq. de l') :
  Période romaine, 4.
  — des barbares, 6.
  — française, 7.
  — anglaise, 12.
  — moderne, 32.
  La Réforme, 33.
  Guerres de religion, 34.
  La St-Barthélemy, 35.
  Insurrections, 36.
  Imigrations, émeutes, 37.
  Parlements, États gén., 39.
  Les Girondins, 40.
  La Terreur, 41.
  L'Empire, la Restaurat., 42.
  Révolutions de 1830, 1848, 43.
Hôpital militaire, 109.
Hôpital St-André, 104.
Hôtel de Ville-Mairie, 107.

Hôtels, 134.
Hydrographie (école d'). 116.
Instruction publique, 110.
Jardin des Plantes ou Jardin Public, 86.
Journaux de la ville, 136.
La Brède et Montesquieu, 208
Langage — le Gascon, 159.
Langoiran, 211.
Langon, 222.
La Réole (voyage à), 205.
La Teste de Buch, 235.
Libourne (voyage à), 180.
Loges maçonniques, 137.
Lycée impérial, 103.
Maisons rec. à Bordeaux, 265
Marché aux bestiaux, 139.
Marché de première main, 100
Marché des Gr.-Hommes, 91.
Marché (Grand-), 101.
Marchés divers, 179.
Marine (hôtel de la), 94.
Maternité (Hospice de la), 109
Médecine et pharmacie (école de), 117.
Monnaies (hôtel des), 90.
Mont-de-Piété, 178.
Muséum d'hist. naturelle, 87.
Natation (école de), 98.
Navires à voiles, 147.
Notariat (école de), 118.
Notre-Dame, 93.
Omnibus de la ville, 150.
Omnibus des ch. de fer, 151.
Palais de Justice, 105.
Palais Gallien, 57, 89.

TABLE ALPHABÉTIQUE DES MATIÈRES

aquèbots à vapeur, 147.
aquebots transatlantiques, 84, 145.
arc et Jardin d'acclimatation, 109.
asserelle du ch. de fer, 98.
ersonnages célèbres du département, 160.
iliers de Tutelle, 57.
lace d'Armes, 104.
lace Dauphine, 90.
lace de la Bourse, 96.
lace de la Comédie, 77.
lace des Capucins, 100.
lace des Quinconces, 83.
lace du Palais-de-l'Ombrière, 96.
lace du Parlement, 95,
lace Lainé, 84.
lace Richelieu, 83.
lace Tourny, 94.
ont de pierre, 97.
orcelaine (manufact. de), 85.
orte Bourgogne, 97.
orte du Caillou, 96.
ortes de Ville, 74.
oste aux chevaux, 177.
ostes (hôtel des), 95, 177.
réface, 1.
rison, 106.
romenades dans Bordeaux, partie nord, 77.
partie sud, 95.
ecette générale, 178.
estaurants et Cafés, 134.
outes romaines, 55.

Royan (voyage à), 186.
Rues de Bordeaux (tableau des), 265.
Saint-André, 61, 106.
Saint-Émilion, 59, 183.
Sainte-Croix, 61, 90.
Saint-Ferdinand, 89.
Saint-Louis, 86.
Saint-Martial, 85.
Saint-Michel, 63, 98.
Saint-Pierre, 96.
Saint-Seurin, 59, 89.
Sculpture (école de), 117.
Sociétés savantes et de charité, 125.
Sourdes-Muettes (institution des), 90, 117.
Tabacs (magasin des), 85.
Tabacs (manufact. des), 139.
Tableaux (musée des), 120.
Télégraphe, 177.
Temples et Synagog., 72, 100
Théâtre Français, 91, 133.
Tréâtre (Grand-), 77, 133.
Théâtre Louit, 90, 133.
Théâtre Napoléon, 103, 133.
Usages du peuple, 156.
Vendanges, 260.
Verdelais (N.-D. de), 217.
Vieillards (hospice des), 109.
Vins de Bordeaux, 256.
Vivres de la guerre (magasin des), 93.
Vivres de la marine (magasin des), 85.
Voitures, 141.

PRINCIPALES PUBLICATIONS
De la Maison FERET et FILS

Bordeaux et ses Vins CLASSÉS PAR ORDRE DE MÉRITE, par CH. COCKS, 2ᵉ édition entièrement refondue par ÉDOUARD FERET, 1 volume in-18 jésus d'environ 500 pages, orné de 73 vues de châteaux, 4 fr.

La Vigne, leçons familières sur la gelée et l'oïdium, leurs causes réelles et les moyens d'en prévenir les effets, par N. BASSET, professeur de chimie appliquée à l'agriculture, 1 volume in-12, 5 fr.

Hygiène de la Vigne, moyen de lui rendre la santé sans le secours d'aucun remède. — Taille raisonnée et soins à donner aux vins, 2ᵉ édition in-8°, 40 pages et 4 planches, 2 fr. — Cet ouvrage a obtenu une médaille à l'Exposition universelle de 1867.

Carte vinicole et routière DU DÉPARTEMENT DE LA GIRONDE, par M. COUTAUT, agent-voyer, pour faire suite à Bordeaux et ses vins, 1 feuille grand-aigle imprimée en deux couleurs, 5 fr.

Carte routière DU DÉPARTEMENT DE LA GIRONDE, par le même, format grand-aigle, 2 fr.

Nouveau plan DE LA VILLE DE BORDEAUX à l'échelle de 10,000ᵐᵉ, dressé par M. DELPECH, 1 fr. 50 c.

LE MÊME, colorié et divisé par paroisses ou par arrondissements de police, 2 fr.

Arcachon et ses environs, monographie historique par OSCAR DÉJEAN, 1 volume in-18, orné d'une carte du bassin d'Arcachon, prix 3 fr.

Les Huîtres, par l'abbé MOULS, curé d'Arcachon, 1 volume in-12, 1 fr. 25 c.

L'été à Bordeaux, par J. SAINT-RIEUL-DUPOUY, 1 vol. (épuisé), 3 fr. 50 c.

L'hiver à Bordeaux, par J. SAINT-RIEUL-DUPOUY, 1 v., 3 fr.

De l'Industrie des Nourrices dans la ville de Bordeaux. Conseils aux jeunes mères, par le docteur BROCHARD, 1 vol. in-12, 75 c.

Études, observations, recherches sur le choléra, sa cause et ses remèdes, par CHARLES RABACHE, prix 75 c.

Bonheur de la vie. Lettres à une jeune fille après sa première communion par Mlle A.D. de L.G., avec approbations de S. Em. le Cardinal Donnet, archevêque de Bordeaux, et de Sa Grandeur Monseigneur Landriot, archevêque de Reims, 2e édition, 1 vol. in-18, 1 fr.

Théorie de la tonalité du mode majeur et du mode mineur, indispensable à toutes les personnes qui savent ou qui apprennent la musique, par FERROUD, 2e éd. 1865, 1 fr.

Méthode nouvelle du plain-chant romain, par FERROUD, in-12, 1 fr.

Grammaire raisonnée de la langue espagnole avec traité complet de son orthographe, par C. GALLI, in-8°, 3 fr.

Orthographe de la langue espagnole, avec un tableau des verbes irréguliers, par C. GALLI, in-8°, 50 c.

Nouveau traité élémentaire théorique et pratique, pour enseigner et apprendre facilement, progressivement et infailliblement à lire, à écrire et à parler la *langue anglaise*, par JAMES BODEN, professeur de langue et de littérature anglaises, 1 vol. in-18, raisin.

Le magnétisme devant les savants, par CH. RABACHE, 1 vol. in-12, 1 fr. 25 c.

L'homœopathie. Epître à Mme ***, à propos de la guérison inespérée de sa sœur, par M. RAYNALD, broch. in-8°, 50 c.

Bordeaux.—Imp. cent. de Ve Lanefranque et fils, rue Permentade, 23-25.

www.ingramcontent.com/pod-product-compliance
Lightning Source LLC
Chambersburg PA
CBHW060628170426
43199CB00012B/1474